高职高专金融专业系列教材

[第三版]

商业银行业务经营与管理

◎主　编：蔡鸣龙

图书在版编目(CIP)数据

商业银行业务经营与管理/蔡鸣龙主编.—3版.—厦门:厦门大学出版社,2021.7
(高职高专金融专业系列教材)
ISBN 978-7-5615-8306-7

Ⅰ.①商… Ⅱ.①蔡… Ⅲ.①商业银行—银行业务—高等职业教育—教材
Ⅳ.①F830.33

中国版本图书馆 CIP 数据核字(2021)第 137003 号

出 版 人 郑文礼
责任编辑 许红兵

出版发行 厦门大学出版社
社　　址 厦门市软件园二期望海路 39 号
邮政编码 361008
总　　机 0592-2181111 0592-2181406(传真)
营销中心 0592-2184458 0592-2181365
网　　址 http://www.xmupress.com
邮　　箱 xmup@xmupress.com
印　　刷 厦门市青友数字印刷科技有限公司

开本 720 mm×1 000 mm 1/16
印张 21.5
字数 422 千字
版次 2021 年 7 月第 1 版
印次 2021 年 7 月第 1 次印刷
定价 48.00 元

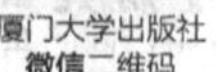

厦门大学出版社
微信二维码

厦门大学出版社
微博二维码

第三版编写说明

《商业银行业务经营与管理》紧密联系我国金融体制改革与商业银行业务经营管理实际，以新出台的商业银行法律法规为导向，全面系统地阐述了我国商业银行业务经营管理的基础知识、基本原理、基本技能，具有很强的实务性。

本书分为业务经营与管理两大部分。第一部分"经营篇"从第一章到第八章，重点介绍商业银行基础知识与经营的各项业务，分别从业务定义、作用、特点、种类、操作程序等角度介绍了商业银行的资产、负债、中间业务。这一部分是整个商业银行业务经营管理的基础。第二部分"管理篇"从第九章到第十二章，在介绍商业银行各项业务知识的基础上，探讨了商业银行资本、资产负债、风险、财务管理等内容。

本书在写作过程中遵循"基础知识—业务操作—案例解析"的思路，力求对商业银行的各项业务知识进行全面介绍，采用案例教学的方式，精选国内商业银行业务操作中的具体案例，对各项业务进行生动的解释和说明，理论和实际相结合，通俗易懂。本书在内容安排上深入浅出，结构合理，体例规范，符合教学规律的内在要求，让学生能够在阅读中全面了解商业银行业务，并熟练掌握商业银行业务操作与管理技能。

本书编写组由 6 人组成。主编由蔡鸣龙担任，具体分工如下：

蔡鸣龙：第四章、第五章、第六章、第十二章；

吴军梅：第一章、第九章；

陈　杰：第三章、第八章；

周道圣：第七章、第十章；

黄平原:第二章、第十一章;

全书由蔡鸣龙总纂和定稿。

本书主要作为高职高专金融类专业课程教材,也可作为金融类成人专科函授、专科自学考试的参考教材。

在本书编写过程中,我们参阅了大量有关资料,借鉴和吸收了一些相关的研究成果,听取了许多专家、同仁的意见,并得到厦门大学出版社的大力支持。在此表示衷心的感谢!

由于编者的水平有限,疏漏和错误在所难免,恳请同行、专家和读者批评、指正。

编者

2021 年 4 月

目　录

经营篇

管理篇

经营篇

JINGYINGPIAN

第一章

商业银行导论

学习目的

▲了解商业银行的产生与发展；
▲了解商业银行的性质与职能；
▲理解商业银行货币创造的原理；
▲掌握商业银行的经营原则；
▲了解商业银行的组织形式；
▲掌握商业银行的发展趋势。

第一节　商业银行的性质与职能

商业银行是以金融资产和金融负债为经营对象，以追求利润为目标，具有综合性、多功能特征的金融企业。其最初的业务活动主要是发放基于商业行为的自偿性贷款，从而获得“商业银行”的称谓。但随着社会经济的发展及金融业竞争的加剧，现代商业银行的业务经营活动已远远超出了传统的存款、贷款、结算业务范围，成为多功能、综合性的金融机构。

一、商业银行的产生与发展

“银行”一词来源于意大利语“BANCA”，意思是货币兑换商借以办理业务的板凳。商业银行是由最初的货币经营业，逐渐演变发展为现代银行业的。

随着商品生产和商品交换的发展，各地区和各国家之间贸易不断发展，货币的需要量也随之增加。但在前资本主义社会，由于货币铸造权分散，导致各个国家，甚至在一个国家内的不同地区，货币的币材、重量、成色等方面都极不一致，这就给商人的交易活动带来了困难。为适应商品交换的客观需求，逐渐从商人中分离出来一种专门从事铸币兑换并从中收取手续费的商人——货币兑换商，并逐渐形成了一种特殊行业——货币兑换业。

随着商品交换范围及数量的扩大，经常往来于各地的商人为了避免长途携带货币和保存货币的风险，把货币交给货币兑换商保管。这种货币保管业务，便是现代商业银行存款业务的雏形。同时商人们委托他们办理支付、结算和汇兑，从而货币兑换也就发展为办理货币保管、结算和汇兑等业务的货币经营业。

货币经营商所聚集的货币资财随着商品交易额的不断扩大而日益增多。同时他们发现，作为货币所有者的商人们不会同时来提取存放的货币。于是，为了牟取更多的利润，货币经营商便利用这些货币资财进行放款，并向借款人收取一定的利息，这样贷款业务便形成并发展起来。信用活动和货币活动结合起来，货币经营业便从单纯的支付中介演变为既办理货币兑换，又办理存款、放款和汇兑等业务的银行业。

在历史上，较早出现的银行是1171年成立的威尼斯银行和1407年成立的热那亚银行，当时的威尼斯和热那亚正是地中海沿岸沟通欧亚地区贸易的中心，由此可见，银行是适应商品经济的发展而形成的，到了中世纪则有更多的银行建立。

早期银行已经具备了银行的本质特征，但还不是现代意义上的银行。因为早期银行业的生存基础还不是社会化大生产的生产方式，银行业的放款对象还主要是政府和封建贵族，银行业的放款带有明显的高利贷性质，其提供的信用还不利于社会生产的发展。

随着资本主义生产方式和社会化大生产的出现，这种高利贷性质的银行已经不能适应社会化大生产对货币资本的需要，客观上有必要按照资本主义经营原则组建与资本主义经济相适应的现代商业银行。从历史上看，资本主义银行大致是通过两条途径发展起来的：一是由早期高利贷性质的银行逐渐适应新的条件，转变为资本主义性质的商业银行；二是根据资本主义原则建立起来的新的股份制银行。

世界上最早形成资本主义银行制度的是英国。1694年，在政府的帮助下，由英国商人集资合股成立了第一家股份制的资本主义银行——英格兰银行。在组织形式上，英格兰银行首次以股份公司形式突破了独资或合伙的资金限制；在信用业务上，英格兰银行一开始就限定利率为4.5%～6%，突破了以前高达20%～30%的高利息贷款；在银行职能上，建立了信用货币，从而突破了贵金属铸币的限制和垄断。英格兰银行的成立，标志着资本主义现代银行制度开始形成以及商业银行的产生，同时，宣告了高利贷性质的银行在社会信用领域垄断地位的结束。

继英格兰银行之后，欧洲各资本主义国家都相继建立了商业银行。从此，现代商业银行在世界范围开始普及。

与西方的银行相比，中国的银行则产生较晚。中国关于银行的记载，较早的是南北朝时的寺庙典当业。到了唐代，出现了类似汇票的“飞钱”，这是我国最早的汇兑业务。北宋真宗时，由四川富商发行的交子，成为我国早期的纸币。到了明清以后，当铺是中国主要的信用机构。明末，一些较大的经营银钱兑换业的钱铺发展成为银庄。银庄产生初期，除兑换银钱外，还从事贷放，到了清代，才逐渐开办存款、汇兑业务，但最终在清政府的限制和外国银行的压迫下，走向衰落。我国近代银行业，是在 19 世纪中叶外国资本主义银行入侵之后才兴起的。最早到中国来的外国银行是英商东方银行，其后各资本主义国家纷纷来华设立银行。在华外国银行虽给中国国民经济带来了巨大破坏，但客观上也对我国银行业的发展起了一定的刺激作用。为了摆脱外国银行的支配，清政府于 1897 年在上海成立了中国通商银行，标志着中国银行的产生。

二、商业银行的性质

商业银行作为一个特殊的企业，其性质可以归纳为：以追逐利润为目标，以经营金融资产和金融负债为对象，具有综合性、多功能特征的金融企业。

(一)商业银行是企业

商业银行是依法设立的企业法人，具有现代企业的基本特征。商业银行和一般的工商企业一样，具有从事业务经营所必需的自有资本，依法设立，自主经营，照章纳税，独立核算，自担风险，自负盈亏。其经营目的是通过资产和负债的运作，取得最大限度的利润，这是商业银行产生和发展的基本前提，也是商业银行经营的内在动力。因此，商业银行是企业。

(二)商业银行是特殊的企业

商业银行的经营对象、活动领域、社会责任及对整个经济的影响程度与一般工商企业相比，均不相同，因此，它是一种特殊的企业。具体表现在：

1.商业银行的经营对象具有特殊性。工商企业经营的是具有一定使用价值的商品，从事着围绕商品而展开的各种经济活动；而商业银行是以金融资产和金融负债为经营对象，经营的是具有特殊使用价值的一般等价物的特殊商品——货币和货币资本，经营的内容包括货币的收付、借贷以及各种与货币运动相关的金融服务产品。

2.商业银行对整个社会经济的影响和受社会经济的影响均很特殊。商业银行经营的商品是货币，这种商品的特殊性决定了商业银行所面对的对象是全社会的各行各业，所经营的业务是渗透各个领域的服务项目，它贯通着整个经济社会正常运行的命脉，因而商业银行对整个经济发展的影响程度远较一般工商企业大。

3.商业银行责任特殊。一般工商企业只以盈利为目标，只对股东和使用自己产品的客户负责；商业银行除了对股东和客户负责之外，还必须对整个社会负责，它有义务配合国家的货币政策和财政政策，共同维护社会经济的持续、健康、稳定发展。

(三)商业银行是特殊的金融企业

与中央银行仅仅面向政府和金融机构提供服务、其他金融机构只能从事某一方面或某几个方面的金融服务不同，商业银行是面向工商企业、公众及政府乃至各类金融机构经营业务的特殊金融企业，它能够提供比其他金融机构更多、更全面的金融服务，随着金融自由化和金融创新的发展，商业银行经营的业务和提供的服务范围将越来越广泛，它的经营范围从经营金融“零售”业务，到经营“批发”业务，为顾客提供所有的金融服务，其业务触角已延伸至社会经济生活各个角落，现代商业银行正向“万能银行”和“金融百货公司”方向发展。

三、商业银行的职能

商业银行的职能是指商业银行作为经营货币这一特殊商品的金融企业，通过其业务为整个经济社会所承担的功能，它由商业银行的性质所决定。商业银行的职能具体表现为：

(一)信用中介

信用中介职能是商业银行最基本的职能，最直接地反映了商业银行的经营特征。信用中介是指商业银行在借贷活动中充当中间媒介。商业银行在发挥信用中介职能时，充当了买卖“资本商品的使用权”的角色。一方面，商业银行通过借入资金、支付利息而吸收存款；另一方面，商业银行又通过贷放资金或购买有价证券等投资活动，收取利息或投资权益。这种收入和支出之间的差额便形成商业银行的利润。

商业银行在不改变货币资本所有权的前提下，通过暂时让渡货币资本的使用权的方法，对经济活动可以起到多层面的调节转化作用：

1.可以把暂时从再生产过程中游离出来的闲置资金转化为可用资金，从而在不改变社会资本总量的条件下，通过改变资本的使用量，为实现扩大再生产提供了可能。

2.可以将用于消费的资金转化为能带来货币收入的投资，扩大社会资本总量，加速经济增长。

3.可以把短期货币资本转化为长期货币资本，在盈利原则支配下，还可以把货币资本从效益低的部门或行业引向效益高的部门或行业，形成对经济结构的调节。

总之，商业银行信用中介职能的发挥，为国民经济各部门、各企业单位调剂资金余缺，促进商品生产和流通的正常运行起到了十分重要的推动作用。

(二)支付中介

支付中介是指商业银行利用活期存款账户，为客户办理各种货币结算、货币收付、货币兑换和转移存款等业务活动。国家、经济实体、个人所从事的各项经济活动，如商品交易、对外投资、国际贸易等所产生的债权债务关系，最终都需要通过货币的支付清偿加以结算。由于这些经济主体都在商业银行开列资金账户，商业银行可以通过代理客户在其账户上进行资金转移和划拨，支付货款和费用，兑付现款，从而最大限度地节约现金的使用，降低流通费用，加速资金周转，提高资金效益。支付中介职能的发挥，使商业银行成为居民、企业乃至国家的总会计和总出纳，成为社会经济的公共簿记，发挥着反映社会经济状况“晴雨表”的作用。随着金融业的发展，人们对使用支票和信用卡的依赖程度越来越高，支付职能的重要性越来越大。

(三)信用创造

商业银行的信用创造职能，是在支付中介和信用中介职能的基础上产生的。

所谓信用创造，是指在支票流通和转账结算的情况下，商业银行利用其所吸收的存款发放贷款时，不以现金形式或不完全以现金形式支付给客户，而只是把贷款转到客户的存款账户上，这样就增加了商业银行的资金来源，最后在整个银行体系形成数倍于原始存款的派生存款。

商业银行的信用创造职能对社会经济的运行与发展有着重要意义。当社会上闲置资源较多、经济发展对货币资金的需求量较大时，商业银行通过信用创造，可以向经济过程注入必要的货币资金，从而促进闲置资源的利用和开发，推动经济增长。同时，中央银行也可以采取各种手段，通过对商业银行派生存款规模的控制和调节，来达到控制和调节货币供应量从而影响社会经济活动的目的。

(四)金融服务

金融服务是指商业银行利用其在国民经济活动中的特殊地位及其在业务运作过程中所获得的大量信息，运用电子计算机等先进手段和工具进行加工提炼，为客户提供的服务。这些服务主要包括财务咨询、代理业务、信托租赁、计算机服务和资产保管等。通过提供这些服务，商业银行一方面扩大了与社会各界的联系和服务市场的份额，另一方面也扩大了银行的服务收入，同时还加快了信息传播，提高了信息技术的利用价值，促进了信息技术的发展。商业银行是各行业中率先大规模使用计算机信息技术的部门之一，借助于日新月异的信息技术，商业银行的金融服务功能也正在发挥着越来越大的作用。在不断扩大对国民经济各部门的服务的同时，商业银行积极探索面向城乡居民个人的服务项目，并向“电子银行”、“网上银行”的方向发展，使银行服务更趋全面、优质和便利。

第二节 商业银行货币创造

一、原始存款与派生存款

所谓原始存款，就是存款人以现金存入银行的存款。银行有了存款，就可以发放贷款。通常是，银行把贷款转入借款人的活期存款账户，扩大了存款，这就是派生存款。商业银行信用创造必须具备两个前提条件，即部分准备金制度和转账结算制度。

1.部分准备金制度，又称法定存款准备金制度。它是国家以法律形式规定商业银行等存款货币机构的存款必须按一定的比例，以现金和在中央银行存款的形式留有准备的制度。对于吸收的存款，银行必须按一定比例提留存款准备金，其余部分可以用于放款，由此派生出存款。在全额准备金制度(即法定存款准备金比率为100%)下，银行吸收的存款全部留作准备，没有多余的存款用以发放贷款，从而也就排除了银行通过放款创造派生存款的可能性。部分存款准备制度的建立，则为银行信用创造奠定了基础。对于一定数量的存款来说，准备金比例越大，银行可用于贷款的资金就越少；准备金比例越小，银行可用于贷款的资金就越多。因此，部分准备金制度是银行创造信用的基本前提条件。

2.转账结算制度，又称非现金结算制度。它是指银行客户通过开出支票由银行代为办理转账以清偿债务和支付货款的制度。在这种制度下，客户不使用现金，货币支付在银行体系内完成。这样，银行就可以用客户的存款去发放贷款，贷款以转账的方式变为存款，从而实现存款货币的创造。如果不存在非现金结算，银行不能用转账方式发放贷款，一切贷款都必须付现，也就不能直接转化为存款,即没有派生存款,银行也就没有创造信用的可能。所以,转账结算制度也是商业银行创造信用的前提条件。

二、派生存款的创造过程

为了说明商业银行存款货币的多倍创造过程,我们先作如下假设:①银行只保留法定准备金,其余资金全部贷放出去,超额准备金为零;②法定存款准备金率为10%;③客户的资金全部通过银行结算,没有提现行为。

现假设A企业将销售所得100万元支票存入其开户银行甲银行。当这一支票经过中央银行组织的票据交换之后,甲银行在中央银行的存款准备增加了100万元,同时在客户A企业的活期存款账户上增加余额100万元。按照法定存款准备金率10%的要求,甲银行只需持有10万元(100万×10%)的存款准备,其余的90万元可用于发放贷款。若该银行向B企业发放贷款90万元,B企业得到贷款后支付C企业的购货款,C企业将收到的90万元支票存入乙银行,该支票经过清算后,乙银行的活期存款增加90万元,同样留9万元(90万×10%)用于存款准备,余下的81万元贷款给D企业。D企业通过银行支付货款给E企业,若E企业继续将资金存入丙银行,存款增加的丙银行将会继续上述两家银行的做法,除了保留法定存款准备金之外,将剩余的款项全部贷放出去,则其需要保留的存款准备金是8.1万元(81万×10%),发放贷款72.9万元。依此类推,只要满足存款派生的前提条件,这个过程将会循环往复下去,如表1-1所示。

表1-1 派生存款的创造过程

银行 (1)	存款总额 (2)	法定存款准备金 (3)=(2)×10%	贷款发放数 (4)=(2)-(3)
第一家银行	100	10	90
第二家银行	90	9	81
第三家银行	81	8.1	72.9
第四家银行	72.9	7.29	64.61
⋮			
总　计	1 000	100	900

经过这个信用创造过程之后,100万元的原始存款使得银行存款总额增加到1 000万元,增加派生存款900万元。综观上述过程,各商业银行的存款额表现为一个无穷递减的等比数列:100万元,90万元,81万元,72.9万元……该数

列的求和可用以下公式表示：

$$S=\frac{a}{1-q}$$

式中：S 为存款总额，a 为原始存款，$1-q$ 为法定存款准备金率。

所以，存款总额 $S=\frac{100}{1-0.9}=1\ 000$ 万元，即原始存款乘上法定存款准备金率的倒数。

根据上述过程，我们可以更清晰地看到商业银行信用创造的过程，即一笔原始存款经过整个银行体系的循环存款和贷款发放，可产生大于原始存款数倍的存款货币。这一扩张的数量，主要取决于两大因素：一是原始存款数量的大小，二是法定存款准备金率的高低。原始存款数量越大，创造的存款货币量越大；反之，则越小。法定存款准备金率越高，扩张的倍数越小；反之，则越大。

三、派生存款限制因素

但是，商业银行不可能无限地创造信用，更不能凭空创造信用，它要受到三个因素的制约：

1.商业银行的信用创造要以存款为基础。就单一商业银行而言，要根据存款发放贷款和投资；就整个商业银行体系而言，也是在原始存款的基础上进行创造，信用创造的限度取决于原始存款的规模。

2.商业银行的信用创造要受中央银行的存款准备率、自身的现金准备率及贷款付现率的制约，创造能力与其成反比。

3.信用创造还要有贷款需求。如果没有足够的贷款需求，存款贷不出去，就谈不上创造，因为只有通过贷款才能形成派生存款。

第三节　商业银行的组织结构

自商业银行诞生以来，已形成多种组织形式，发挥着各种功能以满足社会公众不同的需求，但无论采取何种组织形式，都必须以效率为原则。通常，商业银行的组织结构可从外部组织结构和内部组织结构两方面来认识。

一、商业银行的外部组织结构

外部组织结构是指商业银行在社会经济生活中的存在形式，又称为商业银行制度。由于各国商业银行产生和发展的经济条件不同，因而其外部组织结构存在一定的差异。从目前来看，主要有总分行制、控股公司制。

（一）总分行制

总分行制又叫分支行制，它是由一家总行和下设的若干家分支行形成的以总行为中心的庞大的银行网络。商业银行的总行一般设在各大中心城市，总行对各分支行进行统一管理。这种银行制度起源于英国的股份制银行，是国际上最常见的商业银行体制。我国也实行总分行制的银行制度。

按总行职能不同，总分行制可分为总行制和总管理处制两种类型。总行制是指总行除管理和控制各分支行外，本身也对外营业。总管理处制是指总行只负责控制各分支行，不对外营业，总行所在地另外设立对外营业的分支行或营业部。

总分行制的优点在于：

1.一般经营规模较大，易于采用现代化的管理设备，有能力为客户提供全面、优质的金融服务，取得规模效益。

2.易于吸收存款以及在全系统内调剂和使用资金，使资金得到有效、合理的使用。

3.由于银行规模较大，银行总数较少，便于金融管理当局的直接监管，业务经营受地方政府干预较少。

4.更适合于新技术革命的广泛应用和高度发展。

总分行制的缺陷在于：

1.容易形成金融垄断，大银行往往具有操纵市场的能力和影响，使中小银行在竞争中处于不利地位，不利于充分竞争。

2.该银行制度要求总行对分支机构具备较强的控制能力，要求总行具有完善的信息系统和严密的成本控制手段。

（二）控股公司制

控股公司制，其特点是由一个集团成立一个股权公司，由其收购或控制两家或两家以上的商业银行，使银行的实际业务与经营决策权同属股权公司控制的组织形式。集团银行制下，被控股的商业银行在法律上是独立的法人，但其业务经营和人员管理等都受到持股公司控制。

目前银行控股公司制在美国最流行，已成为美国银行业中最重要的组织形式，各种类型的控股公司已拥有全美银行业存款与投资的80%以上。银行控股公司具体分为两类：一类是非银行持股公司，另一类是银行持股公司。前者是由主要业务不在银行方面的大企业拥有某一银行的股份而组织起来的；后者则是由一个大银行直接组织一个持股公司，其他小银行从属于这一大银行。美国的花旗公司就是一家银行性持股公司。

控股公司制的优点表现在：

1.这种银行组织形式为其所有者在经营管理方面提供了相当大的灵活性，它们可以兼并资产多样化的非银行子公司，并全方位地扩展盈利项目。

2.在经济和税收条件较好的情况下，可设立分支机构，从而弥补了单一银行制的不足。

3.银行持股公司能有更多的机会进入金融市场扩大债务和资本总量，因而可以增强实力，提高抵御风险的能力和竞争能力。

但集团银行制也存在一定的弊端，表现在：容易形成银行业的集中和垄断，不利于银行间开展竞争，会在一定程度上影响银行经营的自主性和银行的创新能力。

从世界主要发达国家如美国、日本的金融业发展过程看，其混业经营就是通过银行控股公司或金融控股公司拥有分别从事不同业务的子公司来实现的，各个子公司在法律上和经营上是相对独立的法人，即：在同一利益主体或金融控股公司下的商业银行、投资银行、保险公司、财务公司、基金管理公司、金融租赁公司等金融机构，可以实现人员、业务交叉融合的混业局面，又不妨碍实行有效的金融监管。

二、商业银行的内部组织机构

商业银行的内部组织机构是指单个银行为有效发挥商业银行的各项职能、提高经济效益而进行的内部组织的设置方式。它一般由决策机构、执行机构和监督机构三个部分组成。

(一)决策机构

决策机构包括股东大会、董事会以及董事会下设的各委员会。各组织机构的具体职能如下：

1.股东大会。在西方商业银行的发展中，商业银行多采用股份制的组织方式。商业银行的股份可分为优先股和普通股两种，凡是持有商业银行股份的个人和法人均是该商业银行的股东。股东大会是股份制商业银行的最高权力机构。股东大会每年定期或不定期召开一次或几次，股东们有权审议银行的一切业务报告，有权对银行的经营方针、经营决策和一些重大的政策进行表决。

2.董事会。董事会是由股东大会选举产生的董事组成，代表股东执行股东大会的决议和决定。董事会的职责包括制定银行目标，确定银行政策模式，选举管理人员，建立委员会，提供监督和咨询以及为银行开拓业务。董事会有权任命或辞退各种高级管理人员和普通雇员，并可要求高级职员和雇员们提供经营保证。董事会也有权用任何合法的方式修改公司的章程，只要这种修改不在实质上影响股东的利益。当然，董事会在履行其职责时，对银行经营管理负有重大的责任。对于董事的失职，要追究法律责任，如果因违反法律规定而造成经济损失，则要承担经济赔偿责任。

(二)执行机构

执行机构包括行长(或总经理)、各业务部门、职能部门和总稽核。行长是商业银行的行政主管，是银行内部的行政首脑，由董事会委任或聘任，代表银行从事日常业务活动，并对具体业务负责。其职责是执行董事会的决定，主持银行日常业务活动；经董事会授权对外签订合同或处理业务；提名高级管理职员报请董事会批准；定期向董事会报告业务情况；向董事会提交年度报告；招聘或解雇银行职员等。

职能部门是商业银行以行长(或总经理)为中心的经营管理体系中执行日常业务的机构。一般来说，职能部门可分为直接式业务部和参谋式职能部两大类。直接式业务部的职责是经办各项银行业务，直接向客户提供服务，如投资部、放款部、存款部等。参谋式职能部门的职责是实施内部管理，帮助各业务部门开展工作，为业务管理人员提供意见、咨询等，如会计部、人事部、教育培训部等。

分支机构是商业银行业务经营的基层单位。其首脑是分支行行长。各商业银行的分支机构按照不同地区、不同时期的业务需要，还设有职能部门和业务部门，以完成上级下达的经营指标和任务。

总稽核负责银行日常营业账务项目及操作方法的核对工作，其主要任务是持续地对银行的各项工作进行检查，以确定银行会计、信贷及其他业务是否符合金融当局的有关规定，是否按照董事会的方针、纪律和程序办事，目的在于防止篡改账目、挪用公款和浪费，以确保资金安全。总稽核是董事会的直接代表，通常定期向董事会汇报工作，指出发现的各种问题并提出可行性意见和建议。

(三)监督机构

监督机构主要有监事会及内部监督机构。股东大会在选举董事的同时，还要选举监事，组成监事会。监事会的职责是代表股东大会对全部经营管理活动进行监督和检查。监事会比董事会下设的稽核机构的权威性更大，除检查银行业务经营和内部管理外，还要对董事会制定的经营方针和重大决定、规定、制度的产生和执行情况进行检查，对发现的问题具有督促限期改正的权力。

不同国家的商业银行由于银行体制、经营环境不同，其内部组织机构不可能完全一致，但一般而言仍有相似之处。我们可用图1-1来概括商业银行内部组织结构。

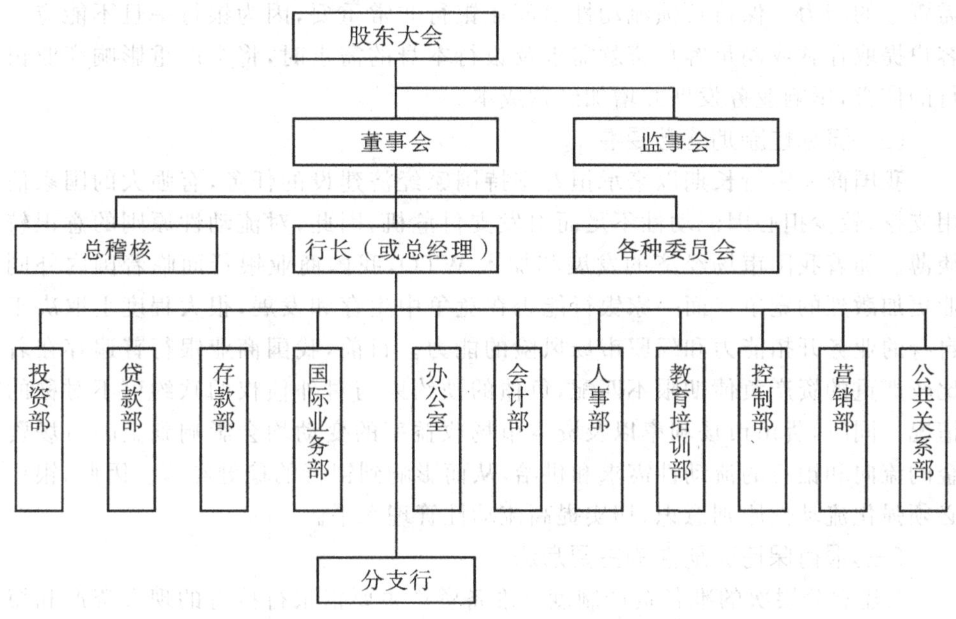

图 1-1 商业银行内部组织结构图

第四节 商业银行的经营原则

商业银行的经营原则是指商业银行在经营活动中所必须遵循的行为准则。通常所说的"三性原则"是指盈利性原则、流动性原则和安全性原则，这是商业银行的一般经营原则。

一、流动性原则

(一)流动性原则的含义

流动性是指商业银行能够随时满足客户提现和必要的贷款需求的支付能力，包括资产的流动性和负债的流动性两重含义。资产的流动性是指资产在不受损失的情况下迅速变现的能力。能迅速变现而不会造成损失的资产其流动性就强；相反，不能迅速变现或变现过程中会造成损失的资产其流动性就弱。一般来说，流动性较好的资产有库存现金、在中央银行的存款、短期同业拆借、短期政府债券及一些商业票据等。负债的流动性是指银行能以较低的成本随时获得所需资金的能力。保持负债流动性对商业银行非常重要,因为银行一旦不能应付客户提取存款或满足客户贷款需求及银行本身的需求时,将会严重影响商业银行的信誉,影响业务发展并增加经营成本。

(二)流动性原则的必要性

我国商业银行长期以来承担着支持国家经济建设的任务,有强大的国家信用支撑,较少担心因流动性不足而引发支付危机,因此,对流动性原则的意识较淡薄。随着我国市场经济的发展和加入WTO,我国商业银行面临着国内外同业更加激烈的竞争。而一家银行能否在竞争中生存和发展,很大程度上取决于自身的业务开拓能力和驾驭市场风险的能力。目前,我国商业银行普遍存在着比较严重的资产负债期限不匹配,负债的硬约束与对外债权的软约束不对称的情况。同时,货币市场利率以及资本市场收益率的变动均会影响到金融市场资金的流向和银行的流动性需求和供给,从而影响到银行的稳健经营。因此,银行必须强化流动性原则意识,切实提高流动性管理水平。

(三)银行保持流动性的主要方法

1.建立分层次的准备资产制度。准备资产主要指银行持有的现金资产和短期有价证券。具体包括一级准备和二级准备。

一级准备又称现金准备,包括商业银行库存现金、在中央银行的存款及同业存款等。它们是货币性最强的部分,是商业银行为满足流动性需要的第一道防线,属于非盈利性资产。从经营的观点来看,商业银行应将此类准备金减少到法律规定的最低限度。因为此类准备金不可能为银行提供较高的盈利性,因而银行需要掌握其他盈利性较强的资产。

在一级准备金之外,商业银行还拥有一定数量的短期证券、短期票据,这些资产既能保持一定的盈利,又能随时或在短期内变现,我们称之为二级准备金。其特点是期限短、质量高、销售快,是应付流动性风险的第二道防线。

2.实施负债管理。指以增加负债的形式从市场上借入资金来满足流动性需要,包括向中央银行借款、发行大额可转让存单、同业拆借、利用国际货币市场融资等形式。但通过这一形式保持流动性需要考虑资金的成本及银行的信誉。

因此,银行在解决其流动性需求时,应主要从资产方面把保持资产的流动性,特别是保持足够的二级准备放在第一位,而把从负债方面取得资金放在第二位,作为一种必要的补充。

3.统筹规划银行的流动性需求与流动性供给。即应将测定的流动性需要与银行所持有的流动性头寸联系起来做出规划,以解决面临的流动性问题。如有的银行在满足短期的流动性需要方面有所不足,而在满足长期的流动性需要方面有所富余,总的流动性头寸略有富余,便可以把所持有的高级别的期限较长的证券,以回购协议的方式出售一部分,既可以取得所需要的短期流动性头寸,又不打乱证券的原有期限结构,因而仍然可以满足其长期流动性需要。

二、安全性原则

(一)安全性原则的含义

安全性是指商业银行努力避免各种不确定因素的影响,按期足额收回资产本息的可靠程度,以保证商业银行的稳健经营和发展。

(二)安全性原则的必要性

1.银行经营条件特殊,尤其需要强调安全性。商业银行作为社会的信用中介,既是借入者的集中,又是贷出者的集中,是全社会最大的债务人和债权人,因而它必须保持足够的资金流动清偿能力,以履行其债务。

2.银行自有资本较少,经受不起较大损失。商业银行的资金大部分是以借贷形式运用出去的,直接关系到盈利和负债资金的安全,所以,商业银行经营必须遵循安全性、流动性和盈利性相统一的原则。

3.商业银行的安全性包括资产业务的安全性和负债业务的安全性。在负债业务中,主要面临客户随时提存的可能。在资产业务中,可能面临贷款和投资的规模超过资金来源的问题。

(三)影响银行经营安全的因素

商业银行的安全性是银行按期足额收回资产本息的可靠程度。风险性是银行预期收益的不确定性和银行资产遭受损失的可能性。影响银行安全的因素就是银行经营中存在的风险。从各种业务的相互联系以及银行经营总体上来考察,影响银行安全的因素主要有以下各种风险:

1.信用风险。信用风险是指借贷双方产生借贷行为后,借款方不能按时归还贷款方的本息而使贷款方遭受损失的可能性。客户信用状况不佳,到期不能及时归还贷款将会影响银行的资金周转和银行的收益。近年来世界性的银行呆账、坏账问题就反映出信用风险对商业银行影响的严重性。

2.利率风险。利率风险是指因金融市场上利率的变动使商业银行在筹集或运用资金时可能遭受到的损失。主要表现为商业银行在筹集或运用资金时选择的时机或方式不当,不得不付出比一般利率水平更高的利息或获得比一般水平更低的收益。

3.汇率风险。汇率风险是指由于汇率的变动而使商业银行所持有的资产和负债的实际价值发生变动可能带来的损失。

4.流动性风险。流动性风险是指银行不能到期支付债务或满足临时提取存款的需求而使银行蒙受信誉损失或经济损失,甚至被挤兑、倒闭的可能性。

5.政策风险。政策风险是指国家的政策的变化对商业银行的资金投放规模及投向、经营策略等产生不良的影响而导致的损失。

(四)确保银行经营安全的措施

为了保证经营的安全性,商业银行要把风险发生的可能性降到最低限度,在一定限度内避免风险。对于风险太大并注定会给银行带来损失的业务,银行要拒绝给以贷款才能避免风险;要合理安排贷款和投资的规模及期限结构,要加强对企业客户的资信调查和经营预测以减少或控制风险;银行资产要在种类和企业客户两个方面适当分散,避免过于集中而产生大的信用风险;此外,银行还可通过转让、保险及套期交易和互换交易等方式转移风险。

三、盈利性原则

(一)盈利性原则的含义

所谓盈利性是指商业银行经营获取利润的要求。追求盈利,实现利润最大化,是商业银行的经营目标,也是商业银行企业性质的集中体现。

(二)盈利性原则的必要性

银行以盈利为经营原则,是由其经济性质、经营特点所决定的。

1.从经济性质来看,一方面银行作为经济实体,必须具有承担风险的能力。银行只有坚持盈利性原则从事经营活动,才能不断取得利润收入,保持其业务活动的有利开展。当银行发生资金损失或经营亏损时,也才能通过以往的利润积累和今后的盈利收入来加以弥补。另一方面,银行作为国民经济的综合部门,作为社会信用活动的主要组织者和承担者,还应以提高社会经济效益为己任。遵循盈利性原则,能够使银行在经济效益的引导下自觉地重视信贷资金的营运效益,在实现自身盈利的过程中,推动企业及整个社会经济效益的提高。

2.从银行的经营特点来看,银行是典型的负债经营机构,其业务活动建立在社会信用的基础上,而银行的盈利是影响银行信誉的重要因素,一个经营不善、亏损的银行必然会因没有安全感而失去其客户,银行一旦失去客户及社会的信任,也就等于失去了经营信用业务的资格。因此,盈利性是银行业务经营活动顺利发展的经济基础。

(三)影响银行盈利性的因素及提高盈利性的方法

商业银行的盈利是其业务收入与业务支出的差额,它主要取决于资产收益、资金成本、其他营业收支三个因素。

1.资产收益是银行盈利的主要来源,主要受资产规模、资产结构和资产质量的影响。因此,提高资产收益,就要在扩大负债规模的基础上,尽可能地扩大资产规模,同时合理安排资产结构,在保持银行资产流动性的前提下,尽可能减少非盈利资产，增加盈利资产所占的比重。

2.资金成本主要取决于筹资成本。商业银行应在多种筹资方式、筹资渠道之间进行比较、选择，以尽可能低的成本吸收更多的资金。

3.其他营业收入与中间业务、表外业务的发展密切相关，其他业务支出则主要取决于各项管理费用。在银行业竞争日趋激烈的情况下，充分利用自身所拥有的各项资源，积极开展中间业务和表外业务，已成为商业银行增加收入、扩大社会影响、进一步扩展信用业务的重要手段。同时，银行还要努力提高工作效率，降低管理费用和营业成本的支出。

商业银行在业务经营与管理中必须始终坚持盈利性、安全性和流动性的原则。“三性原则”之间存在着内在的统一协调关系。盈利性是核心，是保持或实现安全性和流动性的目的；安全性是基础，是实现盈利性和流动性的前提；流动性是保证，是实现盈利性和安全性的条件，没有流动性，既谈不上实现盈利性，也不可能保持正常经营，真正保证安全性。但是，“三性原则”之间并非是完全平行不悖的，往往有着相互矛盾与制约的关系。一般来说，盈利性与安全性、流动性之间是对立的。盈利性较高的银行资产，其风险大，安全性较低，流动性也较差。不过安全性与流动性之间呈正相关的关系，流动性强的银行资产，风险一般较小，安全性较高。“三性原则”之间这种矛盾关系要求商业银行在业务经营与管理中进行有效的统一协调。

由此可见，协调“三性原则”之间的关系，确实做到盈利性、安全性、流动性的相互统一并实现最佳组合，是现代商业银行业务经营与管理中需要认真研究和解决的重要问题。

第五节　商业银行的发展趋势

商业银行的发展与社会经济的发展是密切联系的。二战后，世界经济从通货膨胀与停滞并存转入通货偏紧与低速增长并存，与之相适应，经济政策及经济理论出现了明显的变化，以减少政府干预为宗旨的自由主义思潮盛行，特别是在20世纪80年代国际债务危机发生之后，直接融资成为企业普遍接受的融资方式，商业银行面临着来自证券、保险、基金等多方面的挑战，使商业银行的经营环境出现了巨大变化。为此，商业银行普遍调整了经营理念和经营手段，商业银行的发展呈现出以下趋势：

一、银行机构国际化

金融市场和金融结构正日趋国际化，商业银行不仅在国内开设营业机构，也在国外设立分支机构营业；一些大型企业既能从国内进行融资，也能从国外的机构借款，能够发行以所在国家货币标价的证券，也能发行以欧元、美元等标价的证券；社会投资者也开始选择不同国家发行的证券来投资。这就导致了国内金融工具的利率逐渐与国际利率接轨。国际化的金融市场和金融机构的发展，使国界对金融交易的限制已经越来越淡化。一国的政治经济政策和经济发展情况往往可以影响到其他国家的经济的发展。这就要求商业银行在开拓市场和制定发展战略时要对国际大环境，包括国际经济形势和国外银行的发展和竞争进行关注和研究。

二、银行业务创新化

从 20 世纪 50 年代开始，特别是进入 70 年代以后，西方金融领域出现了一系列重大而引人注目的新事物：新技术广泛运用于金融业，新型金融市场不断形成，新的金融工具、金融交易和新型的金融服务层出不穷，人们把这些新事物统称为“金融创新”。

所谓金融创新，是指金融领域内部通过各种要素的重新组合和创造性变革所创造或引进的新事物。金融创新，包括金融业务的创新、金融机构、金融市场、金融工具及金融制度的创新等。

金融创新对商业银行银行来讲，既有积极的作用，也有不利的影响。

金融创新的积极作用主要表现在：

1.金融创新通过大量提供具有特定内涵与特性的金融工具、金融服务、交易方式或融资技术等成果，从数量和质量两个方面提高了客户的满意度，增加了金融产品和金融服务的效用，提高了商业银行的运作效率。

2.金融创新为商业银行提供了大量的金融工具和市场，使它们可以根据自己的需要进行资产负债管理和风险管理，增加了商业银行的盈利。

3.金融创新为商业银行提供了许多新的业务领域和盈利渠道，商业银行可以通过向客户出售衍生产品或者通过市场交易活动而赚取利润。

4.金融创新使国际金融市场紧密地联系在一起，为商业银行在全球范围内经营提供了广阔的天地。

金融创新对商业银行的不利影响表现在：

1.金融创新加大了原有的利率、市场、信用等系统风险，如授信范围的扩大与条件的降低无疑会增加信用风险。

2.金融创新中产生了新的金融风险，如大规模的金融电子化创新所产生的电子风险，金融业务和管理创新中出现的伙伴风险，与金融国际化相伴产生的国际风险等。各种金融机构的业务创新和管理创新虽然带来了高收益和高效率，但也产生了高风险。

3.金融创新使金融市场出现过度投机和泡沫膨胀的不良倾向。在金融创新中，金融市场上出现了很多高收益和高风险并存的新型金融工具和金融交易，尤其是从虚拟资本中衍生出来的种类，比如股票指数交易、股票指数期权交易、股票指数期货交易等；一些避险性的创新本身又成了高风险的载体，如外汇掉期、利率或货币掉期等。这些新型的金融工具和交易以其高收益吸引了大批的投资者和大量的资金，造成了金融市场的过度投机和价格泡沫，加上国际游资的活跃，金融资产的价格大幅波动，使市场充满了不稳定性，加大了金融危机爆发的可能性。

金融创新是国际金融市场发展到一定阶段的必然产物。对于这场变革，商业银行无法回避，更不能把它作为一种冒险的工具来使用。从总体上看，金融创新是利大于弊的，商业银行应有效利用和充分发挥其积极作用。虽然现代金融创新存在一些负面影响，但与积极作用相比是次要的，并且对金融创新带来的弊病，还可以采取不同的政策予以克服或减轻。如对系统性风险和经营风险可以通过强化监管，设置金融安全网等防范措施，将风险控制在可承受的限度之内；对过度投机和泡沫膨胀等不良现象可以通过矫正创新方向、规范交易并严格监管来抑制。

三、银行资产证券化

（一）资产证券化

20 世纪 80 年代中期以来，西方商业银行业务经营出现了资产证券化的趋势，也就是说，商业银行把某笔或某一组贷款汇集起来，以此作为抵押发行证券，使其在市场上流通转让。这种把资产转换为可出售的证券的过程就是资产证券化。这样做的好处是，银行可以很快收回贷款资金，加快资金的周转，并且可以把收回的资金投放到新的业务中去，以达到资产结构调整的目的。资产证券化的主要原因在于：

1.金融机构竞争加剧，贷款质量降低，贷款收益率下降，最终导致了更多的贷款损失以及长期性的盈利问题。

2.金融管理当局认为贷款是一种风险资产，要求商业银行计提贷款损失准备金，以弥补可能发生的贷款损失，这也降低了银行的盈利水平。

3.国际金融市场上筹资方式的证券化，即传统型的银行信贷越来越多地被各种各样的证券融资所取代，使得国际债券发行的总额已经赶上甚至超过了国际银行信贷的总额。为此，商业银行改变经营方式，宁愿出售资产和充当借贷双方的支付中介，而不愿持有同样的资产去赚取利息。

（二）资产证券化的影响

资产证券化对商业银行的业务经营与管理产生了较为深远的影响。从整体上讲，资产证券化使大量融资由银行贷款转为通过直接融资方式来实现，这对作为中介机构的商业银行来讲是一个很大的挑战。但与此同时，资产证券化也为商业银行的业务经营与管理提供了新的空间。

1.资产证券化改变了商业银行在信贷业务中与客户之间的固定的债权债务关系。以银行为中介机构的间接融资转变成在金融市场上的直接融资，这使得商业银行面临着非中介化的考验。从资金需求者的角度出发，他们更倾向于通过发行有价证券、股票的方式，在证券市场上直接向公众筹资，其融资的成本往往要比向银行借贷低一些。对证券投资者来讲，他们买进债券或股票以后，可以随时在二级市场上转让给其他投资者，收益性、流动性可能要比银行存款要好得多。从这个角度来看，资产证券化的趋势是不可扭转的。面对这种形势，商业银行转变观念，由被动到主动，及时根据客户的需要、市场的变化以及自身经营的情况，开辟新的业务领域和盈利渠道是非常重要的。

2.资产证券化为商业银行调整资产负债结构提供了条件。西方商业银行为了实现资产负债综合管理，采取了许多措施来优化资产负债结构，其中广泛使用的一种做法是压缩同业拆放和贷款在资产总额中所占的比例，相应增加证券所占的比例。这样做的依据是，由于证券市场的活跃和各种类别证券的存在，商业银行完全可以按照自己的经营目标来选择一个理想的证券组合。这个证券组合除了可以达到银行贷款的收益水平外，还具备灵活性和流动性，可随时根据市场环境的变化做出相应的调整。除此之外，商业银行还可以通过出售信贷资产，或以资产互换，或以贷款作抵押发行债券等方式来达到资产负债综合管理的目的。但是，所有上述手段都是以金融市场的充分发展为前提条件的。

四、银行经营电子化

随着科学技术的飞速发展和银行之间竞争的加剧，商业银行电子网络陆续形成，银行电脑同越来越多的公司和家庭联机联网。商业银行广泛使用电子计算机技术，大大推动了银行业务自动化、综合管理信息化和客户服务全面化，银行对生产、流通和消费的介入也将更加广泛和深入，从而大大增加了银行的竞争能力。

1.业务处理自动化。业务处理自动化主要指银行业务处理手段的自动化以及电脑取代人手和减少分行数目。自动化使银行业务传统运作方式发生了深刻的变化，降低了成本，增加了盈利，节省了人力、物力，同时为开拓新业务创造了条件。

2.综合管理信息化。银行电子化能提供和促进综合管理信息化。银行高层管理人员为了提高和加强自身的管理水平，必须通过电脑拥有和运用大量信息，在大量信息的基础上，首先进行分类、统计、反馈、控制，然后在此基础上采用数学模型等先进手段，对信息进行综合分析、研究、预测，建立专家软件系统和决策软件系统。信息化使银行减少了经营风险，提高了管理水平和竞争力。利用计算机迅速准确地搜集、贮存各类信息和各种业务数据，成为银行必不可少的工作手段。银行业务部门，特别是决策层，通过各种信息数据进行考核和评估、分析和监控，以便做出正确的决策。

3.客户服务全面化。银行无论经营什么业务，都离不开客户。为了建立自己忠诚的客户群，并进一步巩固和发展客户群，商业银行除了增加和开拓新业务品种、降低收费外，还要努力提高服务质量，为客户提供全方位、高质量的服务。

【本章小结】

1.商业银行是随着商品和货币经济的发展而发展起来的，意大利威尼斯银行是现代银行的先驱，英格兰银行是现代银行的鼻祖。

2.商业银行是一种特殊的企业，它以金融资产和负债为经营对象，以追逐利润为目标，具有综合性多功能的特征。

3.商业银行的职能是由其性质决定的，具有信用中介、支付中介、货币创造和金融服务四项职能。

4.商业银行在社会经济生活中的外部组织形式有单一银行制、总分行制、集团银行制和连锁银行制四种形式，内部组织机构一般由决策机构、执行机构和监督机构三个部分组成。

5.商业银行在经营管理中应遵循“盈利性、安全性、流动性”的经营原则。

【关键名词】

商业银行　单一银行　总分行　流动性　安全性　盈利性

【复习与思考】

1.简述商业银行的产生和发展的历程。

2.商业银行的性质是什么？具有哪些职能？

3.商业银行的外部组织形式有哪几种？各有什么优点和不足？

4.商业银行的内部组织机构有哪几种？各有什么职责？

5.商业银行的经营原则有哪些？

6.商业银行的发展呈现哪些趋势？

第二章

商业银行负债业务

学习目的

▲了解商业银行负债业务的概念、意义与构成；
▲了解商业银行个人存款种类、原则；
▲理解个人存款账户实名制的规定；
▲掌握储蓄存款利息计算方法；
▲了解单位活期存款账户构成、使用规定；
▲掌握商业银行同业拆借与同业借款的概念，银行间同业拆借市场的构成，同业拆借业务的流程；
▲了解中央银行贷款的概念，再贴现的作用及种类；
▲了解商业银行次级债券的概念及意义。

第一节　商业银行负债业务概述

一、商业银行负债业务定义

商业银行负债，简言之就是商业银行所负的各种债务，是商业银行所承担的一种经济义务，商业银行必须用自己的资产去偿付。因此，所谓商业银行负债是商业银行在业务经营活动中所产生的尚未偿还的经济义务。

二、商业银行开展负债业务的意义

（一）商业银行负债的数量和结构决定着商业银行资产的规模和结构

负债是商业银行主要业务之一，对商业银行来说，负债的数量规模和种类结构制约着资产的规模和投向结构。负债中存款规模的大小是商业银行资金实力强弱的主要标志，也是制约资产中贷款规模的决定性力量。因此，商业银行要实现预定的贷款规模目标就必须大力组织存款。此外，负债的期限结构也影响着资产的期限结构，负债中存款期限结构可以分为短、中、长期，按照期限结构对称原则，资产中贷款的短、中、长期期限结构也要与负债中存款期限结构相对应，否则有可能出现结构不平衡，产生流动性风险。

（二）商业银行负债是商业银行实现利润的前提和基础

客户把资金存入银行，是利用信用方式向商业银行提供了一笔资金，成为商业银行的债权人，商业银行则成为债务人。商业银行获得存款后必须贷放给企业，获得贷款利息收入，因为，商业银行的经营目标是实现利润的最大化，而商业银行的利润主要来源于存贷款利差。商业银行要扩大贷款规模，就要不断吸收存款，因此，负债是商业银行实现利润的前提条件，是商业银行生存发展的基础。

三、商业银行负债业务的构成

商业银行负债业务主要由三大部分构成：存款负债、借款负债、资本。

（一）存款负债

存款负债是指商业银行所吸收的各种个人储蓄存款和单位存款。存款负债是商业银行的传统业务，是商业银行的主要资金来源，也是商业银行生存和发展的基础。存款负债约占商业银行资金来源的70％～80％。

（二）借款负债

借款负债是指商业银行的各种借入款，如以发行金融债券的方式向社会公众借款，以同业拆借形式向同业借款，以再贴现或再贷款方式向中央银行借款以及在国际货币市场上借款等。商业银行的借款负债按照期限长短可以划分为短期借款和长期借款，短期借款主要有同业拆借、向中央银行借款、回购协议等；长期借款主要有发行金融债券等。

（三）资本

商业银行的资本包括两部分：一是商业银行在开业注册登记时所载明的实收资本金，二是商业银行在业务经营过程中通过各种方式补充的资本金，如股份制银行通过发行股票增资扩股、国有独资银行由国家财政注入资金等。商业银行资本数量的多少反映了其经营实力及抵御风险能力的大小。

本章主要介绍商业银行存款负债与借款负债，而资本业务参见第九章。

第二节　商业银行存款业务

商业银行存款按照期限长短可以划分为活期存款、定期存款，按照对象可以划分为个人存款（储蓄存款）、单位存款（对公存款），按照币种可以划分为人民币存款、外币存款。

一、个人存款（储蓄存款）

个人存款又称为储蓄存款，是指个人将属于其所有的人民币或者外币存入商业银行，商业银行开具存折或者存单作为凭证，个人凭存折或者存单支取存款本金和利息，商业银行依照规定支付存款本金和利息的存款业务。商业银行办理储蓄业务，必须遵循“存款自愿，取款自由，存款有息，为储户保密”的原则。根据存款币种不同，个人存款可分为人民币储蓄存款、外币储蓄存款。

（一）人民币储蓄存款

个人在商业银行进行人民币储蓄，根据存款期限不同，可分为活期储蓄、定期储蓄、定活两便和通知存款。

1.活期储蓄

活期储蓄是指开户时不约定存取日期，可随时存取，存取金额不限的一种个人存款。

活期储蓄开户和存取款的业务程序如下：

(1)在开户时，客户填写活期储蓄存款开户申请书，内容包括存款日期、户名、存款金额、身份证种类和号码、联系方式，并将开户申请书和现金、身份证件交银行经办人员。银行经办人员审核后，办理开户手续，经客户在存款凭条签字确认后，发给客户存折(卡)，并退还证件；客户若要求凭密码或印鉴支取，要在银行储蓄网点的密码器上自行按规定格式输入密码，或向经办人员提供两张印鉴卡片。

(2)存取款时，实行免填客户凭条，客户只需口述存取款需求即可。凭密码或印鉴支取存款的，每次都要按规定格式在银行网点的密码器上输入密码或在存款凭条上加盖印鉴。

(3)活期存款起存金额为1元，个人活期存款按季结息，按结息日挂牌活期利率计息。不到结息日清户时，按清户日挂牌公告的活期利率计算到清户前一日止。

专栏

个人存款账户实名制规定（摘录）

第一条　为了保证个人存款账户的真实性，维护存款人的合法权益，制定本规定。

第二条　中华人民共和国境内的金融机构和在金融机构开立个人存款账户的个人，应当遵守本规定。

第三条　本规定所称金融机构，是指在境内依法设立和经营个人存款业务的机构。

第四条　本规定所称个人存款账户，是指个人在金融机构开立的人民币、外币存款账户，包括活期存款账户、定期存款账户、定活两便存款账户、通知存款账户以及其他形式的个人存款账户。

第五条　本规定所称实名，是指符合法律、行政法规和国家有关规定的身份证件上使用的姓名。

下列身份证件为实名证件：

（一）居住在境内的中国公民，为居民身份证或者临时居民身份证；

（二）居住在境内的16周岁以下的中国公民，为户口簿；

（三）中国人民解放军军人，为军人身份证件；中国人民武装警察，为武装警察身份证件；

（四）香港、澳门居民，为港澳居民往来内地通行证；台湾居民，为台湾居民来往大陆通行证或者其他有效旅行证件；

（五）外国公民，为护照。

……

2.定期储蓄

定期储蓄是客户在存款开户时约定存期，一次或按期分次（在约定存期内）存入本金，整笔或分期、分次支取本金或利息的一种储蓄方式。个人定期储蓄分为以下几种类型：整存整取、零存整取、整存零取、存本取息、教育储蓄、定活两便和通知存款。存取方式因类型不同而有区别。定期存款中，只有整存整取可办理一次部分提前支取，其他储种只能办理全部提前支取。

（1）整存整取，指开户时约定存期，整笔存入，到期一次整笔支取本息的一种个人存款。人民币50元起存（外汇整存整取存款的起存金额为等值人民币100

元的外汇)。客户提前支取时必须提供身份证件,代他人支取的不仅要提供存款人的身份证件,还要提供代取人的身份证件。该储种只能进行一次部分提前支取。计息按存入时的约定利率计算,利随本清。整存整取存款可以在到期日自动转存,也可根据客户意愿,到期办理约定转存。人民币存期分为3个月、6个月、1年、2年、3年、5年六个档次。

(2)零存整取,指开户时约定存期,分次每月固定存款金额(由客户自定),到期一次支取本息的一种个人存款。开户手续与活期储蓄相同,只是每月要按开户时约定的金额进行续存。储户提前支取时的手续比照整存整取定期储蓄存款有关手续办理。一般5元起存,每月存入一次,中途如有漏存,应在次月补齐。计息按实存金额和实际存期计算。存期分为1年、3年、5年。利息按存款开户日挂牌零存整取利率计算,到期未支取部分或提前支取按支取日挂牌的活期利率计算利息。

(3)整存零取,指在存款开户时约定存款期限,本金一次存入,固定期限分次支取本金的一种个人存款。存款开户的手续与活期相同,存入时1 000元起存,支取期分1个月、3个月及半年一次,由客户与营业网点商定。利息按存款开户日挂牌整存零取利率计算,于期满结清时支取。到期未支取部分或提前支取按支取日挂牌的活期利率计算利息。存期分为1年、3年、5年。

(4)存本取息,指在存款开户时约定存期,整笔一次存入,按固定期限分次支取利息,到期一次支取本金的一种个人存款。一般是5 000元起存。可一个月或几个月取息一次,可以在开户时约定的支取限额内多次支取任意金额。利息按存款开户日挂牌存本取息利率计算,到期未支取部分或提前支取按支取日挂牌的活期利率计算利息。存期分为1年、3年、5年。其开户和支取手续与活期储蓄相同,提前支取时与定期整存整取的手续相同。

3.定活两便

定活两便存款,指客户在存款开户时不必约定存期,银行根据客户存款的实际存期按规定计息,可随时支取的一种个人存款种类。50元起存,存期不足3个月的,利息按支取日挂牌活期利率计算;存期3个月以上(含3个月)不满半年的,利息按支取日挂牌定期整存整取3个月存款利率打六折计算;存期半年以上(含半年)不满1年的,整个存期按支取日定期整存整取半年期存款利率打六折计息;存期1年以上(含1年)的,无论存期多长,整个存期一律按支取日定期整存整取1年期存款利率打六折计息。

4.通知存款

通知存款是指客户在存入款项时不约定存期,支取时事先通知银行,约定支取存款日期和金额的一种个人存款方式。最低起存金额为人民币50 000元

(含)[外币等值5 000美元(含)]。为了方便,客户在存入款项开户时即可提前通知取款日期或约定转存日期和金额。个人通知存款需一次性存入,可以一次或分次支取,但分次支取后账户余额不能低于最低起存金额,当低于最低起存金额时银行给予清户,转为活期存款。个人通知存款按存款人选择的提前通知的期限长短划分为一天通知存款和七天通知存款两个品种。其中一天通知存款需要提前一天向银行发出支取通知,并且存期最少需两天;七天通知存款需要提前七天向银行发出支取通知,并且存期最少需七天。

5.大额存单

大额存单是指由银行业存款类金融机构面向非金融机构投资人发行的、以人民币计价的记账式大额存款凭证,是银行存款类金融产品,属一般性存款。与一般存单不同,大额存单在到期之前可以转让,投资门槛高,金额为整数,比同期限定期存款有更高的利率。

为规范大额存单业务发展,拓宽存款类金融机构负债产品市场化定价范围,有序推进利率市场化改革,中国人民银行制定了《大额存单管理暂行办法》。办法规定:

大额存单采用标准期限的产品形式。个人投资人认购大额存单起点金额不低于30万元,机构投资人认购大额存单起点金额不低于1000万元。大额存单期限包括1个月、3个月、6个月、9个月、1年、18个月、2年、3年和5年共9个品种。

大额存单发行利率以市场化方式确定。固定利率存单采用票面年化收益率的形式计息,浮动利率存单以上海银行间同业拆借利率(Shibor)为浮动利率基准计息。大额存单自认购之日起计息,付息方式分为到期一次还本付息和定期付息、到期还本。

发行人(指政策性银行、商业银行、农村合作金融机构以及中国人民银行认可的其他金融机构)应当于每期大额存单发行前在发行条款中明确是否允许转让、提前支取和赎回,以及相应的计息规则等。大额存单的转让可以通过第三方平台开展,转让范围限于非金融机构投资人(指个人、非金融企业、机关团体和中国人民银行认可的其他单位)。对于通过发行人营业网点、电子银行等自有渠道发行的大额存单,可以根据发行条款通过自有渠道办理提前支取和赎回。

(二)外币储蓄存款

外币储蓄存款包括外币活期储蓄存款和外币整存整取定期储蓄存款。

外币活期储蓄存款是指不规定存期,客户不需预先通知银行,以各币种外币随时存取款,存取金额不限的一种储蓄业务。

外币整存整取定期储蓄存款是指储户事先约定存期,以外币一次存入,到期后一次性支取本息的定期储蓄存款方式。

外币储蓄存款币种主要有美元、欧元、港币、日元、英镑、加拿大元、瑞士法郎、澳大利亚元等。

外币活期储蓄存款期限为活期。外币整存整取定期储蓄存款期限有1个月、3个月、6个月、1年、2年。

外币储蓄存款的业务流程与人民币储蓄存款类似，客户持本人身份证件材料到网点办理开户手续，领取存款凭证，设密码或留印鉴，然后就可通过各服务渠道享受相关服务，在挂失、修改印鉴等操作环节上需提供身份证件材料。

(三)储蓄存款的利息计算

1.利率

利率也称为利息率，是在一定日期内利息与本金的比率，一般分为年利率、月利率、日利率三种。年利率以百分比表示，月利率以千分比表示，日利率以万分比表示。如年息九厘写为9%，即每百元存款定期一年利息9元；月息六厘写为6‰，即每千元存款一个月利息6元；日息一厘五毫写为1.5‱，即每万元存款每日利息1元5角。目前，我国储蓄存款利率由国家统一规定，人民银行公告。为了计息方便，三种利率之间可以换算，其换算公式为：

年利率÷12=月利率

月利率÷30=日利率

年利率÷360=日利率

2.计息起点

储蓄存款利息计算时，本金以“元”为起息点，元以下的角、分不计息，利息的金额算至分位，分位以下四舍五入。分段计息算至厘位，合计利息后分以下四舍五入。

3.不计复息

各种储蓄存款除活期(存折)年度结息可将利息转入本金生息外，其他各种储蓄不论存期如何，一律于支取时利随本清，不计复息。

4.存期计算规定

(1)计算时存款天数一律算头不算尾，即从存入日起算至取款前一天止；

(2)按实际天数计算；

(3)各种定期存款的到期日均以对年、对月、对日为准，即自存入日至次年同月同日为一对年，存入日至下月同一日为对月；

(4)定期储蓄到期日，如遇例假不办公，可以提前一日支取，手续同提前支取办理，但视同到期计算利息。

5.计算利息基本方法

由于存款种类不同,具体计息方法也各有不同,但计息的基本公式不变,即利息是本金、存期、利率三要素的乘积,公式为:

利息=本金×利率×存期

如用日利率计算:

利息=本金×日利率×存款天数

如用月利率计算:

利息=本金×月利率×存款月数

计算过期天数的方法:

过期天数=(支取年-到期年)×360+支取月、日数-到期月、日数

案例

积数计息法

积数计息法就是按实际天数每日累计账户余额,以累计积数乘以日利率计算利息的方法。积数计息法的计息公式为:

利息=累计计息积数×日利率

其中累计计息积数=账户每日余额合计数。

例:某储户活期储蓄存款账户变动情况如下表(单位:人民币元),银行计算该储户活期存款账户利息时,按实际天数累计计息积数,按适用的活期储蓄存款利率计付利息。

日期	存入	支取	余额	计息期	天数	计息积数
2007.1.2	10 000		10 000	2007.1.2—2007.2.2	32	32×10 000=320 000
2007.2.3		3 000	7 000	2007.2.3—2007.3.10	36	36×7 000=252 000
2007.3.11	5 000		12 000	2007.3.11—2007.3.20	10	10×12 000=120 000
2007.3.20			12 000			

银行每季末月20日结息,2007年3月20日适用的活期存款利率为0.72%。因此,到2007年3月20日营业终了,银行计算该活期存款的利息为:

利息＝累计计息积数×日利率

＝(320 000＋252 000＋120 000)×(0.72%÷360)

＝13.84 元

案例

整存整取定期储蓄存款的利息计算

(1)定期储蓄存款的到期日，以对年对月对日为准，如到期日为该月所没有的，以月底日为到期日。31 日支取 30 日到期的存款不算过期，30 日支取 31 日到期的存款，不算提前支取，但要验看储蓄证件。

(2)定期储蓄存款在存期内遇有利率调整，按存单开户日挂牌公告的相应的定期储蓄存款利率计付利息。

(3)定期储蓄存款提前支取，按支取日挂牌公告的活期储蓄存款利率计付利息；部分提前支取的，提前部分按活期，其余部分到期时按原定利率计息。

(4)逾期支取的定期储蓄存款，其超过原定存期的部分，除约定转存的外，按支取日挂牌公告的活期储蓄存款利率计息。

(5)整存整取利息的计算分为三种情况，即到期支取、过期支取和提前支取。

a.到期支取时，利息按下式计算：

利息＝本金×利息率×存期

例如：某人存 1 000 元，存期 3 年，设存入日 3 年期的定期存款年利率为 14%，那么，

到期日利息＝1 000×3×14%＝420(元)

b.过期支取时，到期日支付规定利息，到期日以后部分按活期利率付息。

例如：某人存入 1 000 元，存期为 3 年期，设存入日 3 年定期存款的利率为 14%，过期后 60 天支取，活期储蓄月利率 1.8‰，那么，

支取日利息＝1 000×3×14%＋1 000×60×1.8‰÷30

＝420＋3.6

＝423.6(元)

c.提前支取时，按活期储蓄利率计算。

例如：某人存入 1 000 元，存期是 3 年整，存入日 3 年定期存款的利率为 14%，而该人在存入 2 年后想提取，设提取当日银行挂牌公告的活期储蓄年利率为 8%，那么，

支取日利息＝1 000×2×8%＝160(元)

二、单位存款(对公存款)

单位存款是各级财政金库和机关、企业、事业单位、社会团体、部队等机构,将货币资金存入银行或非银行金融机构所形成的存款。

单位定期存款包括定期存款、活期存款、通知存款、协定存款。

(一)单位活期存款

1.单位活期存款定义

单位活期存款是一种随时可以存取、按结息期计算利息的存款,其存取主要通过现金或转账办理。活期存款账户分为基本存款账户、一般存款账户、临时存款账户和专用存款账户。这种存款的特点是不固定期限,客户存取方便,随时可以支取。

2.单位活期存款开户

存款单位开立账户时应到拟开户行领取空白"开户申请书"和"印鉴卡"一式三份,如实填写各项内容,并加盖与账户名称一致的单位公章和法人章或根据法人授权书的内容加盖其授权人章;在"印鉴卡"上还可加盖单位财务专用章和法人章,或加盖财务专用章、法人和财务主管人员章。以上私人名章均可用本人签字代替。同时,开户申请人还应提交:

(1)工商行政机关核发的营业执照;

(2)国家外汇管理局规定须提供的资料和批文(开立外汇存款账户时需要);

(3)国家技术监督局办理的企业标准代码证书;

(4)其他银行内部规定的资料。

(二)单位定期存款

1.单位定期存款定义

定期存款是银行与存款人双方在存款时事先约定期限、利率,到期后支取本息的存款。定期存款用于结算或从定期存款账户中提取现金。客户若临时需要资金可办理提前支取或部分提前支取。

2.单位定期存款业务程序

(1)定期存款存入

定期存款存入方式可以是现金存入、转账存入或同城提出代付。人民币起存金额1万元;外币为美元300万(含)、英镑200万(含)、欧元340万(含)、日元3亿(含)、港币2 300万(含)、加拿大元440万(含)、瑞士法郎530万(含)。

(2)定期存款支取

定期存款支取方式有以下几种:

a.到期全额支取,按规定利率本息一次结清;

b.全额提前支取，银行按支取日挂牌公告的活期存款利率计付利息；

c.部分提前支取，若剩余定期存款不低于起存金额，则对提取部分按支取日挂牌公告的活期存款利率计付利息，剩余部分存款按原定利率和期限执行，若剩余定期存款不足起存金额，则应按支取日挂牌公告的活期存款利率计付利息，并对该项定期存款予以清户。

(3)定期存款利率

人民币定期存款通常分为3个月、半年、1年三个利率档次。

人民币单位定期存款在存期内按照存入日挂牌公告的定期存款利率计付利息，遇利率调整，不分段计息。

(三)单位协定存款

1.单位协定存款定义

单位协定存款是指客户通过与银行签订《协定存款合同》，约定期限、商定结算账户需要保留的基本存款额度，由银行对基本存款额度内的存款按结息日或支取日活期存款利率计息，超过基本存款额度的部分按结息日或支取日人民银行公布的高于活期存款利率、低于6个月定期存款利率的协定存款利率给付利息的一种存款。

2.单位协定存款业务程序

(1)开户。单位应与开户行签订《协定存款合同》，合同期限最长为1年(含1年)，到期任何一方如未提出终止或修改，则自动延期。凡申请在银行开立协定存款账户的单位，须同时开立基本存款账户或一般存款账户(简称“结算户”)，用于正常经济活动的会计核算，该账户称为A户，同时电脑自动生成协定存款账户(以下简称B户)。如单位已有结算账户，则将原有的结算账户作为A户，为其办理协定存款手续。

(2)存入。协定存款的起存金额为10万元(指A户)。

(3)支取。协定存款账户的A户视同一般结算账户管理使用，可用于现金转账业务支出，A户、B户均不得透支，B户作为结算户的后备存款账户，不直接发生经济活动，资金不得对外支付。

(4)结息。每季末月20日或协定存款户(B户)销户时应计算协定存款利息。季度计息统一于季度计息日的次日入账；如属协定存款合同期满终止续存，其销户前的未计利息于季度结息时一并计入结算户(A户)。

(5)销户。协定存款合同期满，若单位提出终止合同，应办理协定存款户销户，将协定户(B户)的存款本息结清后，全部转入基本存款账户或一般存款账户中。结清A户，B户也必须同时结清。在合同期内原则上客户不得要求清户，如有特殊情况，须提出书面声明，银行审核无误后，办理清户手续。

3.其他事项

(1)如开户行已开办通存通兑业务的,协定存款账户(A户)内资金可以在其他已联网机构使用。

(2)协定存款余额两年以上(含两年)低于起存金额的,将利息结清后,作为一般账户处理,不再享受优惠利率。

(3)协定存款账户连续使用两年以后仍需继续使用的,须与银行重新签订《协定存款合同》。

(四)单位通知存款

1.单位通知存款定义

单位通知存款是指存款人在存入款时不约定存期,支取时需提前通知金融机构,约定支取日期和金额方能支取的存款。

2.单位通知存款业务程序

凡在开户行开立人民币基本存款账户或一般账户的企业、事业、机关、部队、社会团体和个体经济户等单位,只要通过电话或书面通知开户行,即可申请办理通知存款。客户不需要约定存期,只在支取时事先通知存款银行。

(1)开户。开户时单位须提交开户申请书、营业执照正本副本影印件等,并预留印鉴。印鉴应包括单位财务专用章、单位法定代表人章(或主要负责人章)、财务人员章及变码印鉴(适用于具备条件的分支机构)。银行为客户开出记名式《××银行单位通知存款开户证实书》,证实书仅对存款单位开户证实,不得作为质押权利凭证。证实书如果遗失,银行不予办理挂失,不再补发新的证实书。支取存款时,客户应向银行出具证实书遗失公函,银行按约定的支取方式办理取款手续。

(2)存入。通知存款为记名式存款,起存金额50万元,须一次性存入,可以选择现金存入或转账存入,存入时不约定期限。

(3)通知。通知存款不管实际存期的长短,统一按存款人取款提前通知的期限长短划分为一天通知存款和七天通知存款两个品种。一天通知存款必须至少提前一天通知约定支取存款,七天通知存款必须至少提前七天通知约定支取存款。单位选择通知存款品种后不得变更。存款人进行通知时应向开户银行提交《××单位通知存款取款通知书》。提交方式有:客户本人到银行或者传真通知,但支取时须向银行递交正式通知书。

(4)支取。单位通知存款可一次或分次支取,每次最低支取额为10万元以上,支取存款利随本清,支取的存款本息只能转入存款单位的其他存款户,不得支取现金。具体支取方式:

①单笔全额支取,存款单位需出具单位通知存款证实书。

②部分支取。部分支取须到开户行办理。部分支取时账户留存金额不得低于50万元,低于50万元起存金额的,作一次性清户处理,并按清户日挂牌活期利率计息办理支取手续并销户。留存部分金额大于50万元的,银行按留存金额、原起存日期、原约定通知存款品种出具新的通知存款证实书。

(5)客户应与银行约定取款方式,填写《通知存款支取方式约定书》。

(6)清户时,客户须到开户行办理手续,银行将账户本息以规定的转账方式转入其指定的账户。

(7)单位通知存款利率按中国人民银行规定的同期利率执行。单位通知存款实行账户管理,其账户不得作结算户使用。

第三节　商业银行同业间借款业务

商业银行借款负债是指商业银行的各种借入款,如以发行金融债券的方式向社会公众借款,以同业拆借形式向同业间借款,以再贴现或再贷款方式向中央银行借款以及在国际货币市场上的借款等。

一、同业间借款

(一)同业间借款的概念

商业银行在其经营过程中,由于各种原因,会出现资金余缺。比如:在资金清算轧差时,总会有一些商业银行或出现头寸盈余,或出现头寸不足,从追求盈利的角度看,头寸盈余的银行自然会将盈余头寸贷出,以获得收益;头寸不足的银行可以通过同业拆借市场向头寸有盈余的银行拆借一笔款项以实现资金平衡,解决资金周转困难。这种商业银行之间为了弥补资金短缺而进行的相互融资的活动就是同业间借款。随着金融业的发展,同业间借款作为商业银行的一项资金来源,对于商业银行实现资产负债总量平衡,及时调整资产负债结构,保证流动性有着十分重要的意义。

(二)同业间借款的种类

目前我国商业银行同业间借款按照期限长短可以划分为同业拆借与同业借款。

1.同业拆借

同业拆借是金融机构为了弥补临时性资金短缺而进行的相互融资活动,期限为 1 天～1 年。

2.同业借款

同业借款是指设立在中华人民共和国境内的商业银行之间开展的人民币资金借出入业务。同业借款的期限为 1～3 年(含 3 年)。

二、同业拆借

(一)同业拆借概述

我国金融机构之间业务是在银行间同业拆借市场进行的。各类金融机构可以通过银行间同业拆借市场交易系统在规定的期限、规模内自主报价、询价和达成交易,自行办理交易后资金的清算。

同业拆借市场利率是由交易双方自主商定的。拆借利率水平的高低主要取决于四个因素:一是货币资金的时间成本,即不考虑信用风险时拆借资金的利率,拆借期限越长,利率水平越高;二是信用风险成本,拆借资金所面临的信用风险越大,利率水平越高;三是市场供求关系,资金越短缺,利率水平越高;四是交易规模,一般而言,单笔交易规模越大,利率水平越低。

同业拆借的特点为:

1.期限短。商业银行向同业拆入资金主要是为了弥补票据结算、联行汇差头寸不足以及解决短期的临时性的周转资金的需要,因而期限较短,有的甚至是一天或一夜,故有时也被称为隔日拆借。同业拆借的期限最长为 4 个月。

2.利率低、变化大。同业拆借利率是由交易双方依货币市场资金供求状况自行决定的,同时也受中央银行货币政策松紧的影响,因而能较敏感地反映货币市场资金供求状况的变化。由于同业拆借无论是借方还是贷方都不会存在比商业信用放款更大的风险,参与拆借者是金融机构,其信誉度比一般放款对象要高,加上拆借期限短,所以利率水平总的来说比较低。

3.调剂临时余缺。由于同业拆借资金的来源是商业银行暂时的超额储备,因而其运用也只能是解决临时性的资金需要,不能长期占用,只能用于短期资金周转、调剂余缺。

(二)银行间同业拆借市场

1.银行间同业拆借市场的建立

我国银行间的信用拆借业务始于 1984 年,经历过几起几落的坎坷发展历程。1996 年初,中国人民银行决定依托中国外汇交易中心组建全国银行间同业拆借中心,中国外汇交易中心和全国银行间同业拆借中心实行一个法人、两块牌子、一套班子。1996 年 1 月 3 日,信用拆借电子交易系统正式启用,标志着全国统一的同业拆借市场在我国诞生。

具有资金拆借业务资格的金融机构法人及其授权分支机构，都可从事信用拆借业务。金融机构从事信用拆借业务，可以通过交易中心的电子交易系统，也可以在交易系统之外自行达成。参与交易中心电子交易系统的金融机构即为交易成员，须经人民银行批准。在交易系统之外达成交易的金融机构一般为交易量小、交易频率低的机构，其交易必须报当地人民银行备案。

专栏

我国同业拆借市场的形成与发展

我国的同业拆借始于1984年。1984年以前，我国实行的是高度集中统一的信贷资金管理体制，银行间的资金余缺只能通过行政手段纵向调剂，而不能自由地横向融通。1984年10月，我国针对中国人民银行专门行使中央银行职能，二级银行体制已经形成的新的金融组织格局，对信贷资金管理体制也实行了重大改革，推出了统一计划、划分资金、实贷实存、相互融通的新的信贷资金管理体制，允许各专业银行互相拆借资金。新的信贷资金管理体制实施后不久，各专业银行之间、同一专业银行各分支机构之间即开办了同业拆借业务。不过，由于当时实行严厉的紧缩性货币政策，同业拆借并没有真正广泛地开展起来。

1986年1月，国家体改委、中国人民银行在广州召开金融体制改革工作会议，会上正式提出开放和发展同业拆借市场。同年3月国务院颁布的《中华人民共和国银行管理暂行条例》，也对专业银行之间的资金拆借做出了具体规定。此后，同业拆借在全国各地迅速开展起来。1986年5月，武汉市率先建立了只有城市信用社参加的资金拆借小市场，武汉市工商银行、农业银行和人民银行的拆借市场随之相继建立。不久，上海、沈阳、南昌、开封等大中城市都形成了辐射本地区或本经济区的同业拆借市场。到1987年6月底，除西藏外，全国各省、市、自治区都建立了不同形式的拆借市场，初步形成了一个以大中城市为依托的、多层次的、纵横交错的同业拆借网络。

1988年9月，面对社会总供求关系严重失调，储蓄存款严重滑坡，物价涨幅过猛的严峻的宏观经济和金融形势，国家实行了严厉的“双紧”政策，同业拆借市场的融资规模大幅度下降，某些地区的拆借市场甚至关门歇业。到1992年，宏观经济、金融形势趋于好转，全国各地掀起一轮新的投资热潮，同业拆借市场的交易活动也随之活跃起来，交易数额节节攀升。

1993年7月，针对拆借市场违章拆借行为频生，严重扰乱金融秩序的情况，国家开始对拆借市场进行清理，要求各地抓紧收回违章拆借资金，于是，市场交易数额再度萎缩。1995年，为了巩固整顿同业拆借市场的成果，中国人民银行进一步强化了对同业拆借市场的管理，要求跨地区、跨系统的同业拆借必须经过人民银行融资中心办理,不允许非金融机构和个人进入同业拆借市场,从而使同业拆借市场得到了进一步规范和发展。1995 年 11 月中国人民银行发出通知,要求商业银行在 1996 年 4 月 1 日前撤销其所办的拆借市场。这一措施为建立全国统一的同业拆借市场奠定了坚实的基础。1996 年 1 月 3 日,经过中国人民银行长时间的筹备,全国统一的银行间同业拆借市场正式建立。

银行间同业拆借市场同业拆借月报(2021 年 1 月)

按交易品种			
品种	加权利率(%)	成交笔数	成交金额(亿元)
IBO001	1.6620	11986	86 058.08
IBO007	2.7086	2943	8 457.90
IBO014	2.7018	215	934.53
IBO021	2.8820	52	46.71
IBO1M	2.8179	152	345.80
IBO2M	3.5430	157	240.63
IBO3M	3.7993	276	393.81
IBO4M	3.6626	46	42.56
IBO6M	3.5586	49	61.56
IBO9M	3.4777	19	17.05
IBO1Y	3.6460	40	30.76
合计	1.7849	15 935	96 629.39

按机构类别交易统计			
机构类型	成交笔数	成交金额(亿元)	加权平均利率(%)
大型商业银行	2 743	30 016.36	1.790 4
股份制商业银行	4 717	55 517.65	1.660 1
城市商业银行	4 799	33 801.25	1.668 6
农村商业银行和合作银行	5 033	12 787.05	1.891 4
证券公司	4 297	20 010.63	1.772 2
其他	10 281	41 125.83	2.017 8
合计	31 870	193 258.77	1.784 9

续表

按机构类别余额统计	
机构类型	余额(亿元)
大型商业银行	3 133.49
股份制商业银行	1 529.71
城市商业银行	2 026.99
农村商业银行和合作银行	1 811.15
证券公司	451.84
其他	5 451.12
合计	14 404.30

资料来源:中国货币网

2.银行间同业拆借市场准入与监管

(1)同业拆借市场准入

金融机构加入银行间电子交易系统,须获人民银行批准。其中商业银行及其授权分行、外资银行、证券公司和财务公司等金融机构由人民银行总行审批,农村信用社和城市信用社则由人民银行总行授权的分支机构依据属地管理的原则进行审批。获得人民银行批准后,金融机构向交易中心申请联网,选送业务人员通过交易中心培训为交易员,与电子交易系统实现联网后即可进入拆借市场进行交易。

在交易过程中,金融机构通过电子交易系统自主报价、与其他交易成员格式化询价并最后确认成交即可达成交易。交易系统打印的《成交通知单》,是反映金融机构之间达成交易的具有法律效力的合同文件。成交双方根据成交单的内容,本着自主清算、自担风险的原则,通过支付系统进行资金清算。

(2)同业拆借市场监管

为了确保拆借市场健康有序发展,中国人民银行对市场准入进行严格的审核,对每一类金融机构设定拆入资金期限和拆借规模。交易中心通过电子交易系统把人民银行的监管要求转化为电子监控,确保交易成员不突破拆借规模和期限的要求,为金融机构规避政策制度的风险提供便利。

交易成员与交易系统外的金融机构的信用拆借,可以通过交易中心提供的同城隔夜拆借系统、电子备案报价系统实现,接受人民银行的备案监管。

3.银行间同业拆借市场拆借利率(Shibor)

上海银行间同业拆放利率(Shanghai Interbank Offered Rate,简称

Shibor)，是由信用等级较高的银行组成报价团自主报出的人民币同业拆出利率计算确定的算术平均利率。目前，公布的 Shibor 品种包括隔夜、1 周、2 周、1 个月、3 个月、6 个月、9 个月及 1 年。

Shibor 报价银行团现由 18 家商业银行组成。报价银行是公开市场一级交易商或外汇市场做市商，在中国货币市场上人民币交易相对活跃、信息披露比较充分的银行。

全国银行间同业拆借中心受权 Shibor 的报价计算和信息发布。每个交易日根据各报价行的报价，剔除最高、最低各 4 家报价，对其余报价进行算术平均计算后，得出每一期限品种的 Shibor，并对外发布。

资料

Shibor 最新利率(2020-04-09)

单位：百万元，%

品种	O/N	1W	2W	1M	3M	6M	9M	1Y
Shibor	1.1820	1.6800	1.2830	1.4730	1.5580	1.6650	1.7690	1.8550

各期限品种拆借成交情况(2020-04-09)

产品名称	最高成交利率(%)	最低成交利率(%)	加权成交利率(%)	升降	成交金额	增减
IBO001	3.0000	0.9000	1.2569	29.53	836 702.90	8 986.00
IBO007	6.4800	1.1500	1.8170	−6.05	54 905.00	−590.60
IBO014	2.2000	1.2830	1.5456	−2.85	2 033.00	−66.00
IBO021	4.2000	1.3000	1.6899	−0.17	5 795.00	4 895.00
IBO1M	1.3500	1.0500	1.0650	−87.37	4 240.00	2 633.00
IBO2M	3.5000	1.3500	1.9553	−29.67	190.00	−158.00
IBO3M	6.0000	1.5580	3.7564	7.50	1 420.00	−562.70
IBO4M	3.1000	3.1000	3.1000	85.00	100.00	−140.00
IBO6M	3.1000	3.1000	3.1000	310.00	50.00	50.00
IBO9M	3.8000	3.1500	3.4243	−80.07	173.00	−67.00
IBO1Y	3.7000	1.8550	2.9514	295.14	110.00	110.00

资料来源：中国货币网

(三)同业拆借业务流程

1.公开报价

公开报价是交易成员为引导对手方询价而向其他成员所作的报价,交易系统开市后,交易员应该尽快通过交易系统把本方拆借交易的意向向市场发布。信用拆借公开报价要素包括拆借方向、拆借期限、拆借利率、拆借金额、成交日、起息日、还款日、实际占款天数、交易品种。交易流程见图 2-1。

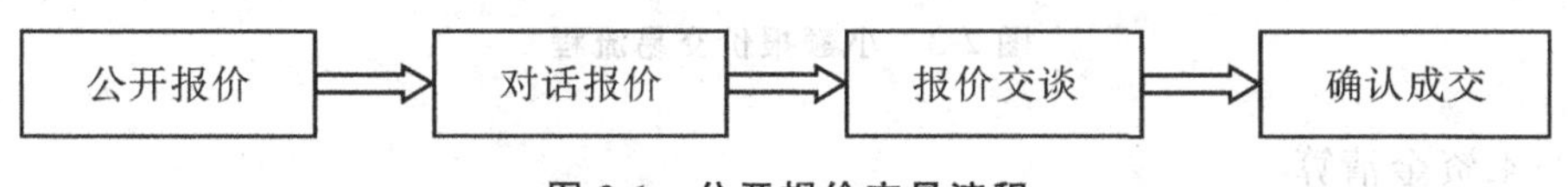

图 2-1 公开报价交易流程

2.对话报价

对话报价是询价交易方式下特有的"讨价还价"过程,是指交易过程中向特定交易成员的交易员所作的报价。由于拆借利率由市场力量决定,交易员完全有可能通过"讨价还价"以低利率拆入资金、高利率拆出资金。对话报价是"讨价还价"的开始。对话报价要素比公开报价多到期还款金额、清算账户、对手方和对手方交易员四个要素。交易流程见图 2-2。

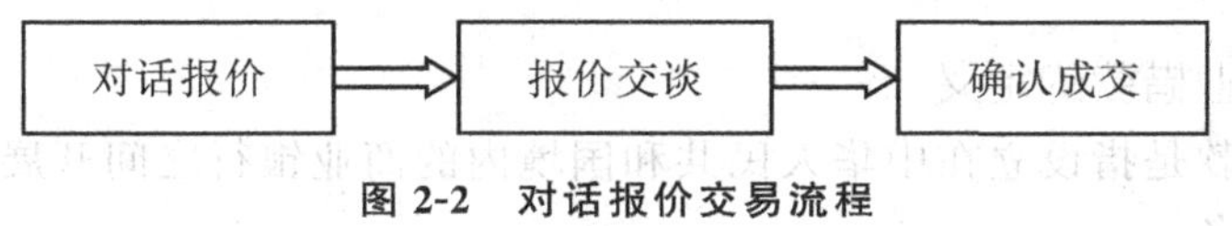

图 2-2 对话报价交易流程

3.小额报价

交易系统还为交易成员提供了一种更为便利的交易方式——小额报价。

小额报价是为提高交易效率而采用的一次报价、规定交易数量范围和对手方范围、单向撮合的交易方式。如果满足交易数量和交易对手的要求,其他交易成员可以直接通过点击成交,无须经过询价过程。

小额报价要素和对话报价基本相同,只是少了对手方和对手方交易员两项。小额报价一经报出不能修改,在没有成交的条件下可以撤销。

进行小额报价时必须先设置单笔金额成交的上限和下限、对手方范围。单笔成交金额上下限的设置,限定了对手方应答小额报价时点击成交的单笔最高/最低成交金额。对手方范围限定了哪些交易成员可看到小额报价并点击成交。若不设对手方范围,则所发出的小额报价是无效的,即市场上没有人可看到报价方所发出的报价。

小额报价可点击确认成交,即报价发出后,在报价方所指定的对手范围内,对方只需填入对手本方成交数量、清算账户即可直接确认成交,无需与报价方进行交谈。小额报价成交时不仅受单笔成交上下限的限制，还受市场限额和成员间授信的限制，只有满足了以上限制才能成交。成交后，系统自动将成交金额自报价方的原报价量中扣减。若应答方所填入的成交金额超过剩余量，则按剩余量成交。交易流程见图 2-3。

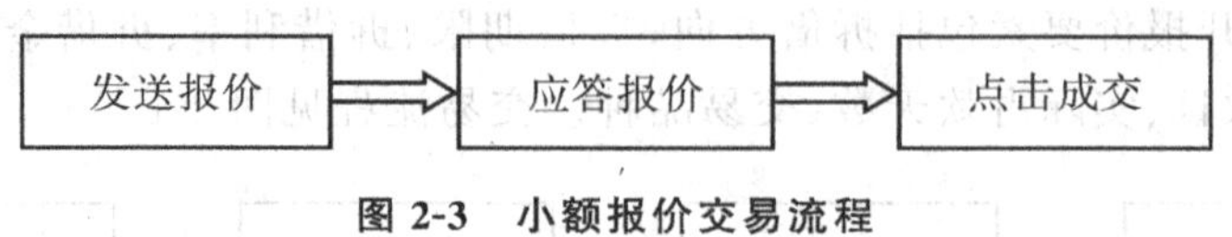

图 2-3 小额报价交易流程

4.资金清算

全国银行间同业拆借市场的资金清算按双边逐笔全额直接清算、自担风险的原则办理，即交易成员按照成交通知单所载明的有关内容，在规定的起息日自行向交易对手方逐笔全额办理资金清算，由此产生的风险由交易成员自行承担。

在中国人民银行各地分支行开立人民币基本账户的交易成员，其与交易对手之间人民币资金的异地清算通过中国人民银行电子联行系统办理，人民币资金的同城清算通过当地人民银行票据交换等途径办理。

三、同业借款

(一)同业借款的定义

同业借款是指设立在中华人民共和国境内的商业银行之间开展的人民币资金借出入业务。

(二)同业借款的期限

同业借款的期限为 1～3 年(含 3 年)。同业借款可展期一次，展期期限最长不得超过原同业借款期限的一半。

(三)同业借款的利率

同业借款的利率水平与计息、结息办法由借出入双方自行协商确定。除利息之外，借出方有权向借入方收取一定比例的承诺费。承诺费的收取方法由借出入双方约定。

(四)同业借款的规模

同业借款双方借入与借出资金的规模按照商业银行资产负债比例管理要求进行考核。借入方同业借款月末余额与其人民币总负债月末余额之比不得超过 40%。

(五)同业借款的用途

同业借款资金用途必须符合国家产业政策和中国人民银行的有关规定，并由借出入双方在同业借款合同中予以明确。

【本章小结】

1.商业银行负债业务是商业银行通过吸收存款、借款、发行金融债券等方式吸收资金形成商业银行资金来源的业务，主要包括存款负债、借款负债、资本。

2.个人存款又称为储蓄存款，是指个人将属于其所有的人民币或者外币存入商业银行，商业银行开具存折或者存单作为凭证，个人凭存折或者存单可以支取存款本金和利息，商业银行依照规定支付存款本金和利息的活动。商业银行办理储蓄业务，必须遵循“存款自愿，取款自由，存款有息，为储户保密”的原则。

3.个人存款账户，是指个人在金融机构开立的人民币、外币存款账户，包括活期存款账户、定期存款账户、定活两便存款账户、通知存款账户以及其他形式的个人存款账户。实名，是指符合法律、行政法规和国家有关规定的身份证件上使用的姓名。

4.在中华人民共和国境内的储蓄机构取得人民币、外币储蓄存款利息所得的个人，应当依照规定缴纳个人所得税。

5.银行存款账户分为基本存款账户、一般存款账户、临时存款账户和专用存款账户。

6.我国商业银行同业间借款按照期限长短可以划分为同业拆借与同业借款。同业拆借是金融机构之间以彼此信誉为保障的短期资金融通业务。同业借款是指设立在中华人民共和国境内的商业银行之间开展的人民币资金借出入业务。

【关键名词】

负债业务　个人存款账户实名制　同业拆借　同业借款

【复习与思考】

1.商业银行负债业务由哪些项目构成？

2.商业银行办理储蓄业务必须遵循什么原则？

3.什么是个人存款账户实名制？

4.银行存款账户有哪些？存款账户管理有何规定？

5.什么是同业拆借与同业借款？两者有何区别？

第三章 商业银行现金资产业务

学习目的

▲了解商业银行现金资产的构成与作用；
▲理解商业银行头寸资金的形成原理；
▲掌握商业银行头寸资金的匡算方法；
▲掌握商业银行基础头寸、可用头寸概念；
▲了解商业银行流动性供给与需求原理；
▲掌握商业银行头寸资金调度的原则与渠道。

第一节 商业银行现金资产概述

一、商业银行现金资产的构成

商业银行现金资产有广义和狭义之分。狭义现金资产仅指商业银行的库存现金。广义现金资产包括库存现金、准备金存款和在同业存款。从构成上来看，商业银行的现金资产主要包括：

(一)业务库存现金

即商业银行为满足日常业务需要而保留在业务库中的钞票和铸币。

(二)在上级行准备金存款

即商业银行分支机构在总行、一级分行开立准备金存款账户中的存款，主要用于系统内部资金汇划的清算。

(三)在中央银行的准备金存款

包括存放在中央银行的法定准备金和超额准备金。法定准备金,是商业银行按照中央银行规定的法定准备金比率与自身吸收的存款计算缴存中央银行的存款,这部分存款商业银行不得动用,并定期按照银行存款额的增减而进行相应调整,它是中央银行进行宏观调控的一般性货币政策工具之一。

超额准备金也叫备付金,是指商业银行在中央银行存款准备金账户中超出了法定存款准备金的那部分存款。超额准备金是商业银行日常业务活动中可以自由支配的支付准备金,是商业银行的可用资金。主要用于金融机构间清算,如支票的清算、电子划拨和其他交易。当商业银行库存现金不足时,也可随时从该账户上提取现金。超额准备金是货币政策的近期中介指标,直接影响社会的信用总量。

(四)在同业存款

即金融机构之间因相互代理业务而在其他银行和金融机构保留的存款。

二、现金资产的作用

(一)调节营运资金平衡,保持营运正常运转

在商业银行资金运转过程中,存在着许多影响资金来源与运用平衡的客观因素,例如,商业银行预计增加的存款未增加,预计收回的到期贷款未收回,预计不会提取的存款被提取,预计不会增加的贷款又必须增加等等。因此,商业银行营运资金来源与运用客观上存在着失衡的可能性。解决营运资金失衡这一矛盾的可行方式是保持一个适度的现金资产储备。在商业银行资金运转过程中,现金资产作为一笔随时可用的资金,起着“蓄水库”一样的调节作用。

(二)避免或减小营运资金风险,保障营运资金安全

商业银行作为信用中介人,大量信贷资金建立在存款和借款负债基础上,存款有存有取,借款有借有还,因此,要求商业银行应具有足够的支付能力,以保证存款的支取与借款的归还。如果支付能力不足,部分客户要求支付存款而银行不能按时支付,就会引起所有存款客户对银行的信任危机,存款挤兑的风险将会随时发生;如果支付能力不足,到期借款不能按时归还,不仅会失信于同业,也会引起商业银行的支付困难。商业银行资金构成与业务经营的特点决定了它所面临的最大风险主要来自支付能力不足。因此,与一般企业相比,要求商业银行具有更强的支付能力,而现金资产是一种流动性最强的资产,商业银行掌握适度的现金资产作为支付手段,就可避免支付能力不足的风险。

(三)满足合理贷款需求,推动存款业务发展

满足顾客的合理贷款需求是商业银行的基本职责,同时也是商业银行吸引

顾客、扩大存款来源、全面开拓业务的重要手段。现金资产是扩展贷款业务的基础，一家商业银行能否增加贷款、能增多少贷款、什么时候增加贷款，取决于有无现金资产、有多少现金资产、什么时候有现金资产。从这个角度看，现金资产是商业银行业务全面扩展的推动力。

第二节　商业银行头寸资金及其匡算

一、商业银行头寸资金的概念和构成

所谓头寸资金，是指商业银行在一定时期或某一时点上，实际可用的资金量。

商业银行的头寸资金按资金的可用程度分，可分为基础头寸和可用头寸。

（一）基础头寸

指商业银行随时可用的资金量，是商业银行资金清算的最后支付手段。它由商业银行在中央银行的超额准备金存款、业务库存现金构成。

（二）可用头寸

是指商业银行的营业部门在一定时期内能够运用的资金量。它可以分为营业日初始头寸和营业日终了时当日头寸。

二、头寸资金的形成

商业银行资金运转可分为三条途径：辖内本系统内资金运转、异地本系统内资金运转、跨系统之间资金运转。通过这三条途径的资金运转需要借助两种清算方式：现金收支与转账收支。通过三条途径、两种清算方式的资金运转对现金资产形成与变化的影响是不同的。下面以商业银行基层行处为例具体分析说明。

（一）辖内本系统内资金运转与头寸资金的形成

辖内本系统内资金运转主要是由同一银行所辖客户之间的结算、银行与客户之间的存贷款所引起的。这种资金运转是采取现金收支和转账收支两种清算方式实现的。若采取现金收支方式，银行收入现金，客户存款增加或贷款减少，银行库存现金增加，基础头寸资金增加；银行支出现金，客户存款减少或贷款增加，银行库存现金减少，基础头寸资金减少。可见，辖内现金收支，引起资金实际

流入或流出银行,会形成头寸资金变化,增加或减少头寸资金。辖内资金运转若采取转账收支方式,只表现为辖内客户存款的一增一减,存款与贷款的同增同减,或贷款的一增一减,库存现金与人民银行准备金存款不变。因此,辖内转账收支,资金没有实际流入或流出银行,不会形成头寸资金,既也不会增加头寸资金,也不会减少头寸资金。

（二）异地本系统内资金运转与头寸资金的形成

异地本系统内资金运转主要是由银行为客户办理异地结算、信贷资金调拨、系统内同业拆借所引起的。这种资金运转一般都是通过系统内联行往来以转账收支方式实现的。通过系统内联行往来,必然会形成应收联行汇差或应付联行汇差。应收联行汇差与应付联行汇差都要通过人民银行存款账户清算。若清算应收联行汇差,人民银行准备金存款增加;若清算应付联行汇差,人民银行准备金存款减少。信贷资金调拨与系统内同业拆借也要通过人民银行存款账户清算。若是信贷资金调入、同业拆入,则人民银行准备金存款增加;反之,人民银行准备金存款减少。可见,异地本系统内资金运转引起资金实际流入或流出银行,必然会形成头寸资金变化,或增加或减少资金头寸。

（三）跨系统之间资金运转与头寸资金的形成

跨系统之间的资金运转主要是由于向人民银行存取现金、缴存存款、再贷款、再贴现、跨系统同业资金清算、跨系统同业拆借等原因所引起的。这种资金运转除了向人民银行存取现金外,一般都是通过人民银行存款账户以转账收支方式实现。缴存存款的调减、取得再贷款、再贴现、跨系统资金清入、跨系统同业拆入,则在人民银行的准备金存款增加。反之,缴存存款调增、归还再贷款、跨系统资金清出、跨系统同业拆出,则在人民银行的准备金存款减少。商业银行向人民银行存取现金,需要通过人民银行准备金存款户,但是,向人民银行存取现金只是库存现金与人民银行准备金的一增一减,库存现金与人民银行准备金存款总额不变。可见,跨系统之间的资金运转,除了商业银行向人民银行存取现金之外,都会使资金实际或流入或流出银行,因而会形成头寸资金变化,或增加或减少头寸资金。

三、商业银行头寸资金匡算

（一）商业银行营业日初始头寸的匡算

营业日初始头寸,即营业日开始时的可用资金量,是匡算当日头寸的基础。它由上一日结转到当日的在中央银行超额准备金的可用量、到期同业往来差额和上级行可调入或调出资金额等因素构成。各因素匡算方法如下:

1.超额准备金可用量的匡算。商业银行在中央银行的超额准备金存款,原则上都是商业银行的可用资金，但是为避免一旦发生的流动性不足，商业银行可以根据本身的情况，规定其存款总额的一定比例作为自留准备金，即超额准备金留存限额，因此，商业银行的超额准备金可用量可按如下公式计算：

超额准备金可用量＝上日末超额准备金存款余额

2.业务库存现金可用量的匡算。库存现金主要是为了客户支取现金所保留的周转金。由于业务库存现金是非盈利资产，因而不宜保留过多，要按规定核定一个现金库存限额。库存现金实际可用量为：

库存现金可用量＝上日末营业终了库存现金余额

3.到期同业往来差额的匡算。商业银行上一个营业日终了时，未来得及办理同城票据清算的资金称为到期同业往来资金，其中既有应收入的资金，也有应付出的资金，两者之差，即为到期同业往来差额。

上一日营业终了未来得及办理清算的资金，应于当日营业开始时进行支付或收入，故可视同已减少或增加的头寸。

应收资金－应付资金＝应收(应付)差额

应收差额为当日可用资金，应付差额为当日可用资金减少。

4.上级行可调入调出资金的匡算。在商业银行实行系统内信贷资金计划管理，各级行处信贷资金统一调度，抽多补少的情况下，各基层行处信贷资金来源大于运用的差额，称为“存差”，即上级行可调出的资金；若资金运用大于来源，其差额应由上级行调入，称为“借差”。

可调入资金为当日可用资金，应调出资金为当日可用资金减少。

案例

某商业银行初始头寸的匡算

设某商业银行资料如下：

单位：万元

资金运用项目	上日余额	资金来源项目	上日余额
一、各项贷款	5 700	一、各项存款	4 200
二、在中央银行准备金存款	650	二、同业往来	1 400
其中：法定准备金存款	370	其中：到期应付	250
三、业务库存现金	100		
四、同业往来	580		
其中：到期应收	150		

该行为借差行，借差 300 万元（即该行可从上级行调入资金 300 万元），则该行：

当日初始头寸＝(650－370)＋100＋(150－250)＋300＝580(万元)

(二)商业银行当日头寸的匡算

匡算当日头寸，即在初始头寸的基础上，匡算当日营业活动可能增加或减少的可用资金量，从而测算营业日终了时资金多余或不足情况，以便统筹安排，保持当天资金平衡。

影响当日头寸的因素及其关系，可用如下公式表示：

当日头寸＝初始头寸±现金收付额±联行汇入汇出额±同城票据清算收付额±法定准备金调减调增额±借出借入到期额

上述各因素对当日头寸的影响关系如下：

1.当日现金收支。当日现金收支可分为收支平衡、收大于支、支大于收三种状况。收支平衡，初始头寸不变；收大于支，库存现金增加，基础头寸增加；当日现金支大于收，库存现金减少，当日可用头寸减少。

2.联行汇差。联行汇差是银行间异地客户办理转账结算所引起的汇出汇入资金差额。当汇出大于汇入时，其差额为应付联行资金；当汇入大于汇出时，其差额为应收联行资金。因此，应付汇差，当日头寸减少；应收汇差，则当日可用头寸增加。

3.同城票据清算。同城票据清算即同一城市不同行处的客户之间，因商品交易、劳务供应等引起的货币收付，通过签发票据进行清算时，所引起的银行之间的货币收付清算。

同城票据交换也叫小联行，各行应收、应付票据轧差后要通过其在中央银行开立的准备金账户转账结算。其差额与联行汇差相同，应收差额通过中央银行转账增加其在中央银行的超额准备金存款，增加当日头寸；应付差额通过中央银行转账减少在中央银行准备金存款账户余额，当日可用头寸减少。

4.法定存款准备金调整。法定准备金按规定的调整日定期调整，当调整日按规定计算的应交法定准备金大于上一调整日的应缴法定准备金时，超额准备金减少，可用头寸减少。反之，如果所计算的应缴法定准备金小于上一调整日所计算的应缴法定准备金，则超额准备金增加，当日头寸增加。

5.到期借出借入款。这里所说的到期借出借入款，是指商业银行于营业日内到期的中央银行借款、上级行借入款、到期的同业拆出和拆入款。

到期的借入、拆入款当日应当支付，支付结果减少了商业银行在中央银行的超额准备金存款，当日可用头寸减少。到期的借出、拆出款当日应该收回，结果导致商业银行在中央银行超额准备金存款增加，当日可用头寸增加。

案例

某商业银行当日头寸的匡算

设某商业银行初始头寸为440万元，该行经匡算当日有关资料如下：现金收入超过现金支出差额为25万元，联行应付大于应收的汇差为50万元，同城票据清算应收资金15万元，当时按规定计算的应交法定准备金为100万元，上期已经缴法定准备金为50万元，到期的由金融机构净拆（借）入差额40万元。则当日可用头寸匡算结果如下：

当日可用头寸＝440＋25－50＋15－（100－50）－40＝340（万元）

第三节 商业银行流动性管理与头寸资金调度

专栏

中国银保监会发布《商业银行流动性风险管理办法》

为促进商业银行提升流动性风险管理水平，维护银行体系安全稳健运行，中国银行保险监督管理委员会于2018年5月23日发布了《商业银行流动性风险管理办法》，自2018年7月1日起施行。

一、引入三个量化指标

《商业银行流动性风险管理办法》新引入净稳定资金比例、优质流动性资产充足率和流动性匹配率三个量化指标。

2014年银保监会发布的《商业银行流动性风险管理办法（试行）》对加强商业银行流动性风险管理，维护银行体系安全稳健运行起到了积极作用。2015年9月，根据《商业银行法》修订进展，《流动性办法（试行）》也进行了相应修订，将存贷比由监管指标调整为监测指标。但是，随着国内、国际经济金融形势变化，银行业务经营出现新特点。2014年发布的《商业银行流动性风险管理办法（试行）》只包括流动性比例和流动性覆盖率两项监管指标。其中，流动性覆盖率仅适用于资产规模在2 000亿元（含）以上的银行，资产规模小于2 000亿元的中小银行缺乏有效的监管指标。此外，作为巴塞尔Ⅲ监管标准的重要组成部分，巴塞尔委员会于2014年推出了新版的净稳定资金比例（NSFR）国际标准。因此，结合我国商业银行业务特点，借鉴国际监管改革成果，对《商业银行流动性风险管理办法（试行）》进行修订。此次修订的《商业银行流动性风险管理办法》主要内容包括：一是新引入三个量化指标。其中，净稳定资金比例适用于资产规模在2 000亿元（含）以上的商业银行，优质流动性资产充足率适用于资产规模小于2 000亿元的商业银行，流动性匹配率适用于全部商业银行。二是进一步完善流动性风险监测体系。对部分监测指标的计算方法进行了合理优化，强调其在风险管理和监管方面的运用。三是细化了流动性风险管理相关要求，如日间流动性风险管理、融资管理等。

《商业银行流动性风险管理办法》旨在抑制同业业务过度发展、优化期限错配、引导银行业回归本源，支持实体经济。2017年以来通过整治银行业乱象，部分不规范同业业务已得到大范围清理，取得明显成效，期限错配风险已显著下降。但从中长期看，不能低估流动性监管体系完善对银行业务模式和资产负债结构的影响。从理论上讲，期限转换（即所谓"短借长贷"）是商业银行基本功能，也是其支持实体经济重要途径。

二、商业银行应提高流动性风险管理能力

一是需对流动性风险不断进行评估和更新，确保风险管理和计量有效性。二是可根据自身资产负债结构和特点，探索建立适合自身的、可获得性较强的流动性指标，要加大科技投入建立流动性监测系统，明确每一个指标监测频度、预警限额，监测资产流动性变化，把握整个市场流动性风险变化情况。三是要建立有效管理机制以确保流动性管理要求传导有效性。

一、商业银行流动性需求与供给

（一）商业银行流动性需求

商业银行流动性需求可以分为存款流动性需求、贷款流动性需求和其他流动性需求。

1.存款流动性需求。所谓存款流动性需求指的是商业银行为满足存款户的提款要求而必须保有的流动性。这种流动性需求是最基本的，商业银行必须满足，否则商业银行就不能开门营业。因此，为满足这种流动需求而保有的流动性也叫保护性流动性。存款流动性需求一般取决于存款的总量、存款的结构，而这些因素同时又受到利率、物价、国民收入、经济周期以及流动性偏好的影响。

2.贷款流动性需求。商业银行还要满足其客户对贷款资金的需求，这种流动性的需求称为贷款流动性需求。与存款流动性需求不同的是，虽然贷款的流动性需求也会随着一些宏观经济变量的变动而变动，但是它却在相当大的程度上受到商业银行贷款政策的影响，如实行紧缩的还是扩张的信贷政策，或者是拒绝提供某类贷款。

3.其他流动性需求。主要包括偿还同业借款和中央银行借款，缴纳所得税，股份制银行股东红利支付等。

(二)商业银行流动性供给

为满足流动性需求，商业银行也有几个方面的流动性供给来源，主要包括：新增客户存款，客户偿还的贷款，以及其他流动性供给。其他流动性供给主要指商业银行发行的大额可转让存单、同业拆借、发行金融债券、向中央银行借款等。

(三)商业银行流动性缺口与剩余

商业银行流动性需求大于供给，则出现流动性缺口；反之，流动性需求小于供给，则出现流动性剩余。在某一时期，商业银行流动性需求与供给不可能相等，因此，商业银行必须不断解决流动性缺口和剩余问题。

(四)商业银行流动性的衡量标准

1.贷款占存款的比例。该比率越高，流动性越低，表明商业银行通过存款吸收的资金大部分被贷款使用出去了，留下的现金准备很少。因此，当急需现金支付时因现金资产数量不足和贷款未到期不能收回，极易出现流动性风险。一般而言，小银行该比例比大银行应当低些，因为，它不易从负债方面取得流动性，即不易从金融市场筹资。这一指标作为衡量商业银行流动性的标准，其缺陷在于它仅仅考虑存贷款的数量，而没有考虑存贷款的期限结构和质量，也没有考虑非贷款资产的流动性，因而它不能完全准确地反映流动性。

2.流动性资产对全部负债或全部贷款的比率。该比率越高，流动性越强。根据规定，流动性资产是指一个月内(含一个月)可变现的资产，包括：库存现金、在人民银行存款、存放同业款、国库券、一个月内到期的同业净拆出款、一个月内到期的贷款、一个月内到期的银行承兑汇票等。实际上，在人民银行存款中属于法定准备金的部分，不具有流动性；短期证券的流动性要视证券市场价格与证券市场资金供求状况的变动而变动，因此，这个指标也忽略了负债方面的流动性因素。

3.备付金比率。在我国，备付金是指商业银行在人民银行存款中超过法定准备金这部分的超额准备金。它的绝对值越高，流动性越强。但它忽视了通过资产(非现金资产)变现或借入款也可获得流动性，因而容易低估流动性水平。我国中央银行要求商业银行备付金占存款总额之比不小于5%～7%。

4.流动性资产减易变性负债。该数值越大，流动性越强。易变性负债即周转较快、不太稳定的负债，在我国指活期存款、活期储蓄、一个月内(含一个月)到期的定期存款和同业拆入款。

5.存款增长额减贷款增长额。差额为正值,表明流动性上升;差额为负值,表明流动性下降。它只反映趋势性程度,未考虑存款和贷款在性质和结构上的区别。

6.一定时期流动性资产和负债供给与流动性需要的对比关系。上述几种流动性指标有一个共同的缺陷,即都没有考虑未来预期的流动性需要和商业银行通过借入资金获得流动性的能力。而该指标能克服这一缺点,它考虑到了一定时期内流动性需要和来源两方面的变化。

案例

A银行流动性风险管理

1.A银行流动性现状

A银行2001年12月31日资产负债项目(按到期日)

单位:人民币百万元

	已逾期	即时偿还	3个月以内	3个月至1年	1至5年	5年以上	总额
资产总计	7 213	34 032	65 236	90 107	34 085	35 671	266 317
负债总计	—	171 586	38 727	40 021	10 237	630	261 201
流动性敞口	7 213	−137 554	26 509	50 086	23 821	35 041	5 116

2.A银行流动性现状

从上述数据来看,A银行2001年12月31日即时偿还的资产负债的流动性敞口为人民币−1 376亿元,其余期限的资产、负债均为正缺口。但是,考虑活期存款的日均沉淀量以及所持债券的市场变现融资能力因素之后,A银行的实际流动性有所增强。根据2001年12月31日数据估算,假定活期存款中有80%的沉淀量以及所持债券中有50%的变现能力,则可以补充即时流动性的资产人民币约1 495亿元。近年来A银行短期资产流动比例虽然略有下降,但一直维持在较高的水平。截至2001年12月31日,调整后人民币短期资产流动性比例达到43.50%,外币短期资产流动性比例66.21%。

3.A银行流动性风险管理对策

A银行非常重视流动性管理,制定了一系列监测管理和应急措施。包括:

(1)在总行和分行设立了资产负债管理委员会,负责日常流动性风险的管理。该委员会根据巴塞尔协议和人民银行的有关规定对每季度、每月和每天的各项流动性指标进行分析和监控,并作出相应的决策。另外,在出现流动性风险时,A银行及时组成由行长和各主要业务部门负责人参加的流动性应急委员会，汇集信息，分析原因，研究对策，并组织实施应急方案。

(2)设置资金交易中心，由专门的小组管理日常头寸，由专门的交易员负责外部资金交易，并通过行内资金上存下借调剂各分行与总行之间的流动性。

通过对贷存比、中长期贷款比例、备付率等一系列业务监管指标的考核，加强对分支机构的指导和监控。对分支机构头寸管理建立预测和内控制度，并着手建立流动性管理信息系统，以便及时掌握全行资产负债期限匹配情况，进行流动性缺口管理。

(3)制定本外币资金管理办法，对日常头寸的监控、调拨、清算等进行详细规定；制定流动性应急方案，确定了紧急情况下的应对措施。

(4)根据市场环境随时灵活调整资产、负债结构。A银行长期以来一直注重进行资产多元化配置，信贷资产占比逐年下降，以可变现债券为主的流动性较强的资产占比已超过25%，截至2001年12月31日，A银行拥有的各项债券余额约人民币626.5亿元，其中80%以上可随时以回购方式从市场上获得资金。

(5)A银行已建立起畅通的融资渠道，可通过资金交易随时保证流动性需要。A银行可以通过人民银行公开市场交易来保证流动性需要。该市场面向15家商业银行总行等指定交易商，提供回购和现券交易，还可根据商业银行解决流动性的需要开设专场交易；A银行是全国货币资金市场交易成员以及财政部授予的甲级国债承销商，可以通过全国银行间同业市场进行包括同业拆借、债券回购、现券交易等在内的市场融资，保证流动性的需要；同时A银行建立了与境外同业的相互融资安排，以保证外汇资金流动性需求。

当A银行有特殊需要的时候，还可向人民银行申请资金支持。

(五)商业银行解决流动性的策略

商业银行为满足以上流动性需求，必须通过保有相当数量的可及时变现的流动资产作为流动性供给。商业银行提供这些流动性，可以通过资产管理和负债管理两条途径来实现。

1.资产管理策略。商业银行的资产主要由现金资产(一级准备)、证券资产(二级准备)、贷款等组合构成。资产管理的主要内容就是如何使商业银行的资产合理配置于这三者之间，使流动性与效益性达到平衡。其中，商业银行的现金资产将提供存款的流动性需求，这部分资产由库存现金和超额准备金构成，流动性最高，但其效益性最低，它应该以能满足存款的正常提取为限，数额不宜太高。商业银行的贷款流动性需求主要由贷款组合来提供，商业银行应该合理安排期限，利用贷款周转中产生的到期贷款来满足新增贷款的需求。二级准备金作为银行经营的缓冲区，主要包括各种证券投资，因此，保持相当比例的二级准备对商业银行来说是非常重要的。

2.负债管理策略。较之资产管理，负债管理使商业银行更加主动和灵活地获得流动性供给。商业银行可以通过中央银行再贷款、同业拆借市场、证券回购市场、发行金融债券等方法为将来可预见的时刻提供流动性供给，以此来弥补流动性供给与流动性需求之间的缺口。负债管理的应用也会使资产的配置更加灵活、机动，充分发挥其盈利性而同时却不会降低总的流动性。

二、商业银行头寸资金调度

(一)"市场融通"下的资金调度

随着社会主义市场经济体制的确立，为保证货币需求与货币供应的基本平衡，保持币值稳定，保障信贷资金安全，从1994年开始实行"总量控制、比例管理、分类指导、市场融通"的信贷资金管理办法。

总量控制，指人民银行主要运用间接的经济手段控制货币发行、基础货币、信贷规模以及金融资产总量，以保证货币信贷的增长与经济发展相适应。

比例管理，指规定金融机构的资产与负债之间保持一定的比例，以保证信贷资金的安全性和流动性。

分类指导，指在统一的货币政策下，对不同的金融机构的信贷资金实施有区别的管理办法。

市场融通，指人民银行主要通过市场来促使信贷资金的合理配置。商业银行和非银行金融机构主要通过市场融通资金，改善资产负债结构。

按照这种办法，商业银行要在人民银行规定的业务范围内吸收存款、发放贷款和组织资金营运，实施资产负债比例和风险管理。商业银行总行对本行资产的流动性及支付能力负全部责任，集中管理和统一调度系统内信贷资金，对其分支机构拆出拆入资金、向人民银行借款和再贴现的数额和期限进行控制。商业银行只有在坚持组织存款、加强系统内资金调度和市场融资的前提下，资金仍然不足时，方可向人民银行申请借款和再贴现。可见，信贷资金管理办法进一步强调了各级商业银行调节与营运资金的必要性。

(二)头寸资金调度的概念

头寸资金调度是指在银行营运资金头寸不足(流动性供给小于需求)或多余(流动性供给大于流动性需求)时，通过多种融资渠道，运用不同的融资方式，将多余的头寸调出，或拆入资金弥补不足的头寸。由于头寸资金调度是有形的头寸调度，会引起银行营运资金数量的变化，因此，商业银行在进行资金调度时，要牢固树立资金整体营运的观念，强化一级法人意识，按照商业化原则灵活调度调剂资金，充分发挥营运资金的使用效益，实现资金安全性、流动性和效益性的最佳结合。

(三)资金调度的原则

商业银行在调度头寸资金时,要从资金的流动性、安全性、效益性出发,遵循下列原则:

1.保证存款支付的原则

存款是银行营运资金的主要来源,银行要扩大营运规模,就要广泛吸收存款。客户存款的多少,不仅取决于客观经济过程中资金的变化,同时也取决于客户对银行的依赖程度。这里很主要的一个方面是银行能否及时满足客户支付存款需要,包括客户随时提取现金或汇出款项。如果客户在要求支付存款时,银行因资金调度不灵,没有足够的现金以备提取,或因缺乏资金而长时间拖延汇出款项,从而影响客户的资金使用,就会引起客户对银行的不满,最终将因失去信誉失去客户。因此,银行在调度资金时,必须将保证存款支付作为基本原则。

2.瞻前顾后的原则

营运资金每天都在不断地运转,头寸也经常发生变动。一般来说,为了方便头寸的计算,商业银行需要以营业日为基本日期,以便确定每日头寸状况会对当日及今后产生怎样的影响,今后可能出现的变化也需要事先做好准备。比如,过去拆入的资金可能到期或即将到期,需要准备资金归还。再如,当日可能增加大量存款,但短期内就会转移,而近期内需要准备大量资金满足季节性贷款需要。也就是说,如果只是静态地分析资金供求状况,可能得出头寸多余或不足的结论,但从动态分析来看可能会是相反的情况。这就要求在判断资金头寸余缺并采取调度措施时,必须瞻前顾后地通盘考虑,尽量符合一段时期资金变化规律。

3.松紧适度的原则

商业银行的营运资金运转不是孤立的,而是与中央银行的资金运动和其他商业银行的资金运动相互联系、相互影响的。因此,在调度资金时,应经常分析中央银行货币政策的变动趋势和资金市场的变化情况,以便确定本行头寸的合理松紧度。一般来说,当市场银根较宽松时,银行可及时从市场调入头寸,因而银行可以根据客户的合理需要多发放一些贷款,少保留一些支付准备金,一旦头寸不足可随时弥补。当市场银根趋紧时,银行必须靠自己自求平衡,多保留一些支付准备金。保持松紧适度,使银行资金运用自如,也是资金调度的一项重要原则。

(四)头寸资金调度的渠道

1.向上级行上存或请调资金

商业银行资金实行统一管理,总行是资金管理中心,上级行往往通过一定的方式集中一部分信贷资金的配置权和调剂权,因此,上下级行之间的资金借贷关系是上级行平衡本地区资金并保证辖内支付的一种重要的资金调剂方式。

2.货币市场融资

货币市场融资主要是通过全国银行同业拆借市场与银行间债券市场进行融通资金。首先,商业银行(经授权)可以进入全国银行同业拆借市场进行跨系统资金拆借。1996 年 1 月 3 日全国银行同业拆借交易系统正式联网运行,进入一级网的交易主体为经人民银行批准具有独立法人资格的商业银行总行及第一批 27 家经改造后省、自治区、直辖市、计划单列市的融资中心。1998 年,人民银行批准商业银行总行可以根据自身实际情况,决定授权分行加入全国银行同业拆借市场,从事授权范围内的同业拆借业务。全国同业拆借交易系统按"自主自愿、平等互利、恪守信用、短期融通"原则运行,采取双方报价、询价、确认成交的交易方式,交易双方自行全额办理资金清算,交易系统设置的自动清算系统为各成员的拆借管理提供了有效的手段。其次,商业银行在银行间债券市场上可以通过证券回购业务进行资金融通,商业银行在现金头寸不足时,可通过出售回购协议的方式,暂时卖出证券,融入资金;当现金头寸有多余时,则可以通过购入回购协议方式,融出资金。

3.向中央银行申请短期借款

中央银行是银行的银行,充当社会信用的最终贷款人,因而商业银行在资金需求量大,自给资金不足抵补需要,经过系统内调剂、跨系统拆借等仍有资金缺口时,可向当地中央银行申请短期再贷款。其次,商业银行还可以通过票据市场进行票据贴现与再贴现。

4.出售资产

首先,商业银行可以通过中长期债券的买卖进行头寸资金的调度。当商业银行通过上述几种渠道仍不能弥补资金缺口,可以通过抛售中长期债券的办法调进资金;当商业银行可用头寸充裕时,则可以选择有利时机购进中长期债券。需要说明的是,债券投资是商业银行主要的盈利性资产之一,商业银行从事中长期债券买卖的主要目的是获取盈利,其头寸调度的功能则处于从属地位,因此,中长期债券买卖不应成为头寸调度的主要渠道。其次,出售贷款和固定资产。当商业银行突然遇到流动性危机,在上述所有渠道都难以弥补资金头寸缺口时,商业银行还可以通过出售贷款和固定资产的办法调剂头寸。西方商业银行对高质量的贷款通常采取回购转让方式融通资金,对房屋、设备等固定资产则是采取售出回租方式以解决燃眉之急。应当强调指出,当商业银行遇到信用危机和经营上的困难时,资金来源明显减少,融资条件苛刻,融资成本上升,以出售贷款和固定资产的办法调剂头寸往往得不偿失,因此,不到万不得已的时候,商业银行的头寸调度通常不利用这一渠道。

(五)资金调度的组织管理

商业银行各级行处都要建立由行长负责,由计划、信贷、会计、储蓄、出纳等业务部门参加组成的资金调度小组,负责统一调度全行的头寸资金。参加调度小组的各个业务部门要明确分工、密切协作,使资金调度像一台性能良好的机器一样协调运转。

资金调度小组的活动,主要是负责头寸资金匡算、预测、决策的审定及其执行情况的检查分析,研究处理资金调度工作中重大问题,协调各个业务部门在资金调度中的关系等等。

在资金调度小组的领导下,各有关业务部门通常的分工和职责为:

1.计划部门:负责信贷计划和资金预测计划的编制、上报、下批;提出筹措、分配、调拨和运用资金的意见;办理资金的调度;检查分析信贷计划和资金预测的执行情况;协助召开资金调度例会。计划部门应具体算好六笔大账:一是现存"可用头寸";二是下期存款增减;三是下期资金需要;四是可以收回或应当归还的拆借资金;五是可以向人民银行借入或应当归还的借款;六是应缴应拨的汇差资金,据此提出资金调度计划。

2.会计部门:负责资金调拨的账务核算;加强内部资金来源和运用的管理;提供资金流向、流量的情况,反映资金变化趋势。

3.信贷部门和储蓄部门:负责提供本部门存贷增减变化并预测变化趋势,尤其是重点客户的资金变化信息;按照资金调度小组的决策,组织好本部门吸收存款、发放贷款和收回贷款等工作;协调好资金来源与资金运用之间的关系。

4.出纳部门:根据现金收支规律,合理保护业务库存现金额度,及时预测并提供向人民银行提取或缴入现金的数额与时间。

为了掌握资金营运和资金调度的规律,计划部门还应建立各种台账,为资金预测服务。这些台账包括:

(1)信贷计划差额台账。分别记录上级行核批的并向下级行处下达的信贷计划差额,以此作为考核资金调入调出的依据。

(2)信贷资金调拨台账。记录上下级行之间纵向调拨资金的情况。

(3)汇差资金划拨的依据。反映汇差资金的清算情况,作为汇差缴拨的依据。

(4)在人民银行存款台账。记载在人民银行存款的增减变化情况,掌握可用头寸数量,并作为考核支付备用金水平的依据。

(5)向人民银行借款台账。记录上级行下达的借款额度及实际借入和归还再贷款、再贴现的时间、数量及金额,作为可用头寸调度的依据。

(6)缴存人民银行存款准备金台账。记录各个时期向人民银行缴存或退缴存款准备金的情况，研究不同时期在人民银行存款的变化规律。

此外，还可以根据需要分别建立存贷大户资金动向登记簿、缴纳税利登记簿、同业拆借登记簿等等，为全面、准确、及时地掌握资金调度的时间和数量提供决策依据。

【本章小结】

1.商业银行的现金资产主要包括：(1)业务库存现金、(2)在上级行准备金存款、(3)在中央银行的准备金存款、(4)在同业存款。

2.现金资产的作用是：(1)调节营运资金平衡，保持营运正常运转；(2)避免或减小营运资金风险，保障营运资金安全；(3)满足合理贷款需求，推动存款业务发展。

3.基础头寸指商业银行随时可用的资金量，是商业银行资金清算的最后支付手段。它由商业银行现金资产构成，包括商业银行在中央银行的超额准备金存款、业务库存现金、在上级行准备金存款、在同业存款。

4.可用头寸是指商业银行的营业部门在一定时期内能够运用的资金量。可用头寸＝基础头寸±上级行应调入或调出资金±到期同业往来清入或清出资金。

5.商业银行资金运转可分为三条途径：辖内本系统内资金运转、异地本系统内资金运转、跨系统之间资金运转。这三条途径的资金运转需要借助两种清算方式：现金收支与转账收支。

6.商业银行营业日初始头寸即营业日开始时的可用资金量，是匡算当日头寸的基础。它由上一日结转到当日的在中央银行超额准备金的可用量、到期同业往来差额和上级行可调入或调出资金额等因素构成。

7.商业银行当日头寸即在初始头寸的基础上，匡算当日营业活动可能增加或减少的可用资金量，从而测算营业日终了时资金多余或不足情况，以便统筹安排，保持当天资金平衡。影响当日头寸的因素有：现金收支差额、联行汇差、同城票据清算差额、到期的金融机构拆借差额。

8.存款流动性需求指的是商业银行为满足存款户的提款要求而必须保有的流动性。贷款流动性需求指的是商业银行满足其客户对贷款资金的需求而必须保有的流动性。

9.商业银行满足流动性需求的流动性供给来源主要包括：新增客户存款，客户偿还的贷款，发行大额可转让存单，同业拆借，发行金融债券，向中央银行借款等。

10.头寸资金调度是指在银行营运资金头寸不足(流动性供给小于需求)或

多余(流动性供给大于流动性需求)时,通过多种融资渠道,运用不同的融资方式,将多余的头寸调出,或拆入资金弥补不足的头寸。头寸资金调度的渠道有:向上级行上存或请调资金,货币市场融资,向中央银行申请短期借款,出售资产。

【关键名词】

现金资产　基础头寸　可用头寸　超额准备金　流动性需求　流动性供给　头寸资金调度

【复习与思考】

1.商业银行现金资产由哪些项目构成?

2.现金资产在商业银行经营过程中起何种作用?

3.商业银行基础头寸与可用头寸如何匡算?

4.何谓商业银行的流动性需求与流动性供给?商业银行如何提供流动性供给?

5.商业银行头寸资金调度渠道有哪些?

第四章

商业银行证券投资业务

学习目的

▲了解我国商业银行债券投资业务种类；

▲了解我国商业银行债券投资与债券交易的目的；

▲了解我国商业银行进行债券投资与债券交易的场所——银行间债券市场的组织构成与运作；

▲掌握我国银行间债券市场债券发行程序与方式；

▲了解我国银行间债券市场债券买卖(现券交易)定义、债券买卖流程；

▲掌握我国银行间债券市场债券回购、封闭式回购和开放式回购的定义。

第一节　商业银行证券投资业务概述

根据《中华人民共和国商业银行法》规定，我国商业银行在中华人民共和国境内不得从事信托投资和股票业务，不得投资于非自用不动产，不得向非银行金融机构和企业投资。我国商业银行证券投资主要种类是债券投资。因此，本章证券投资业务主要介绍商业银行债券投资。目前，我国商业银行债券投资业务包括债券投资与债券交易业务。

一、商业银行债券投资业务

(一)商业银行债券投资与债券交易的定义

1.商业银行债券投资定义

商业银行债券投资是指商业银行购买债券的活动。它是商业银行除贷款业务外的一项重要资产业务，不仅为商业银行带来可观的收益，也增加了商业银行资产的流动性，提高了商业银行规避经营风险的能力。

2.商业银行债券交易

商业银行债券交易是指在全国银行间债券市场上商业银行与其他金融机构之间以询价方式进行的债券交易行为。

3.商业银行债券投资与债券交易的目的

(1)增加商业银行资产收益性。获取收益是商业银行进行债券投资的最主要的目的。一般来讲，商业银行收益主要是通过贷款业务来取得的。但激烈的金融竞争使银行在贷款中一方面经营风险加大，另一方面难以找到稳定的、能够长期合作的借款客户，使商业银行一部分信贷资金可能处于闲置状态。这就迫使商业银行不得不寻求贷款以外的其他盈利途径。债券投资业务就是这样一条重要途径。商业银行债券投资的收益主要来自债券的利息收入和债券增值收入。利息收入是商业银行购买债券后，按照债券发行时确定的利息率从债券发行人那里取得的收入。增值收入是资本增值收入，是指市场利率下降时，债券价格上升，商业银行将在较低价格购买的债券在市场上出售，买价与卖价之间的差额即为债券增值收入。例如，某商业银行购买面值 100 元的债券 1 000 张，年息为 8%，这样商业银行每年可获得 100×1 000×8%=8 000(元)的利息收入。如果在持有期间债券价格上涨到 130 元，商业银行将其售出将获得增值收入(130－100)×1 000=3 000(元)。

(2)增加商业银行资产流动性。保持资产的流动性是商业银行进行稳健性经营的标志之一。商业银行的贷款一般不能满足流动性的需要，因为贷款发放出去以后，到期才能收回，很少出现提前收回的情况，即使提前，也不是商业银行单方面随意进行的。而债券投资则不同，商业银行可根据市场行情以及流动性的需要在市场上卖出债券，使其所持有的资产具有一定的流动性，特别是短期国债投资和即将到期的长期债券投资具有很强的流动性。商业银行的债券资产和债券投资为保持商业银行资产的流动性提供了重要条件。

(3)降低商业银行资产风险性。商业银行资产管理的重要原则是资产分散化，通过资产分散化来降低风险或将风险控制在一定的限度内。以资产分散化来降低风险的通俗做法就是“不要把所有的鸡蛋都放到一个篮子里”，商业银行进行债券投资是实现资产分散化的有效途径。债券投资比贷款具有选择面更宽、资产更加分散的特点。一般情况下，贷款要受到数额、地理位置的制约，而债券投资则不同，可以进行不同数额和不同地区的投资，更容易分散风险。商业银行将营运资金分成两部分：贷款和债券投资。即使是债券投资也是将营运资金分散于不同风险、不同收益率、不同期限的债券资产上，通过这样的债券组合降低投资风险。而且,商业银行在债券投资行为上具有很大的自主权。

(二)商业银行债券投资与债券交易种类

我国商业银行可以投资与交易的债券主要是指经中国人民银行批准可用于在全国银行间债券市场进行交易的政府债券、中央银行债券和金融债券等记账式债券。

1.政府债券

政府债券又称为国债,是由政府发行的债券。与其他类型债券相比较,国债的发行主体是国家,具有极高的信用度,被誉为"金边债券"。为了有效地发展我国的国民经济,增强我国的综合国力,提高人民的生活水平,我国政府有规律性地发行适度规模的国债。国债可分为普通型国债与特殊型国债。普通型国债主要可分为凭证式国债、记账式国债和无记名(实物)国债三种。特殊型国债主要有定向债券、特种国债和专项国债等。

(1)凭证式国债。我国从 1994 年开始发行凭证式国债。凭证式国债即以填具"国债收款凭证"(凭证上记载购买人姓名、发行利率、购买金额等内容)的形式记录债权的国债。凭证式国债通过各银行储蓄网点和财政部门国债服务部面向社会发行,从投资者购买之日起开始计息,可以记名,可以挂失,但不能上市流通。投资者购买凭证式国债后如需变现,可以到原购买网点提前兑取,除偿还本金外,还可按实际持有天数及相应的利率档次计付利息。凭证式国债类似国外的储蓄债券,是针对个人投资者中带有储蓄性质的这部分资金的特点设计的一种国债,安全性较高,购买、保管、兑现都较为方便。

(2)记账式国债。记账式国债是我国从 1994 年开始发行的一个上市券种。记账式国债不需印制券面及凭证,而是利用账户通过电脑系统完成国债发行、交易及兑付的全过程。记账式国债可以记名、挂失,安全性较好,而且具有发行成本低、发行时间短、发行效率较高、交易手续简便等特点,正被越来越多的投资者所接受。记账式国债主要是针对金融意识较强的个人投资者以及有现金管理需求的机构投资者进行资产保值、增值的要求而设计的国债品种。

(3)无记名国债。无记名国债为实物国债,以实物券面(券面上印有发行年度、券面金额等内容)的形式记录债权,是我国发行历史最长的一种国债。发行时通过各银行储蓄网点、财政部国债服务部门以及国债经营机构的营业网点面向社会公开销售,投资者也可以利用证券账户委托证券经营机构在证券交易所场内购买。无记名国债从发行之日起开始计息,不记名、不挂失,可以上市流通。发行期结束后如需进行交易,可以直接到国债经营机构按其柜台挂牌价格买卖,也可以利用证券账户委托证券经营机构在证券交易所场内买卖。

以上国债属于普通型国债。

(4)特种定向债券。特种定向债券是面向社会养老保险基金和待业保险基金(简称"两金"),以及其他社会保险基金发行的国债。特种定向债券采取定向募集的方式发行,以财政部统一印制的"特种定向债券收款凭证"记录债权,由各地财政部门具体办理发行及兑付手续。特种定向债券可以记名和挂失,但不能上市转让。购买特种定向债券,能够更好地加强社会养老保险基金和待业保险基金的管理,达到其保值增值的目的。

(5)特别国债。1998 年,经第八届全国人大常委会第三十次会议审议批准,财政部于 1998 年 8 月向四大国有独资商业银行发行了 2 700 亿元长期特别国债,所筹集的资金全部用于补充国有独资商业银行资本金。

(6)专项国债。1998 年,经九届全国人大常委会第四次会议审议通过,财政部于 1998 年 9 月面向四大国有商业银行发行了 1 000 亿、年利率 5.5%的 10 年期附息国债,专项用于国民经济和社会发展急需的基础设施投入。

2.中央银行债券(中央银行票据)

中央银行票据即中央银行发行的短期债券。

中央银行是一国货币政策的制定和执行机构,在执行其货币政策的时候,中央银行主要有三大政策工具:存款准备金率、再贴现率及公开市场操作。由于前两大政策的影响过于激烈,所以中央银行更多的是通过公开市场操作来控制总的货币供应数量。

公开市场业务是指中央银行在公开市场上买卖债券来调节货币供应量。在我国,中国人民银行的公开市场业务以前主要采取的是国债正回购的方式。2003 年 4 月 22 日中央银行改变以往正回购国债回笼货币的做法,改为在公开市场操作中首次直接以贴现形式发行期限为 6 个月的中央银行票据。

央行通过对中央银行票据进行滚动操作,增加了公开市场操作的灵活性和针对性,加强了对短期利率的影响,增强了调节货币供应量的能力和执行货币政策的效果。

专栏

中央银行票据

中央银行票据(Central Bank Bill)是中央银行为调节商业银行超额准备金而向商业银行发行的短期债务凭证,其实质是中央银行债券,之所以叫"中央银行票据",是为了突出其短期性特点(从已发行的央行票据来看,期限最短的 3 个月,最长的也只有 3 年)。2018 年 11 月至 2019 年 11 月,中国人民银行先后在香港发行了 13 期、1600 亿元人民币央行票据。

央行票据由中国人民银行在银行间市场通过中国人民银行债券发行系统发

行，其发行的对象是公开市场业务一级交易商，公开市场业务一级交易商有48家，其成员包括商业银行、证券公司等。央行票据采用价格招标的方式贴现发行，在已发行的34期央行票据中，有19期除竞争性招标外，同时向中国工商银行、中国农业银行、中国银行和中国建设银行等9家双边报价商通过非竞争性招标方式配售。由于央行票据发行不设分销，其它投资者只能在二级市场投资。

中央银行票据的作用：

1.丰富公开市场业务操作工具，弥补公开市场操作的现券不足

引入中央银行票据后，央行可以利用票据或回购及其组合，进行"余额控制、双向操作"，对中央银行票据进行滚动操作，增加了公开市场操作的灵活性和针对性，增强了执行货币政策的效果。

2.为市场提供基准利率

国际上一般采用短期的国债收益率作为该国基准利率。但从中国的情况来看，财政部发行的国债绝大多数是三年期以上的，短期国债市场存量极少。在财政部尚无法形成短期国债滚动发行制度的前提下，由央行发行票据，在解决公开市场操作工具不足的同时，利用设置票据期限可以完善市场利率结构，形成市场基准利率。

3.推动货币市场的发展

中国货币市场的工具很少，由于缺少短期的货币市场工具，众多机构投资者只能去追逐长期债券，带来债券市场的长期利率风险。央行票据的发行将改变货币市场基本没有短期工具的现状，为机构投资者灵活调剂手中的头寸、减轻短期资金压力提供重要工具。

资料来源：新华社

3.政策性金融债

政策性金融债是我国政策性银行（国家开发银行、中国进出口银行、中国农业发展银行）为筹集信贷资金，经中国人民银行批准，用计划派购或市场化的方式，向国有商业银行、区域性商业银行、商业保险公司、城市合作银行、农村信用社、邮政储蓄局等金融机构发行的债券。

发行政策性金融债的主要目的是为政策性银行筹集资金。我国政策性银行担负着贯彻国家产业政策，支持国家重点建设的重要职能，其资金来源除了国家财政拨款外，主要是靠发行政策性金融债。作为规模仅次于国债的债种，政策性金融债券有力地支持了国家大中型基础设施、基础产业、支柱产业的发展，为缓解瓶颈制约，调整产业和区域经济结构，促进整个国民经济健康发展发挥了重要作用。

政策性金融债作为一种金融产品，除了具有安全性和盈利性的特点之外，流动性也是其基本要素之一。按照规定，政策性金融债可以在银行间债券市场流通转让以及回购。以往由于银行间市场的交易成员性质单一，政策性金融债流动性不是很强，但随着银行间市场规模的扩大和一些非银行金融机构的参与，银行间债券市场的交易日渐活跃，交易量不断扩大，并且随着政策性金融债市场化发行规模的增加、交易清算制度的改进和做市商制度的实行，政策性金融债二级市场的流动性大大提高。

专栏

政策性金融债投资收入

商业银行进行政策性金融债投资，不仅可实现资产安全性、流动性，而且还可以获取盈利性。商业银行进行政策性金融债投资的盈利可分为利息收入与手续费收入。手续费包括发行手续费和兑付手续费，用于发行兑付工作的各项开支，由发行人支付给承销人和兑付人。发行手续费一般由承销人和分销人按商定比例分配。兑付手续费由最终兑付人取得。

发行手续费、兑付手续费的标准随发行条件的变动而确定。一般发行手续费的标准是：3个月期券为1‰；1年期、2年期券为2.5‰；3年期券为3‰。兑付手续费标准一般为0.5‰。

发行手续费在发行缴款结束后支付，兑付手续费在兑付时支付。

(三)商业银行债券投资与债券交易方式

我国商业银行债券投资与债券交易方式包括在银行间债券市场的债券发行市场(一级市场)购买债券和在银行间债券市场的债券交易市场(二级市场)交易债券两种方式，其中在债券交易市场(二级市场)交易分为现券买卖和回购两种。

二、商业银行进行债券投资与债券交易的场所——银行间债券市场

(一)银行间债券市场的产生

1997年上半年，股票市场过热，大量商业银行资金通过各种渠道流入股票市场，其中证券交易所的债券回购成为商业银行资金进入股票市场的重要形式之一。1997年6月，根据国务院统一部署，中国人民银行发布了《中国人民银行关于各商业银行停止在证券交易所证券回购及现券交易的通知》，要求商业银行全部退出上海和深圳交易所市场，商业银行在交易所托管的国债全部转到中央国债登记结算有限责任公司；同时规定各商业银行可使用其在中央结算公司托管的国债、中央银行融资券和政策性金融债等自营债券通过全国银行间同业拆借中心提供的交易系统进行回购和现券交易，这标志着机构投资者进行债券大宗批发交易的市场——银行间债券市场的正式启动。

(二)银行间债券市场组织构成

1.银行间债券市场监督管理机构

根据《中国人民银行法》的第4条第4款规定，中国人民银行履行监督管理银行间债券市场的职能。因此，中国人民银行是银行间债券市场的主管部门，负责制定市场管理办法和规定，对市场进行全面监督和管理，拟订市场发展规划，推动市场产品创新等。

2.银行间债券市场服务机构

根据中国人民银行有关规定和授权，中央结算公司和同业中心为市场参与者提供债券托管、结算服务以及交易中介和信息服务，同时负责对债券交易、结算进行实时监测和监督。

3.银行间债券市场参与机构

银行间债券市场参与者包括金融机构法人及其授权分支机构、非金融机构法人和基金等投资主体；财政部、政策性银行等筹资主体通过银行间债券市场发行债券筹集资金；人民银行通过银行间债券市场进行公开市场操作，调节货币供应量，实现货币政策调控目标。

(三)银行间债券市场运行方式

1.交易品种及交易方式

银行间债券市场的交易品种包括国债、中央银行票据、政策性金融债及公司债等；交易方式包括现券买卖和回购交易，回购交易又分为质押式回购和买断式回购。

2.债券交易

银行间债券市场交易以询价方式达成，交易双方自主谈判，逐笔成交。即交易双方通过交易系统、电话、传真或电子邮件等媒体对交易要素进行谈判，达成一致后逐笔订立成交合同。交易主要通过同业中心的本币交易系统进行。

3.债券托管与结算

银行间债券市场采用实名制一级账户托管体制，托管依托中央结算公司的债券簿记系统进行。

债券结算包括债券交割和资金支付两方面，实行逐笔实时全额结算。债券交割通过中央结算公司的债券簿记系统进行，资金支付以转账方式进行。

(四)银行间债券市场的发展

在银行间债券市场的建设过程中，中国人民银行不断完善市场法规，先后制定了《全国银行间债券市场债券交易管理办法》、《政策性银行金融债市场化发行管理暂行规定》、《债券结算代理业务管理规定》和《双边报价商管理规定》等规章文件，使各项业务有法可依、有章可循，为银行间债券市场健康、快速的发展奠定了良好的制度基础。与此同时，中国人民银行还组织中介机构和市场参与者制订了《银行间债券市场债券质押式回购主协议》和《银行间债券市场债券买断式回购主协议》等行业自律性规范文本，对强化市场自律行为、提高市场效率和减少违约风险发挥了重要的作用。

（五）银行间债券市场的作用

1.保证国债和政策性金融债的顺利发行，支持了积极财政政策的实施。例如 1999—2003 年，财政部和政策性银行通过银行间债券市场发行债券，累计筹集资金分别为 14 548 亿元和 21 283 亿元，保证了国家重点建设资金的及时到位。同时，由于市场规模迅速扩大和市场流动性快速提高，提高了债券的发行效率，降低了财政部和政策性银行的筹资成本。

2.为中央银行金融宏观调控手段由直接方式向间接方式的转化奠定了市场基础，促进了稳健货币政策的顺利实施。我国于 1998 年取消贷款规模管理后，随着中央银行货币政策调控方式的转变，需要新的货币政策总量调控工具。正是由于有了不断发展壮大的银行间债券市场，才使公开市场业务这一以市场为基础的货币政策间接调控手段得以快速启动，并成为中央银行最重要的日常性货币政策操作工具，基本实现了我国金融宏观调控手段由直接方式向间接方式的转变。

专栏

我国债券市场存量规模突破百万亿元（节录）

中国人民银行数据显示，截至 2020 年 8 月末，中国债券市场存量规模达 112 万亿元人民币。

作为直接融资的渠道之一，债券融资规模的增长为实体经济提供更多资金支持。在这背后，是我国债券市场种类更趋齐全，结构更加合理，多个品种债券发力增长。

“过去我国债券市场以国债和金融债为主，现在企业债、公司债、短期融资券、中期票据、城投债、地方政府债、地方专项债等一起发力，均得到了长足的发展。既能满足不同的融资主体融资，也能满足不同偏好的投资主体。”国际金融问题专家赵庆明说。以 8 月末数据为例，公司信用类债券托管余额为 25.4 万亿元，地方政府债券托管余额为 24.8 万亿元，均超过国债 18.2 万亿元的托管余额。

在规模扩大和品种丰富的同时，债券市场风险管理机制和工具也不断健全。“近年来，我国债券衍生品从无到有，能够满足债券市场投资主体的风险管理需

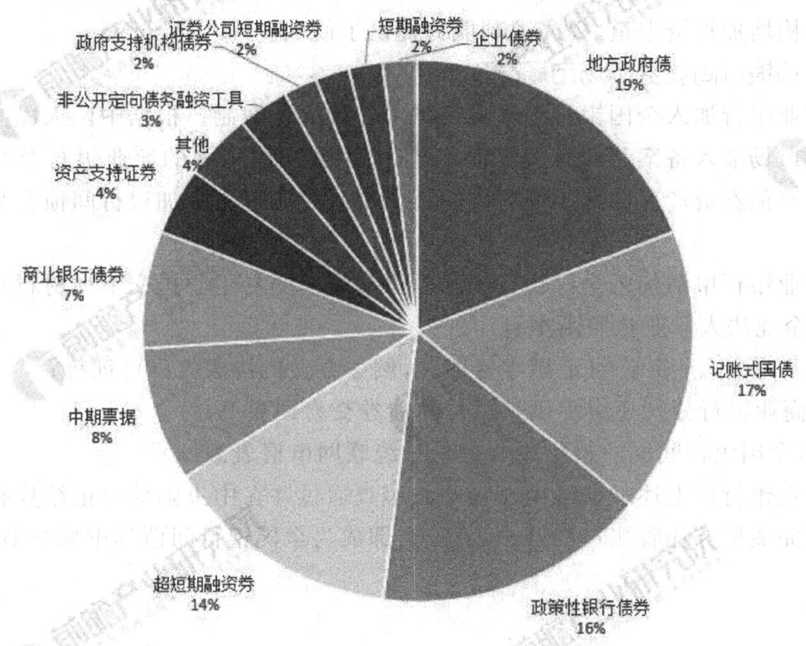

求。在银行间市场推出信用风险缓释工具，在交易所市场推出国债期货，均是对债券现货市场的补充，是债券市场必备的市场风险管理工具。”赵庆明指出。

此外，在我国债券市场，市场化、法治化债券违约处置机制正在加快完善，银行间债券市场与交易所债券市场相关基础设施机构也正在开展互联互通合作。

资料来源：新华社

3.促进了利率市场化，有利于提高货币政策传导效能。1997 年组建银行间债券市场后，债券回购利率和现券买卖价格完全由交易双方自行决定，1999 年以后，国债和政策性金融债的发行利率也通过市场化招标方式确定。近年来，随着市场广度和深度的不断拓展，银行间债券市场初步形成了完整的债券收益率曲线，为全国金融产品定价提供了参考基准。同时，我国同业拆借市场、债券市场和公开市场业务利率体系已基本形成，利率基本反映了资金供求状况，为利率市场化改革的进一步深化创造了良好的市场条件，也提高了货币政策传导效能。

4.完善了金融机构的资产结构，为商业银行持有债券、及时调节流动性、降低超额储备水平和开辟新的盈利渠道提供了空间。近几年来，商业银行债券持有量不断增加，有些商业银行债券资产占资产总额比例达到20%，改变了贷款比例过高、信贷风险过大的局面，提高了资产质量；同时，日益丰富的交易工具为金融机构增加投资渠道、提高盈利能力提供了便利。

（六）银行间债券市场市场准入规定

商业银行加入全国银行间债券市场实行准入备案制。根据中国人民银行有关债券市场准入备案制的有关规定，中华人民共和国境内的商业银行及其授权分行投资债券资产可向全国银行同业拆借交易中心提出参加银行间债券交易的申请。

商业银行申请加入全国银行间债券市场应向交易中心提交下列材料：

1.企业法人营业执照副本复印件；

2.相关金融业务许可证副本复印件，例如金融机构法人许可证等；

3.商业银行分行还应提供其总行的债券交易授权书；

4.《全国银行间同业拆借中心交易系统联网申请表》。

商业银行在上述材料经由交易中心审查通过并在中央国债登记结算有限责任公司完成债券托管账户的开户手续后，即成为全国银行间债券市场交易成员。

第二节　商业银行债券交易方式——债券投资

一、债券发行与债券分销概述

（一）债券发行

债券发行是指债券发行者向市场发售债券的过程。

目前我国债券发行采取发行者直接向一级承销商招标发行的方式，然后由一级承销商向市场其他参与者分销其所中标债券的模式。

债券发行和分销一起构成债券一级市场。其中一级承销商是发行者每年根据上一年债券发行情况确定的资信状况较好的机构，只有这些机构才能在该发行者发行债券时进行投标，其他市场参与者如果想要持有该发行者的债券，则需要向一级承销商认购。

1.债券发行者

目前我国银行间债券市场债券发行者有财政部、中国人民银行、政策性银行以及公司企业。

2.发行债券的种类

根据不同的划分标准，债券可以进行不同的分类，常见的有以下几种：

(1)按发行者分，有财政部发行的国债、中国人民银行发行的央行票据、政策性银行发行的政策性金融债和企业发行的企业债。

(2)按期限长短分，有短期债券(期限小于等于1年)、中短期债券(1～5年)、中长期债券(5～10)年和长期债券(10年以上)。

(3)按利息确定方式分，有固定利率债券和浮动利率债券，其中固定利率债券包括到期一次还本付息的零息债券、折价发行的贴现债券和按一定频率(每年或每半年)付息的附息债券。

(4)按债券物理性质分，有记账式债券、凭证式债券和实物债券。

(5)按是否有其他附加权利可分为选择权债券、可赎回债券等。

3.债券发行的程序

债券发行首先由债券发行者确定发行计划(包括发行日期和发行数量等)报送相关主管部门，经批准后方可发行。在正式发行前一段时间，一般为10天，向市场公开发布发行公告，公布债券的发行日、起息日、上市日、退市日、兑付日、期限、票面利率和计息方式、招标方式和缴款截止日等要素。

从公告发行日起到缴款截止日都可以称为债券发行期，发行期分两个阶段：

意向分销阶段：从发行公告日起到债券发行日止是意向分销阶段，期间一级承销商向其他市场参与者收集认购意向，以确定自己在发行日的投标策略；

实际分销阶段：从发行日起到缴款日止为实际分销阶段，这期间一级承销商将中标债券分销给其他市场参与者。

债券发行完毕后在上市日进入银行间债券二级市场交易。

从债券发行程序来看，债券发行和分销是同一过程的两个方面，分销的过程其实就是发行的过程，只不过习惯上将发行者根据投标结果将债权登记到一级承销商称为发行，而一级承销商将债券转移到其他市场参与者成为分销，其实二者都是债券发行的过程。

4.债券发行的方式

债券发行方式按发行对象的多少分为公募发行和私募发行两种。我国的债券只能通过公募方式发行。

公募发行就是同时向多个发行对象公开发行债券，一般采用招投标方式进行。国际上比较流行的招标方式有美国式招标和荷兰式招标两种。前者是投标结束后按投标人实际投标的价格和数量进行分配，即中标价格各不相同；而后者的中标价格是根据投标和招标数量相等而确定的，所有投标者都按中标价格分配债券数量。

在实际投标中，根据标的不同，招标又分为按利率招标和按价格招标两种。按利率招标一般用于浮动利率债券，固定利率债券则一般采用按价格招标的方式。

专栏

政策性金融债的竞标方式

政策性金融债的发行，必须事先公布发行文件。根据中国人民银行的有关规定，发行文件必须提前三天予以公告。发行文件一般包括以下内容：发行人、发行数量、期限、面额、票面利率、发行方式等等。

公募招标的一般程序是：承销团成员投标——竞标——募入——揭标——确定发行利率(或其他标的)。

从确定中标的规则来划分，又有单一价格招标(荷兰式)和多种价格招标(美国式)。在荷兰式招标中，发行人在各投标人投标结束后，以最低中标价格(最高利率)作为全体中标商的最后中标价格(利率)，全体中标商按该价格认购债券，所以，它也称为单一价格招标。

在美国式招标中，发行人根据投标名单，以最高报价开始依次选定投资者，直至达到预定的发行额。中标的投资者各以其出价认购所报的认购额认购债券。招标后的结果一般是各个中标商有各自不同的认购价格，因而成本与收益水平也不相同。所以，它也称为多种价格招标。这种招标方式对于投标者来说，投标技术非常关键：如果报价过低，则有可能落标；若报价太高，又会增加投资成本。目前，我国多采取单一价格(荷兰式)招标方式招标。

(二)债券分销

债券分销是指债券一级承销商在债券分销期内向其他市场参与者转让债券所有权的行为。银行间市场债券分销分为意向性分销和实券分销。

意向分销是指在发行公告发布后、正式招标发行前，一级承销商向市场征求认购意向的行为。意向分销旨在为一级承销商搜集市场信息，以便更好地进行投标前的决策。

实券分销是指在债券招标发行后、发行缴款截止日前，一级承销商向市场其他成员转让新债所有权的行为。这种分销的标的是真实债券。实券分销有对话报价和挂牌报价两种报价。在意向分销中，没有资金和债券的转移，无须进行资金和债券的清算。在实券分销过程中，资金和债券的清算，根据成交单的内容进行。

第三节　商业银行债券交易方式——债券买卖(现券交易)

一、债券买卖的定义

债券买卖,又称现券交易,是指交易双方以约定的价格转让债券所有权的交易行为。这种交易表现为以债券为交易标的,一方出资金,另一方出让债券,一次买断。

二、债券买卖的价格

债券买卖是一种投资行为。持有债券可相应获得利息,买进债券是为了获得所买债券未来的利息收入。

决定现券交易价格最直接、最基本的因素有两个:一是债券本身的利息率,二是对债券到期前市场利率的预期。这两个因素决定了为什么面值相同(例如同为 100 元)而种类不同的债券,其交易价格不同(例如,有的以高于 100 元的价格成交,有的以低于 100 元的价格成交)。

由于未来市场利率的走势是由多种变化不定的因素共同决定的,因此,现券交易价格的确定要比信用拆借、债券回购复杂。

交易成员以某一特定价格买进一笔债券,就等于做了一笔投资,投资收益就是今后债券为其带来的利息收入。所给价格(投资)是否值得,需要进行系列计算和比较。

1.现值与终值

在债券买卖计价中,首先涉及的基本概念是现值与终值。计算投资债券的现值和终值,是计算债券到期收益率的基础,而收益率则是衡量某笔债券投资得失多寡的重要依据。

现值,指债券当前的价值,即市价,是债券成交时需要支付的价钱,也就是债券购买者购买债券所支付投资。

终值,指持有债券到期所能获得的现金,即“本金+利息”,是债券购买者购买债券并持有到期时所获得的全部收入。

债券投资到期收益=终值-现值

2.净价与全价

债券现值的表示方法又有净价和全价之分。

由于债券的利息是定期支付的，因此，债券在二级市场上买卖时，其报价和成交价都可能包含应计而未付的利息收入，这种价格就是全价。

如果债券报价和成交价中包含应计未付的利息，则价格不能真实反映债券本金价值的变化，还可能涉及税收政策问题，于是就有了净价的概念。净价是扣除应计未付利息后的价格。

3.净价交易

自 2001 年 7 月 4 日日起，银行间债券市场债券买卖实行净价交易。所谓的净价交易是指在现券交易时，以不含应计利息的价格(净价)报价并成交的交易方式。在现券交易中，将债券的净价和应计利息分解，净价仅反映本金价值的变化；而应计利息则根据票面利率按天计算，债券持有人享有持有期间的利息收入。在净价交易方式下，由于债券交易价格不含有应计利息，其价格形成及变动能够更加准确地体现债券的内在价值、供求关系和市场利率的变动趋势。并且，由于国债的利息收入一般都享有免税待遇，因此净价交易也有利于国债交易的税务处理。

在净价交易中，交易时采用净价，结算时仍然采用全价。全价、净价和应计利息三者的关系是：

全价＝净价＋应计利息

4.债券到期收益率

交易系统对每一笔现券报价自动计算并显示到期收益率。

银行间债券市场债券到期收益率的计算公式是由财政部、人民银行、证监会三家联合发文确定的。

(1)处在最后付息周期的附息债券(包括固定利率债券和浮动利率债券)、贴现债券和剩余期限在一年及以内的到期一次还本付息债券，按单利计算，公式为：

$$y=\frac{FV-PV}{PV}\div\frac{D}{365}$$

式中：y 为货币市场到期收益率；PV 为债券全价；FV 为到期本息之和，其中，贴现债券 $FV=100$，到期一次还本付息债券 $FV=M+N\times C$，附息债券 $FV=C/f+M$[其中，M 为债券面值，N 为债券偿还期限(年)，C 为债券票面年利息，f 为债券每年的利息支付频率]；D 为从债券交割日至债券兑付日为止的剩余流通天数。

(2)剩余期限在一年以上的到期一次还本付息债券的到期收益率采取复利计算,计算公式为:

$$y=\sqrt{\frac{M+N\times C}{PV}}-L$$

式中:y 为到期收益率;M 为债券面值;N 为债券偿还期限(年);C 为票面年利息;PV 为债券的全价;L 为债券的剩余流通期限(年),L=债券交割日至到期兑付日的天数/365。

(3)不处于最后付息周期的固定利率附息债券和浮动利率债券的到期收益率采取复利计算,计算公式为:

$$PV=\frac{C/f}{(1+y/f)^{w}}+\frac{C/f}{(1+y/f)^{w+1}}+\cdots+\frac{C/f}{(1+y/f)^{w+n-1}}+\frac{M}{(1+y/f)^{w+n-1}}$$

式中:y 为所求的到期收益率,PV 为债券的全价(包括净价和应计利息),C 为当年票面年利息,f 为债券每年的利息支付频率,n 为剩余的付息次数,$n-1$ 即为剩余的付息周期数,D 为从债券交割日距最近一次付息日的天数,$w=D/$当前付息周期的实际天数,M 为债券面值。

三、债券交易的流程

债券交易流程包括报价、询价和成交。

债券买卖交易中报价有公开报价、对话报价、双边报价和小额报价四种报价方式。

1.公开报价

公开报价是交易成员为引导对手方询价而向其他成员所作的报价。

债券买卖公开报价要素包括交易方向、债券代码、债券名称、净价、到期收益率、应计利息、全价、券面总额、净价金额、全价金额、清算速度、结算方式和清算账户。

公开报价不能直接成交,必须将其转为对话报价经双方交谈才能成交。交易流程见图 4-1。

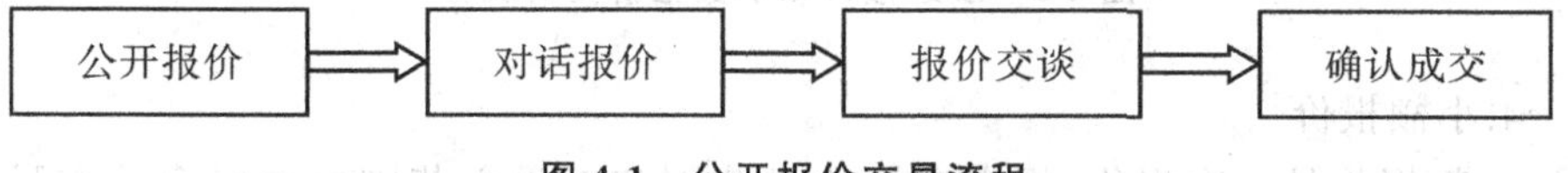

图 4-1 公开报价交易流程

2.对话报价

对话报价是询价交易方式下特有的“讨价还价”过程,是指交易过程中向特定交易成员的交易员所作的报价。由于债券交易的价格是由市场力量决定的,交易员完全有可能通过“讨价还价”争取对本方有利的交易结果。对话报价是“讨价还价”的开始。

对话报价的要素比公开报价多了债券待偿期、对手方和对手方交易员三个要素。交易流程见图 4-2。

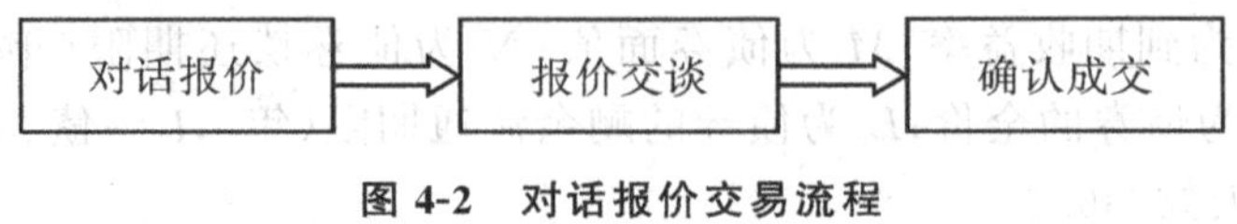

图 4-2 对话报价交易流程

3.双边报价

双边报价是双边报价商向市场连续报出的某券种的买价及卖价。具体而言,双边报价是指经中国人民银行批准在银行间债券市场开展双边报价业务的交易成员在进行现券买卖公开报价时,在中国人民银行核定的债券买卖价差范围内连续报出该券种的买卖实价,并可同时报出该券种的买卖数量、清算速度等交易要素;进行双边报价的交易成员有义务在报价或合理范围内与对手方达成交易;进行双边报价的交易成员称为双边报价商,双边报价商承担维持市场流动性的义务。

双边报价的报价要素与公开报价要素相同,只是须同时填报做市券种的买入报价和卖出报价。双边报价在买入报价或卖出报价的券面总额为零时可以对为零一方的报价要素进行修改;双边报价发出后,在没有成交的条件下可予撤销。

双边报价可点击确认成交,即指报价发出后,应答方只需填入成交券面总额、选择本方清算账户即可直接确认成交,无需与报价方进行交谈。系统根据时间优先的原则进行撮合,此即单向撮合。成交后,报价方所报券面总额相应减少。若应答方所填入的券面总额超过剩余的报价券面总额,则按剩余量成交。交易流程可见图 4-3。

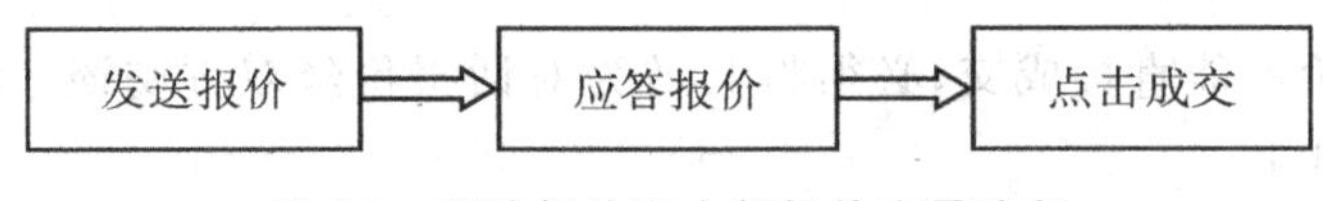

图 4-3 双边报价和小额报价交易流程

4.小额报价

小额报价是一次报价、规定交易数量范围和对手方范围单向撮合的交易方式。如果满足交易数量和交易对手的要求,其他市场成员可以直接通过点击成交,无须经过询价过程。

小额报价要素和对话报价基本相同,只是少了对手方和对手方交易员两项。

小额报价发出后发现报价不理想时，无论所报数量成交情况如何，报价不能修改，但在没有成交的条件下可予撤销。

资料

银行间债券市场现券买卖月报（2021年1月）

按待偿期分类统计			
待偿期（年）	成交笔数（笔）	成交金额（亿元）	到期收益率（%）
1年以下（包括1年）	63 104	57 639.05	2.725 5
1～3年（包括3年）	48 621	29 269.48	3.161 4
3～5年（包括5年）	44 763	21 873.07	3.373 2
5～7年（包括7年）	12 490	7 417.16	3.454 1
7～10年（包括10年）	128 327	41 341.51	3.565 1
10～15年（包括15年）	1 016	681.38	5.120 4
15～20年（包括20年）	2 069	960.59	5.297 3
20～30年（包括30年）	8 101	2 604.32	3.899 8
30年以上	234	72.70	3.800 6
合计	308 725	161 859.25	3.183 9
按债券类别分类统计			
债券种类	成交笔数（笔）	成交金额（亿元）	到期收益率（%）
政策性金融债	149 133	58 664.50	3.251 4
国债	71 499	41 656.01	2.824 0
同业存单	24 019	31 889.87	2.722 1
中期票据	25 516	8 183.45	4.873 2
超短期融资券	11 185	5 869.97	3.051 2
二级资本工具	2 388	2 168.83	4.317 5
无固定期限资本债券	1 506	1 272.97	4.445 6
短期融资券	2 970	1 112.38	4.374 3
企业债	3 216	877.90	5.485 0
证券公司短期融资券	867	798.23	2.644 6
资产支持证券	408	509.33	3.804 2

续表

债券种类	成交笔数(笔)	成交金额(亿元)	到期收益率(%)
资产支持票据	410	206.82	3.851 1
绿色债务融资工具	345	123.86	4.138 5
资产管理公司金融债	94	74.94	3.581 8
汽车金融公司金融债	105	71.07	3.598 0
项目收益债券	151	49.50	6.568 9
保险公司资本补充债	38	23.95	4.982 9
其他金融债	18	6.73	3.615 4
证券公司债	15	6.60	3.210 3
项目收益票据	7	4.60	5.077 2
其他	14 835	8 287.76	3.809 4
合计	308 725	161 859.25	3.183 9
按计息方式分类			
债券类型	成交笔数(笔)	成交金额(亿元)	到期收益率(%)
固定	266 232	118 529.91	3.337 5
浮动	261	565.12	2.970 5
贴现	26 825	34 783.93	2.661 5
零息	15 407	7 980.29	3.206 6
合计	308 725	161 859.25	3.183 9
按机构类别分类			
机构类型	成交笔数(笔)	成交金额(亿元)	到期收益率(%)
大型商业银行	12 043	13 223.81	2.847 5
股份制商业银行	43 707	26 755.34	3.086 6
城市商业银行	87 619	59 927.49	2.946 2
农村商业银行和合作银行	79 935	29 297.50	3.199 7
证券公司	226 104	102 485.80	3.331 7
其他	168 042	92 028.56	3.246 2
合计	617 450	323 718.50	3.183 9

资料来源：中国货币网

第四节　商业银行债券交易方式——债券回购

一、债券回购概述

(一)债券回购的定义

债券回购分封闭式回购和开放式回购两种。

1.封闭式回购

封闭式回购即用于质押的债券,在回购期内不得用作任何交易。在这种回购交易中,资金融入方(正回购方)在将债券出质给资金融出方(逆回购方)融入资金的同时,双方约定在将来某一日期由正回购方向逆回购方返还本金及按约定回购利率计算的利息,逆回购方同时解冻原出质债券。债券质押并不改变债券的所有权,只是在首次交割日将质押债券冻结,到期交割日由逆回购方发出解冻指令后解冻。债券质押期间不能买卖,不能再用于质押。

银行间债券市场回购期限最长不得超过 1 年。交易成员可以根据双方需要商定每笔的具体期限。

2.开放式回购(买断式回购)

买断式回购,债券持有人(正回购方)在以一定价格卖出一定数量、品种的债券给债券购买方(逆回购方)的同时,双方约定在将来某一日期以约定的价格,由卖方向买方买回相同数量、品种债券的交易行为。

(二)买断式回购与封闭式回购的比较

1.买断式回购是买卖关系,不是质押关系。在传统的封闭式回购的质押关系中,质权人(逆回购方)仅享有“或有权利”,即只有当合同到期出质人(正回购方)不能履行义务时,质权人(逆回购方)才有权对质押物(债券)进行处置。民法中规定:质押关系中,质押物的所有权归出质人。合同未到期以及出质人(正回购方)没有违约前,质权人(逆回购方)无权对质押物(债券)进行处置。且当出质人违约时,质权人处置质押物进行补偿后,剩余部分应当归还出质人。所以,以债券所有权转移为特征的买断式回购,体现的是买卖关系,而并不是质押关系。

2.新的法律关系对应的是新的规则和法律。原封闭式回购合同中,回购利息作为同业往来收入是免缴营业税的;而在有关制度法律修改前,买断式回购中回购利息作为买卖价差处理会产生新的税负。

3.与封闭式回购相比，由于债券的所有权发生了转移，因此买断式回购在原有融资方（正回购方）到期不能还钱的风险上，还增加了融券方（逆回购方）到期不能还券的风险。新增风险有可能是融券方（逆回购方）无意违约，即出现“逼空”行情，使融券方在将券卖出后无法在合同到期前买回足额的券造成违约；也有可能是融券方主动违约，即市场运行方向和融券方预期一致，以至于融券方获利丰厚且仍面临巨大获利空间，融券方不愿意补券主动违约，而愿意通过现金交割或以其他券种替代交割的方式了结合同。以上不管是无意违约还是主动违约都会放大市场风险，因此必须出台相应的控制措施和加强信息披露以保障市场的安全稳定运行。

4.买断式回购与封闭式回购一样表现为一前一后两笔事先约定的反向交易，但是，在两笔交易期间，买断式回购正回购一方的债券所有权转移给了逆回购一方，逆回购方在返还债券以前可以对债券进行自由支配与处置，这意味着逆回购方具有将融入的债券在债券现货市场上卖空的权利。这改变了以往债券市场只有做多才能盈利的传统模式，在整个资本市场上首开先河，因此买断式交易意味着债券做空机制的产生。值得指出的是，逆回购方在抛出债券后可以用所得资金继续买入债券，然后继续抛空，这种操作重复使用，从而实现做空机制的放大效应。

5.买断式回购的买卖关系对应的是两个标准化的买卖合同：一个是即期合同，另一个是远期合同。

资料

银行间债券市场

质押式回购月报（2021 年 1 月）			
按交易品种统计			
品种	加权利率（%）	成交笔数	成交金额（亿元）
R001	1.934 4	209 438	686 655.31
R007	2.852 9	55 872	89 941.89
R014	2.819 6	10 782	16 527.35
R021	2.892 2	1 940	5 496.89
R1M	2.992 6	3 270	5 643.83
R2M	2.933 4	1 554	1 569.43
R3M	3.011 6	188	234.48

续表

品种	加权利率(%)	成交笔数	成交金额(亿元)
R4M	2.680 3	42	56.94
R6M	3.185 6	24	6.67
R9M	2.978 3	4	3.11
合计	2.071 3	283 114	806 135.92
按机构类别分类			
机构类型	成交笔数	成交金额(亿元)	加权平均利率(%)
大型商业银行	24 477	166 270.56	1.895 2
股份制商业银行	40 739	237 185.64	1.664 4
城市商业银行	83 456	297 742.87	1.801 2
农村商业银行和合作银行	72 510	151 051.86	1.931 3
证券公司	56 472	102 870.89	2.350 3
其他	288 574	657 150.01	2.373 5
合计	566 228	1 612 271.84	2.071 3
按机构类别余额统计			
机构类型			余额(亿元)
大型商业银行			13 071.00
股份制商业银行			8 116.81
城市商业银行			11 661.52
农村商业银行和合作银行			9 236.96
证券公司			9 048.10
其他			77 851.65
合计			128 986.04
买断式回购月报(2021 年 1 月)			
按交易品种			
品种	加权利率(%)	成交笔数	成交金额(亿元)
OR001	2.142 4	1 824	2 928.72
OR007	2.644 5	622	868.26
OR014	2.301 9	61	102.06
OR021	3.770 5	10	16.29

续表

品种	加权利率(%)	成交笔数	成交金额(亿元)
OR1M	2.796 6	46	137.05
OR2M	2.761 2	13	68.94
OR3M	2.249 6	6	61.84
OR4M	2.853 2	9	16.18
合计	2.292 1	2 591	4 199.34

按机构类别交易统计			
机构类型	成交笔数	成交金额(亿元)	加权平均利率(%)
大型商业银行	75	113.87	2.202 4
股份制商业银行	284	658.03	2.414 2
城市商业银行	399	848.87	2.094 3
农村商业银行和合作银行	1 129	965.63	2.196 6
证券公司	2 085	2 962.08	2.314 9
其他	1 210	2 850.21	2.334 9
合计	5 182	8 398.69	2.292 1

按机构类别余额统计	
机构类型	余额(亿元)
大型商业银行	21.12
股份制商业银行	102.10
城市商业银行	214.59
农村商业银行和合作银行	100.55
证券公司	316.79
其他	639.87
合计	1 395.02

按券种统计	
债券种类	成交量(亿元)
国债	2 100.20
政策性金融债	1 598.90
企业债	198.34
中期票据	181.23
地方政府债	154.43
同业存单	115.76
项目收益债券	27.77

续表

债券种类	成交量(亿元)
无固定期限资本债券	21.67
二级资本工具	12.21
超短期融资券	11.41
短期融资券	10.86
商业银行普通金融债	7.16
政府支持机构债券	6.00
其他金融债	0.80
资产管理公司金融债	0.53
外国主权政府人民币债券	0.50
证券公司债	0.50
合计	4 448.27

资料来源:中国货币网

二、债券回购的利率和成交金额

债券回购价格是以利率表示的,通常称之为回购利率。在银行间市场上,回购利率同信用拆借利率一样,是由交易双方自主协商确定的。

回购利率水平高低主要取决于以下五个因素:

(1)货币资金成本。因为银行的货币资金主要来自存款,所以存款利率越高,资金的成本就越高,回购利率就会越高。

(2)货币资金的机会成本。货币资金如果不通过回购的方式投放出去,则可以作为超额准备金存在人民银行或是通过其他方式投资,人民银行的超额储备存款利率和其他投资方式的收益决定了回购的机会成本,机会成本越高,则回购利率水平也会越高。

(3)信用风险成本。回购资金所面临的信用风险越大,利率水平越高。

(4)市场供求关系。资金越短缺,利率水平越高。

(5)交易规模。一般而言,单笔规模较大的交易其利率水平会相对低一些。

通常,回购利率是以人民银行超额储备存款利率为基准,综合考虑对手风险情况和市场供求情况后确定的。

对于质押式回购,不同的质押品——债券的质量是不一样的,其能质押的资金也不一样,交易中以“折算比例”来反映不同债券的“质”。如果记 A 为质押债券的券面总额,D 为折算比例,则其能质押的资金额即成交金额为:

$$T=A\times D$$

在交易系统中，推出了多券种回购业务的便利，也即将多只债券捆绑质押融入资金。在多券种回购中，针对用于质押的不同债券的券面总额和相应的折算比例计算出每一个券种相对的金额，成交总金额等于各债券的成交金额之和。即：

$$T=\sum_{i=1}^{n}(A\times D)$$

其中，T 为成交总金额，n 为质押债券数量，A_i 为第 i 只债券的券面总额，D_i 为第 i 只债券的折算比例。

三、债券回购的流程

债券回购交易中有公开报价、对话报价和小额报价三种报价方式。

1.公开报价

公开报价是交易成员向所有市场参与者的报价，目的是引导对手方询价，从而进入“讨价还价的”流程，寻找达成交易的机会。

公开报价要素包括回购方向、回购期限、回购利率、债券代码、债券名称、券面总额、折算比例、成交总金额、清算速度、成交日、首次交割日、到期交割日、实际占款天数、首次结算方式、到期结算方式和交易品种。

2.对话报价

对话报价是询价交易方式下特有的“讨价还价”过程，是指交易过程中向特定交易成员的交易员所作的报价。由于回购利率由市场力量决定，交易员完全有可能通过“讨价还价”以低利率融入资金、高利率融出资金。

当交易方向为正回购时，可以发起单券种对话报价，也可发起多券种对话报价；当交易方向为逆回购时，则只能发起单券种对话报价。所谓的单券种、多券种是根据每笔交易质押债券数量来划分的，一笔交易只有一只质押债券，为单券种，有多只质押债券，则为多券种。单券种对话报价的要素比公开报价多了到期还款金额、清算账户、对手方和对手方交易员四个要素。

3.小额报价

小额报价是一次报价、规定交易数量范围和对手方范围单向撮合的交易方式。

四、债券交易的资金清算和债券结算

银行间债券市场的资金清算和债券结算由交易成员自行办理。资金清算由交易成员通过资金清算系统自行办理，债券的托管和结算通过中央国债登记结

算有限责任公司的簿记系统进行。

1.资金清算

全国银行间市场债券交易的资金清算遵循双边逐笔全额直接清算、自担风险的原则办理，即交易成员按照成交通知单所载明的有关内容，在规定的起息日自行向交易对手方逐笔全额办理资金清算，由此产生的风险由交易成员自行承担。

2.债券结算

债券的结算通过中央国债登记结算有限责任公司的簿记系统进行。金融机构需根据成交通知单的有关内容，根据债券结算的相关规定办理债券结算业务。

专栏

债券回购成交合同

回购双方就以下回购条款达成一致：

成交日期：　　年　　月　　日

正回购方名称：________	逆回购方名称：________
债券托管账号：________	债券托管账号：________
资金开户行：________	资金开户行：________
开户名称：________	开户名称：________
开户账号：________	开户账号：________
债券简称：________	债券代码：________
债券面值总额：________	万元(大写)________
回购利率：________	回购期限：________天
首次资金清算额：________元	到期资金清算额________元
(大写)________	(大写)________
首次交割日：　年　月　日	到期交割日：　年　月　日
首次交割方式：　见券付款□	券款对付□
到期交割方式：　见券付款□	券款对付□
正回购方经办人：	逆回购方经办人：
交易员：	交易员：
签章：	签章：
联系电话：	联系电话：
法定代表人或授权人：	法定代表人或授权人：
签订日期：	签订日期：

【本章小结】

1.商业银行债券投资是指商业银行购买债券的活动。它是商业银行除贷款业务外的一项重要的资产业务,不仅为商业银行带来了可观的收益,也增加了商业银行资产的流动性,提高了商业银行规避经营风险的能力。

2.商业银行债券交易是指在全国银行间债券市场上商业银行与其他金融机构之间以询价方式进行的债券交易行为。

3.商业银行债券投资与债券交易的目的是:(1)增加商业银行资产收益性;(2)增加商业银行资产流动性;(3)降低商业银行资产风险性。

4.我国商业银行可以投资与交易的债券主要是指经中国人民银行批准可用于在全国银行间债券市场进行交易的政府债券、中央银行债券和金融债券等记账式债券。

5.我国商业银行进行债券投资与债券交易的场所是银行间债券市场。商业银行债券投资与债券交易方式包括在银行间债券市场的债券发行市场(一级市场)购买债券和在银行间债券市场的债券交易市场(二级市场)交易债券两种方式,其中在债券交易市场(二级市场)交易分为现券买卖和回购交易两种。

6.债券发行是指债券发行者向市场发售债券的过程。目前我国银行间债券市场债券发行采取发行者直接向一级承销商招标发行的方式,然后由一级承销商向市场其他参与者分销其所中标债券的模式。债券发行和分销一起构成债券一级市场。

7.债券买卖,又称现券交易,是指交易双方以约定的价格转让债券所有权的交易行为。这种交易表现为以债券为交易标的,一方出资金,另一方出让债券,一次买断。

8.债券交易流程包括报价、询价和成交。报价有公开报价、对话报价、双边报价和小额报价四种报价方式。

9.债券回购分封闭式回购和开放式回购两种。封闭式回购,即用于质押的债券,在回购期内不得用作任何交易。在这种回购交易中,资金融入方(正回购方)在将债券出质给资金融出方(逆回购方)融入资金的同时,双方约定在将来某一日期由正回购方向逆回购方返还本金及按约定回购利率计算的利息,逆回购方同时解冻原出质债券。债券于质押期间不能买卖,不能再用于质押。开放式回购(买断式回购),债券持有人(正回购方)在以一定价格卖出一定数量、品种的债券给债券购买方(逆回购方)的同时,双方约定在将来某一日期以约定的价格,由卖方向买方买回相同数量、品种债券的交易行为。以债券所有权转移为特征的买断式回购,体现的是买卖关系,而不是质押关系。

【关键名词】

债券投资　债券交易　凭证式国债　记账式国债　中央银行债券　政策性金融债　债券发行　债券买卖（现券交易）　封闭式回购　开放式回购

【复习与思考】

1.什么是商业银行债券投资与债券交易？

2.商业银行债券投资与债券交易的目的是什么？

3.什么是凭证式国债、记账式国债、中央银行债券、政策性金融债？

4.我国银行间债券市场债券发行采取什么方式？

5.债券交易流程中报价有哪些方式？

6.什么是封闭式回购和开放式回购？两者有何区别？

第五章 商业银行贷款业务

学习目的

▲了解商业银行贷款的定义、原则；
▲了解借款人及借款条件；
▲了解信用、信用风险定义；
▲理解建立个人信用制度的意义；
▲掌握个人信用制度的内容、个人信用评估方法；
▲掌握银行信贷登记咨询系统的作用与内容；
▲掌握贷款卡使用、管理规定；
▲掌握企业信用分析中的财务报表分析、财务比率分析方法；
▲了解商业银行个人贷款与企业贷款的种类。

第一节 商业银行贷款业务概述

一、商业银行贷款业务概述

(一)贷款的定义、当事人与贷款原则

1.贷款的定义

贷款是指经国务院银行业监督管理机构批准的商业银行，以社会公众为服务对象，以还本付息为条件，出借的货币资金。贷款业务，是指经国务院银行业监督管理机构批准的商业银行所从事的以还本付息为条件出借货币资金使用权的营业活动。

2.贷款当事人

贷款当事人包括贷款人与借款人。贷款人是指在中国境内依法设立的经营贷款业务的商业银行。借款人是指从经营贷款业务的商业银行取得贷款的法人、其他经济组织、个体工商户和自然人。

3.贷款原则

原则1:商业银行贷款的发放和使用应当符合国家的法律、行政法规和中国人民银行发布的行政规章的规定,应当遵循效益性、安全性和流动性的原则。

原则2:借款人与商业银行的借贷活动应当遵循平等、自愿、公平和诚实信用的原则。

原则3:商业银行开展贷款业务,应当遵循公平竞争、密切协作的原则,不得从事不正当竞争。

(二)贷款的种类

1.按贷款风险承担人分类

(1)自营贷款,指商业银行以合法方式筹集的资金自主发放的贷款,其风险由商业银行承担,并由商业银行收回本金和利息。

(2)委托贷款,指由政府部门、企事业单位及个人等委托人提供资金,由商业银行(即受托人)根据委托人确定的贷款对象、用途、金额、期限、利率等代为发放、监督使用并协助收回的贷款。商业银行(受托人)只收取手续费,不承担贷款风险。

(3)特定贷款,指经国务院批准并对贷款可能造成的损失采取相应补救措施后责成国有独资商业银行发放的贷款。

2.按贷款期限分类

(1)短期贷款,指贷款期限在1年以内(含1年)的贷款。

(2)中期贷款,指贷款期限在1年以上(不含1年)5年以下(含5年)的贷款。

(3)长期贷款,指贷款期限在5年(不含5年)以上的贷款。

3.按贷款担保分类

(1)信用贷款,指以借款人的信誉发放的贷款。

(2)担保贷款,指保证贷款、抵押贷款、质押贷款。

保证贷款,指按《中华人民共和国担保法》规定的保证方式,以第三人承诺在借款人不能偿还贷款时,按约定承担一般保证责任或者连带责任而发放的贷款。

当事人在保证合同中约定,债务人不能履行债务时,由保证人承担保证责任的,为一般保证。一般保证的保证人在主合同纠纷未经审判或者仲裁,并就债务人财产依法强制执行仍不能履行债务前，对债权人可以拒绝承担保证责任。

当事人在保证合同中约定保证人与债务人对债务承担连带责任的，为连带责任保证。连带责任保证的债务人在主合同规定的债务履行期届满没有履行债务的，债权人可以要求债务人履行债务，也可以要求保证人在其保证范围内承担保证责任。

抵押贷款，指按《中华人民共和国担保法》规定的抵押方式，以借款人或第三人的财产作为抵押物发放的贷款。

质押贷款，指按《中华人民共和国担保法》规定的质押方式以借款人或第三人的动产或权利作为质物发放的贷款。

(3)票据贴现，指商业银行以购买借款人未到期商业票据的方式发放的贷款。

(三)贷款期限和利率

1.贷款期限

贷款期限根据借款人的生产经营周期、还款能力和商业银行的资金供给能力，由借贷双方共同商议后确定，并在借款合同中载明。自营贷款期限最长一般不超过30年。票据贴现的贴现期限最长不超过6个月，贴现期限为从贴现之日起到票据到期日止。

2.贷款展期

不能按期归还贷款的，借款人在贷款到期日之前，向商业银行申请贷款展期。是否展期由商业银行决定。申请保证贷款、抵押贷款、质押贷款展期的，还应当由保证人、抵押人、出质人出具同意的书面证明。已有约定的，按照约定执行。短期贷款展期期限累计不得超过原贷款期限；中期贷款展期期限累计不得超过原贷款期限的一半；长期贷款展期期限累计不得超过3年。借款人未申请展期或申请展期未得到批准，其贷款从到期日次日起，转入逾期贷款账户。

3.贷款利率

商业银行按照中国人民银行规定的贷款利率的上下限，确定每笔贷款利率，并在借款合同中载明。

4.贷款利息的计收

商业银行和借款人按借款合同和中国人民银行有关计息规定按期计收或交付利息。贷款的展期期限加上原期限达到新的利率期限档次时，从展期之日起，贷款利息按新的期限档次利率计收。逾期贷款按规定计收罚息。

根据国家政策，为了促进某些产业和地区经济的发展，有关部门可以对贷款补贴利息。对有关部门贴息的贷款，承办银行自主审查发放，并根据有关规定严格管理。除国务院决定外，任何单位和个人无权决定停息、减息、缓息和免息。

商业银行依据国务院决定，按照职责权限范围具体办理停息、减息、缓息和免息。

(四)借款人及借款条件

1.借款人

借款人应当是经工商行政管理机关(或主管机关)核准登记的企(事)业法人、其他经济组织、个体工商户或具有中华人民共和国国籍的具有完全民事行为能力的自然人。

2.借款人申请贷款应当具备基本条件

借款人为法人或其他组织的，应具备以下基本条件：

(1)依法办理工商登记的法人已经向工商行政管理部门登记并连续办理了年检手续，事业法人依照《事业单位登记管理暂行条例》的规定已经向事业单位登记管理机关办理了登记或备案；

(2)有合法稳定的收入或收入来源，具备按期还本付息能力；

(3)已开立基本账户、结算账户或一般存款账户；

(4)按照中国人民银行的有关规定，应持有贷款卡(号)的，必须持有中国人民银行核准的贷款卡(号)。

借款人为自然人的，应具备以下基本条件：

(1)具有合法身份证件或境内有效居住证明；

(2)具有完全民事行为能力；

(3)信用良好，有稳定的收入或资产，具备按期还本付息能力。

3.借款人的权利

(1)可以自主向主办银行或者其他银行的经办机构申请贷款并依条件取得贷款；

(2)有权按合同约定提取和使用全部贷款；

(3)有权拒绝借款合同以外的附加条件；

(4)有权向商业银行的上级和中国人民银行反映、举报有关情况；

(5)在征得商业银行同意后，有权向第三人转让债务。

4.借款人的义务

(1)应当如实提供商业银行要求的资料(法律规定不能提供者除外)，应当向商业银行如实提供所有开户行、账号及存贷款余额情况，配合商业银行的调查、审查和检查；

(2)应当接受商业银行对其使用信贷资金情况和有关生产经营、财务活动的监督；

(3)应当按借款合同约定用途使用贷款；

(4)应当按借款合同约定及时清偿贷款本息；

(5)将债务全部或部分转让给第三人的，应当取得商业银行的同意；

(6)有危及商业银行债权安全情况时，应当及时通知商业银行，同时采取保全措施。

5.对借款人的限制

(1)不得在1家商业银行同一辖区内的两个或两个以上同级分支机构取得贷款；

(2)不得向商业银行提供虚假的或者隐瞒重要事实的资产负债表、损益表等；

(3)不得用贷款从事股本权益性投资，国家另有规定的除外；

(4)不得用贷款在有价证券、期货等方面从事投机经营；

(5)除依法取得经营房地产资格的借款人以外，不得用贷款经营房地产业务；依法取得经营房地产资格的借款人，不得用贷款从事房地产投机；

(6)不得套取贷款用于借贷牟取非法收入；

(7)不得违反国家外汇管理规定使用外币贷款；

(8)不得采取欺诈手段骗取贷款。

(五)商业银行的权利与义务

1.商业银行

商业银行必须经国务院银行业监督管理机构批准经营贷款业务，持有国务院银行业监督管理机构颁发的《金融许可证》，并经工商行政管理部门核准登记。

2.商业银行的权利

根据贷款条件和贷款程序自主审查和决定贷款，除国务院批准的特定贷款外，有权拒绝任何单位和个人强令其发放贷款或者提供担保。其具体权利有：

(1)要求借款人提供与借款有关的资料；

(2)根据借款人的条件，决定贷与不贷、贷款金额、期限和利率等；

(3)了解借款人的生产经营活动和财务活动；

(4)依合同约定从借款人账户上划收贷款本金和利息；

(5)借款人未能履行借款合同规定义务的，商业银行有权依合同约定要求借款人提前归还贷款或停止支付借款人尚未使用的贷款；

(6)在贷款将受或已受损失时，可依据合同规定，采取使贷款免受损失的措施。

3.商业银行的义务

(1)应当公布所经营的贷款的种类、期限和利率，并向借款人提供咨询。

(2)应当公开贷款审查的资信内容和发放贷款的条件。

(3)商业银行应当审议借款人的借款申请，并及时答复贷与不贷。短期贷款答复时间不得超过 1 个月，中期、长期贷款答复时间不得超过 6 个月；国家另有规定者除外。

(4)应当对借款人的债务、财务、生产、经营情况保密，但对依法查询者除外。

4.对商业银行的限制

(1)贷款的发放必须严格执行《中华人民共和国商业银行法》关于资产负债比例管理的有关规定，关于不得向关系人发放信用贷款、向关系人发放担保贷款的条件不得优于其他借款人同类贷款条件的规定。

关系人指：

a.商业银行的董事、监事、管理人员、信贷业务人员及其近亲属；

b.前项所列人员投资或者担任高级管理职务的公司、企业和其他经济组织。

(2)借款人有下列情形之一者，不得对其发放贷款：

a.不具备规定的资格和条件的；

b.生产、经营或投资国家明文禁止的产品、项目的；

c.违反国家外汇管理规定的；

d.建设项目按国家规定应当报有关部门批准而未取得批准文件的；

e.生产经营或投资项目未取得环境保护部门许可的；

f.在实行承包、租赁、联营、合并(兼并)、合作、分立、产权有偿转让、股份制改造等体制变更过程中，未清偿原有贷款债务、落实原有贷款债务或提供相应担保的；

g.有其他严重违法经营行为的。

(3)未经中国人民银行批准，不得对自然人发放外币币种的贷款。

(4)自营贷款和特定贷款，除按中国人民银行规定计收利息之外，不得收取其他任何费用；委托贷款，除按中国人民银行规定计收手续费之外，不得收取其他任何费用。

(5)不得给委托人垫付资金，国家另有规定的除外。

(6)严格控制信用贷款，积极推广担保贷款。

(六)贷款程序

1.贷款申请

借款人需要贷款，应向主办银行或者其他银行的经办机构直接申请。借款人要填写包括借款金额、借款用途、偿还能力及还款方式等主要内容的《借款申请书》并提供以下资料：

(1)借款人及保证人基本情况；

(2)财政部门或会计(审计)事务所核准的上年度财务报告，以及申请借款前一期的财务报告；

(3)原有不合理占用的贷款的纠正情况；

(4)抵押物、质物清单和有处分权人同意抵押、质押的证明及保证人拟同意保证的有关证明文件；

(5)项目建议书和可行性报告；

(6)商业银行认为需要提供的其他有关资料。

2.对借款人的信用等级评估

商业银行根据借款人的领导者素质、经济实力、资金结构、履约情况、经营效益和发展前景等因素，评定借款人的信用等级。评级可由商业银行独立进行，内部掌握，也可由有权部门批准的评估机构进行。

3.贷款调查

商业银行受理借款人申请后，对借款人的信用等级以及借款的合法性、安全性、盈利性等情况进行调查，核实抵押物、质物、保证人情况，测定贷款的风险度。

4.贷款审批

按照审贷分离、分级审批的贷款管理制度规定，商业银行审查人员对调查人员提供的资料进行核实、评定，复测贷款风险度，提出意见，按规定权限报批。

5.签订借款合同

商业银行与借款人签订借款合同。借款合同应当约定借款种类，借款用途、金额、利率，借款期限，还款方式，借贷双方的权利、义务、违约责任和双方认为需要约定的其他事项。

保证贷款由保证人与商业银行签订保证合同，或保证人在借款合同上载明与商业银行协商一致的保证条款，加盖保证人的法人公章，并由保证人的法定代表人或其授权代理人签署姓名。抵押贷款、质押贷款由抵押人、出质人与商业银行签订抵押合同、质押合同，需要办理登记的，应依法办理登记。

6.贷款发放

商业银行按借款合同规定按期发放贷款。商业银行不按合同约定按期发放贷款的，应偿付违约金。借款人不按合同约定用款的，应偿付违约金。

7.贷后检查

贷款发放后，商业银行对借款人执行借款合同情况及借款人的经营情况进行追踪调查和检查。

8.贷款归还

借款人按照借款合同规定按时足额归还贷款本息。商业银行在短期贷款到期1个星期之前、中长期贷款到期1个月之前，应向借款人发送还本付息通知单；借款人应及时筹备资金，按期还本付息。

商业银行对逾期的贷款要及时发出催收通知单，做好逾期贷款本息的催收工作。商业银行对不能按借款合同约定期限归还的贷款，按规定加罚利息；对不能归还或者不能落实还本付息事宜的，督促归还或者依法起诉。借款人提前归还贷款，应当与商业银行协商。

（七）贷款管理责任制

1.贷款管理实行行长（经理、主任）负责制

贷款实行分级经营管理，各级行长在授权范围内对贷款的发放和收回负全部责任。行长可以授权副行长或贷款管理部门负责审批贷款，副行长或贷款管理部门负责人应当对行长负责。

2.建立贷款审查委员会

商业银行各级机构应建立有行长或副行长（经理、主任）和有关部门负责人参加的贷款审查委员会（小组），负责贷款的审查。

3.建立审贷分离制

贷款调查评估人员负责贷款调查评估，承担调查失误和评估失准的责任；贷款审查人员负责贷款风险的审查，承担审查失误的责任；贷款发放人员负责贷款的检查和清收，承担检查失误、清收不力的责任。

4.建立贷款分级审批制

根据业务量大小、管理水平和贷款风险度确定各级分支机构的审批权限，超过审批权限的贷款，应当报上级审批。各级分支机构根据贷款种类、借款人的信用等级和抵押物、质物、保证人等情况确定每一笔贷款的风险度。

5.建立和健全信贷工作岗位责任制

各级贷款管理部门应将贷款管理的每一个环节的管理责任落实到部门、岗位、个人，严格划分各级信贷工作人员的职责。

6.建立离职审计制。

贷款管理人员在调离原工作岗位时，要对其在任职期间和权限内所发放的贷款风险情况进行审计。

第二节 信用与个人信用分析

一、信用概述

（一）信用定义

《中国大百科全书》将信用解释为“借贷活动，是以偿还为条件的价值活动的

特殊形式”。在商品交换和货币流通存在的条件下，债权人以有条件让渡的形式贷出货币或赊销商品，债务人则按约定的日期偿还借贷或偿还货款，并支付利息。经济学意义上的信用是指在商品交换过程中，交易一方以将来偿还的方式获得另一方的财、物或服务的能力。信用的根据是获得财、物或服务的一方所做出的给付承诺。如果受信方按照约定的时间足额付清其应允的货款或者贷款，受信方就是守信的，否则就失信了。如果一个受信人或者法人单位的信用交易频繁，经常取得多家授信单位的信用，并对于所有授信单位都信守承诺或者合同，这个受信人或者法人单位就在社会上信誉卓著。

(二)信用分类

1.按照授信的主体分类

(1)商业信用，是指在商品销售过程中，一个企业授予另一个企业的信用。如原材料生产厂商授予企业，或生产厂商授予产品批发商，产品批发商授予企业的信用。

(2)银行信用，是指由银行或其他金融机构授予企业或个人的信用，其主要目的是补足企业或个人营运资金的不足。如：企业在经营过程中向银行申请的短期贷款。

2.按照受信的主体分类

(1)个人信用，是指生产企业、零售商、银行授予个人的信用，用于购买商品或借款。如：消费者用分期付款方式购买汽车、住房、大件耐用消费品时，银行授予个人的信用。

(2)企业信用，是指由银行或其他金融机构授予企业的信用，主要用于购买如土地、建筑物、设备等大型固定资产。如：部分企业向银行申请的长期贷款。

(3)公共信用，是指政府机构为完成政府职能而获得的信用。

(三)信用风险

在贷款过程中，信用风险指借款者不能按照合同要求偿还贷款本息而导致银行遭受损失的可能性。信用风险产生的原因包括内部原因与外部原因。从内部原因分析主要有：所掌握的交易对象的信息不全面、不真实，对交易对象的信用状况没有准确判断，对交易对象信用状况的变化缺乏了解等；从外部原因分析主要有：交易双方产生的纠纷，交易客户经营管理不善从而无力偿还到期债务，交易对象蓄意欺诈等。

(四)信用制度

信用制度是指由国家建立的，用于监督、管理和保障信用交易活动健康、规范发展的一整套制度，以法律法规形式进行规范。信用制度可分为个人信用制度与企业信用制度。

二、个人信用制度

(一)个人信用制度定义

个人信用制度是指根据居民的家庭收入与资产、已发生的借贷与偿还、信用透支、发生不良信用时所受处罚与诉讼情况,对个人的信用等级进行评估并随时记录、存档,以便信用的供给方决定是否对其贷款和贷款多少的制度。

(二)个人信用制度的内容

个人信用制度建设的基本内容包括:

1.有关个人信用制度建设的法规规章

国家出台的与个人信用制度建设相关的法律法规,如《个人信用征信和评级管理办法》、《个人信用信息查询公布管理办法》等法规或规范性文件,使个人信用制度建设有章可循,有法可依。

2.统一规范的个人信用信息数据库

有关部门按照统一格式和标准建立数据库,成立独立的第三方征信服务机构,设立覆盖全国城镇居民的个人信用信息数据总库。

3.个人信用信息征信系统与个人信用评分系统

(1)个人信用信息征信系统。个人信用信息征信即有关部门按照统一的技术规范、各司其职的原则登记本部门掌握的个人信用信息。个人信用信息分为个人身份数据、个人金融信用数据和个人社会信用数据等。个人身份数据主要包括:姓名、性别、出生日期、身份证号、户籍所在地住址、居所、学历、婚姻状况、家庭成员状况等。个人金融信用数据主要包括:在各商业银行的个人贷款及偿还记录,个人信用卡透支记录,在商业银行发生的担保等其他信用行为记录。个人社会信用数据主要包括:工作单位、职业变动情况、履行劳动合同情况、参加社会保险情况、个人纳税情况、个人消费偿付情况等记录。特别记录主要包括:影响个人信用状况的涉及劳动争议仲裁、民事、刑事诉讼、行政处罚以及偷漏税、逃废债、骗保等不良记录。

(2)个人信用评分系统。个人信用评分系统是指按照政府引导、市场化运作的原则,从实际出发,同时借鉴国内外个人信用评分惯例和评价标准,制订客观、公正、科学、适用的个人信用评价指标体系。

专栏

中国人民银行征信中心介绍

2006年3月,中国人民银行设立中国人民银行征信中心,作为直属事业单位专门负责企业和个人征信系统(即金融信用信息基础数据库,又称企业和个人信用信息基础数据库)的建设、运行和维护。同时为落实《物权法》关于应收账款质押登记职责规定,征信中心于2007年10月1日建成应收账款质押登记系统并对外提供服务。2008年5月,征信中心正式在上海举行了挂牌仪式,注册地为上海市浦东新区。2013年3月15日施行的》《征信业管理条例(简称《条例》),明确了征信系统是由国家设立的金融信用信息基础数据库定位。目前,征信中心在全国31个省和5个计划单列市设有征信分中心。

作为专业化征信机构,征信中心依法履职,积极推进征信系统建设,保障系统安全稳定运行,加快系统升级优化,深入推进服务转型,加强产品研发与应用,切实维护信息主体合法权益,充分发挥征信系统作为我国重要金融基础设施作用,为推动社会信用体系建设做出了积极的贡献。

建成全球规模最大的征信系统。1997年,人民银行开始筹建银行信贷登记咨询系统(企业征信系统的前身)。自2004年至2006年,人民银行组织金融机构建成全国集中统一的企业和个人征信系统。今天的征信系统,已经建设成为世界规模最大、收录人数最多、收集信息全面、覆盖范围和使用广泛的信用信息基础数据库,基本上为国内每一个有信用活动的企业和个人建立了信用档案。截至2015年4月底,征信系统收录自然人8.6亿多,收录企业及其他组织近2068万户。征信系统全面收集企业和个人的信息。其中,以银行信贷信息为核心,还包括社保、公积金、环保、欠税、民事裁决与执行等公共信息。接入了商业银行、农村信用社、信托公司、财务公司、汽车金融公司、小额贷款公司等各类放贷机构;征信系统的信息查询端口遍布全国各地的金融机构网点,信用信息服务网络覆盖全国。形成了以企业和个人信用报告为核心的征信产品体系,征信中心出具的信用报告已经成为国内企业和个人的"经济身份证"。

征信系统应用广泛、成效显著。征信系统已经在金融机构信用风险管理中广泛应用,有效解决了信息不对称问题,提高了社会公众融资的便利性,创造了更多的融资机会,促进了信贷市场发展。征信系统的广泛应用,显著提高了社会信用意识,在全社会形成"守信激励、失信惩戒"的激励约束机制。

资料来源:中国人民银行征信中心

4.个人信用激励与惩戒制度

个人信用激励与惩戒制度是指有关执法机关加大查处力度,对诚实守信人员进行褒扬奖励,增加其信贷融资额度;对严重失信或者屡次失信者建立失信个人名单库,在一定范围内进行曝光处理,同时,执行限制其进行高消费的有关政策规定。

（三）个人信用制度的作用

1.有助于提高个人的履约和守信程度，促进市场经济体制的完善

信用是现代市场经济的一个基本构成要素，现代市场经济不仅有着完备的信用形式、发达的信用工具，而且有着健全的信用制度和规范的信用关系。社会主义市场经济同样要以发达的信用和完善的信用制度为基础。这是因为，在社会经济生活中，个人是最基础的行为“单位”，企业、政府等都可以看成是建立在某种契约基础上由个人结成的组织，其各种行为活动都是通过个人的行为来实现的。随着市场经济的发展，个人的经济活动会在多个层面以多种方式表现出来，这些都需要完善的个人信用制度的支持。因此，建立个人信用制度，将作为市场重要主体的个人信用进行准确的评价和披露，有助于提高个人的履约和守信程度，进而提高全社会的信用程度，促进市场经济体制的完善。

2.有利于维持正常的市场经济秩序

目前，个人信用不良的现象已经深入到我国经济生活和社会生活的各个方面，如恶意购房贷款、助学贷款、信用卡恶意透支、手机恶意欠费等，这些现象严重破坏了市场经济秩序。个人信用制度通过严格的法律制度和社会准则，以及由此形成的道德规范，对每个人形成种种外部约束力，使违背诚实信用的行为人终生受害，使违约所带来的损失远远大于收益，从而使个人信用成为全社会共同遵守的信用准则。

3.有利于扩大内需，促进个人消费信贷的增长

目前，我国正大力提倡信用消费。中国人民银行连续颁发了多项促进居民信用消费的政策和措施，各商业银行也相继推出了个人信贷业务实施细则。然而从实际情况来看，效果并不理想，究其原因，主要是现行的个人信用消费是在没有完善的个人信用制度的情况下推行的，一方面诚实守信者的个人信用资源得不到社会尤其是商业银行的承认；另一方面，由于缺乏完整的个人信用资料，商业银行难以对个人信贷风险进行准确的评估和管理，不得不设置很高的贷款门槛，阻碍了个人消费信贷的增长。因此，建立个人信用制度有利于促进商业银行个人消费信贷的增长。

4.有利于提高政府执行社会经济管理职能的效率

我国公安、工商、人事、税务等政府部门和机构掌管着大量社会信息，其中很大一部分和个人信用行为有关，是个人资信的基本素材。但是由于个人信用制度建设滞后，相关的法律制度不健全，这些信息资源不能在全社会实现共享，没有得到充分利用。许多有价值、相互关联的信息在各部门相互分割的职能活动中被忽视了。如果把分散在政府各部门的个人信用信息交由信用中介机构进行专业分析和管理，并通过法律规定的正常渠道实行综合利用，可以大大提高政府

各部门的工作效率。如商业银行根据个人资信状况可以迅速决定是否贷款并自动监督贷款使用和收回,法院可以全面衡量涉案当事人的信用情况等。

(四)个人信用征信系统

1.我国个人信用征信系统的建立

党的"十六大"报告明确提出要"健全现代市场经济的社会信用体系",十六届三中全会明确提出"按照完善法规、特许经营、商业运作、专业服务的方向,加快建设企业和个人信用服务体系"。温家宝总理明确指示,社会信用体系建设要从信贷信用征信起步,要加快全国统一的企业和个人信用信息基础数据库的建设,形成覆盖全国的信用信息网络,加快征信立法,促进征信行业的发展,积极发展专业化的信用机构,有步骤、有重点地开放征信市场,逐步建立失信惩戒制度,规范社会征信机构,加强征信市场监督管理。

2003 年,国务院赋予中国人民银行"管理信贷征信业,推动建立社会信用体系"的职责,由中国人民银行征信管理局具体承担这方面的工作。按照党中央国务院的要求,2004 年中国人民银行加快了个人征信系统的建设,于 2004 年 12 月中旬实现 15 家全国性商业银行和 8 家城市商业银行在全国 7 个城市的成功联网试运行。2005 年 8 月底完成与全国所有商业银行和部分有条件的农村信用社的联网运行。经过一年的试运行,2006 年 1 月正式运行。

2.个人信用征信系统的结构

中国人民银行内设机构征信中心负责系统的日常运行和管理;征信中心和商业银行建立数据报送、查询、使用、异议处理、安全管理等各种内部管理制度和操作规程;同时,个人信用征信系统建立了完善的用户管理制度,对用户实行分级管理、权限控制、身份认证、活动跟踪、查询监督的政策;数据传输加压加密;对系统及数据进行安全备份与恢复;对系统安全进行评估,有效防止计算机病毒和黑客攻击等等,建立了有效的安全保障体系。

目前个人信用征信系统的主要使用者是金融机构,通过专线与商业银行等金融机构总部相连(即一口接入),并通过商业银行的内联网系统将终端延伸到商业银行分支机构信贷人员的业务柜台,实现了个人信用信息定期由各金融机构流入个人信用征信系统,汇总后金融机构实时共享的功能。其中,前者表现为金融机构向个人信用征信系统报送数据,后者表现为金融机构根据有关规定向个人信用征信系统实时查询个人的信用报告。金融机构向个人信用征信系统报送数据可以通过专线连接,也可以通过磁盘等介质。

3.个人信用征信系统的主要功能

个人信用征信系统的功能分为社会功能和经济功能。

(1)社会功能。主要体现在随着该系统的建设和完善,通过对个人重要经济活动的影响和规范，逐步形成诚实守信、遵纪守法、重合同讲信用的社会风气，推动社会信用体系建设，提高社会诚信水平，促进文明社会的建设。

(2)经济功能。主要体现在帮助商业银行等金融机构控制信用风险，维护金融稳定，扩大信贷范围，促进消费增长，改善经济增长结构，促进经济的可持续发展。对个人信用征信系统而言，各商业银行已在全国各分支机构开启了5.2万个查询用户终端，目前每天个人信用报告查询量已达到11万笔左右，在提高审贷效率，方便广大群众借贷，防止不良贷款，防止个人过度负债，以及根据信用风险确定利率水平等方面发挥了积极的作用。

个人信用征信系统的社会功能和经济功能相辅相成，互相促进。随着数据采集以及个人信用报告使用范围的逐步扩大，个人信用征信系统的功能将逐步提高和完善。

4.个人信用征信系统的信息采集

目前，个人信用征信系统的信息来源主要是商业银行等金融机构，收录的信息包括个人的基本信息、在金融机构的借款、担保等信贷信息。自个人信用征信系统建设以来，中国人民银行一直都在与相关部门积极协商，扩大数据采集范围，提升系统功能。为落实《国务院信息办关于落实〈国家信息化领导小组2005年工作要点〉的通知》中关于由中国人民银行牵头，“以金融机构和金融市场为服务对象的有关个人征信部门间信息共享和政务协同任务”的要求，2005年以来中国人民银行加大了与相关政府部门信息共享协调工作的力度。个人征信系统除了主要收录个人的信贷信息外，还将收录个人基本身份信息、民事案件强制执行信息、缴纳各类社会保障费用和住房公积金信息、已公告的欠税信息、缴纳电信等公共事业费用信息、个人学历信息以及会计师(律师)事务所、注册会计师(律师)等对公众利益有影响的特殊职业从业人员的基本职业信息。

个人信用征信系统采集到上述信息后，按数据主体对数据进行匹配、整理和保存，即：将属于同一个个人的所有信息整合在其名下，形成个人的信用档案，并在金融机构查询时生成信用报告。个人信用征信系统对采集到的数据只是进行客观展示，不作任何修改。因此，个人征信系统数据的准确性有赖于数据提供者数据的准确性。

个人信用征信系统采集上述信息的目的，首先，是帮助商业银行核实客户身份，从信贷活动的源头杜绝信贷欺诈，保证信贷交易的合法性；其次，是全面反映个人的信用状况，帮助商业银行确定是否提供贷款及贷款金额大小、利率高低等因素，以及奖励守信者，惩戒失信者；再次，是利用个人征信系统遍布全国各地的网络及其对个人信贷交易等重大经济活动的影响，提高法院、税务、工商、海关等政府部门的行政执法力度；最后，是通过个人征信系统的约束性和影响力，培养和提高个人遵守法律、尊重规则、尊重合同、恪守信用的意识，提高社会诚信水平，建设和谐美好的社会。

5.个人信用征信系统信息的使用

个人信用征信系统数据的直接使用者主要是商业银行、数据主体本人以及司法部门。但其影响力已波及税务、教育、电信等部门。

根据中国人民银行《个人信用信息基础数据库管理暂行办法》和《银行信贷登记咨询管理办法(试行)》的规定，商业银行等金融机构经个人书面授权同意后，在审核信贷业务申请，以及对已发放信贷进行贷后风险管理的情况下，查询个人的信用报告。金融监督管理机构以及司法部门等其他政府机构，根据相关法律、法规的规定，也可按规定的程序查询个人信用报告。另外，在个人信用征信系统的使用方面，充分考虑了个人隐私的保护问题。个人对自己的信用报告享有充分的知情权，可以申请查询自身的信用报告，并根据自身意愿使用信用报告；如果个人认为本人信用报告存在错误，可以提出并经核实后修改；同时，个人还可以了解到哪些机构由于什么原因查询过自己的信用报告，对非法查询信用报告的行为可以向征信中心反映并依法处理。随着征信立法的逐步完善，个人征信系统将依法扩大使用范围，逐步向更广泛的社会对象提供更多的信用查询服务。

6.个人信用报告

个人信用报告就是全面、客观记录个人的信用活动，反映个人的信用状况的文件。主要包括以下信息：

(1)个人的基本信息，包括个人的姓名、身份证件、家庭住址、工作单位等基本信息。这些信息告诉商业银行“您是谁”。提醒个人在办理银行业务时，准确填写个人基本信息，并及时更新个人的基本信息，以便商业银行对个人做出快速、准确的判断。

(2)个人在银行的贷款信息，包括个人何时在哪家银行贷了多少款，还了多少款，还有多少款没还，以及是否按时还款等信息。

(3)个人的信用卡信息，包括个人办理了哪几家银行的信用卡，信用卡的透支额度以及个人还款的记录等信息。

(4)个人的信用报告被查询的记录。计算机会自动记载何时何人出于什么原因查看了个人的信用报告。

随着数据库建设的逐步推进，除了以上信息外，个人的个人信用报告还将记载个人的社会保障信息，银行结算账户开立信息，个人住房公积金缴存信息，是否按时缴纳电话、水、电、燃气费等公共事业费用的信息，以及法院民事判决、欠税等公共信息。

专栏

个人信用报告介绍

个人信用报告是个人征信系统提供的最基础产品，它记录了客户与银行之间发生的信贷交易的历史信息，只要客户在银行办理过信用卡、贷款、为他人贷款担保等信贷业务，他在银行登记过的基本信息和账户信息就会通过商业银行的数据报送而进入个人征信系统，从而形成了客户的信用报告。

个人信用报告中的信息主要有六个方面：公安部身份信息核查结果、个人基本信息、银行信贷交易信息、非银行信用信息、本人声明及异议标注和查询历史信息

公安部身份信息核查结果实时来自于公安部公民信息共享平台的信息。个人基本信息表示客户本人的一些基本信息，包括身份信息、婚姻信息、居住信息、职业信息等内容。银行信贷交易信息是客户在各商业银行或者其他授信机构办理的贷款或信用卡账户的明细和汇总信息。非银行信用信息是个人征信系统从其他部门采集的、可以反映客户收入、缴欠费或其他资产状况的信息。

本人声明是客户本人对信用报告中某些无法核实的异议所做的说明。异议标注是征信中心异议处理人员针对信用报告中异议信息所做的标注或因技术原因无法及时对异议事项进行更正时所做的特别说明。查询历史展示何机构或何人在何时以何种理由查询过该人的信用报告。

个人信用报告的使用目前仅限于商业银行、依法办理信贷的金融机构（主要是住房公积金管理中心、财务公司、汽车金融公司、小额信贷公司等）和人民银行，消费者也可以在人民银行获取到自己的信用报告。根据使用对象的不同，个人征信系统提供不同版式的个人信用报告，包括银行版、个人查询版和征信中心内部版三种版式，分别服务于商业银行类金融机构、消费者和人民银行。

不管是商业银行、消费者还是人民银行，查询者查询个人信用报告时都必须取得被查询人的书面授权，且留存被查询人的身份证件复印件。

个人征信系统已实现了在全国所有商业银行分支机构都能接入并查询任何个人在全国范围内的信用信息。根据《个人信用信息基础数据库暂行管理办法》的规定，商业银行仅在办理如下业务时，可以向个人征信系统查询个人信用报告：

(1)审核个人贷款、贷记卡、准贷记卡申请的；

(2)审核个人作为担保人的；

(3)对已发放的个人信贷进行贷后风险管理的；

(4)受理法人或其他组织的贷款申请或其作为担保人，需要查询其法定代表人及出资人信用状况的。

消费者可以向征信中心、征信分中心以及当地的人民银行分支行征信管理部门等查询机构提出查询本人信用报告的书面申请。只需填写《个人信用报告本人查询申请表》,同时提供有效身份证件供查验,并留身份证件复印件备查。

资料来源:中国人民银行征信中心

(五)个人信用评估

个人信用评估制度是个人信用制度中的一个重要组成部分,建立科学的个人信用评估体系是建立个人信用制度的核心。建立统一的个人信用评估标准是个人信用评估体系建设中的关键环节。个人信用评估从以下三个方面着手:

1.把握个人信用的特点,明确个人信用评估的重点。个人信用评估和企业信用评估一样,其目的主要是分析借款人的还款意愿和还款能力。由于个人信用评估的实质是判断被评估人是否愿意诚实守信和是否有能力诚实守信,即信用意愿和信用能力,因此,个人信用评估要以这两项为基本内容,而个人信用的高低主要取决于个人的信用意愿,可见,个人信用评估应侧重于个人信用意愿方面内容的分析。

2.结合个人信用评估的特点,建立严谨的个人信用评估指标体系。进行个人信用评估的关键在于评估指标的选取及其权重的设定。根据个人信用评估的重点,个人信用评估指标体系的设立应包括信誉指标和价值指标这两大类指标。

(1)信誉指标。信誉指标包括个人自然情况、就业情况及个人公共记录。个人自然情况包括年龄、性别、学历、所学专业、婚姻状况、健康状况、户籍情况等方面;就业情况包括就业单位、单位所在地经济发展情况、行业发展前景、职务、职称、工资收入、工作年限等方面;个人公共记录包括政府、法庭和银行记录等方面。

(2)价值指标。价值指标包括个人账户信息、个人资产信息、个人收入信息等内容。

3.选择科学的评估方法。对于个人信用评估方法的选择,从总体上看,应坚持以定性分析为基础,定性分析和定量分析相结合。对个人的收入支出水平、资产负债状况、信用偿还记录等可以量化的因素,通过系列指标和所设权重建立分析模型加以定量分析;对于个人品德等方面的因素,则要进行定性分析。同时,要加大动态评估力度,弥补静态评估的不足。

案例

某商业银行个人信用评分表

<table>
<tr><th colspan="2">项　目</th><th colspan="4">评 分 标 准</th><th>得分</th></tr>
<tr><td rowspan="14">自然情况</td><td rowspan="2">年龄</td><td>25 岁以下</td><td>26～35 岁</td><td>36～50 岁</td><td>50 岁以上</td><td rowspan="2"></td></tr>
<tr><td>2</td><td>4</td><td>6</td><td>4</td></tr>
<tr><td rowspan="2">性别</td><td>男</td><td>女</td><td></td><td></td><td rowspan="2"></td></tr>
<tr><td>1</td><td>2</td><td></td><td></td></tr>
<tr><td rowspan="2">婚姻</td><td>已婚有子女</td><td>已婚无子女</td><td>未婚</td><td>其他</td><td rowspan="2"></td></tr>
<tr><td>5</td><td>4</td><td>3</td><td>2</td></tr>
<tr><td rowspan="2">健康</td><td>良好</td><td>一般</td><td>差</td><td></td><td rowspan="2"></td></tr>
<tr><td>5</td><td>3</td><td>－1</td><td></td></tr>
<tr><td rowspan="4">文化程度</td><td>研究生以上</td><td>大学本科</td><td>大专</td><td>中专</td><td rowspan="4"></td></tr>
<tr><td>8</td><td>6</td><td>4</td><td>2</td></tr>
<tr><td>高中</td><td>其他</td><td></td><td></td></tr>
<tr><td>2</td><td>1</td><td></td><td></td></tr>
<tr><td rowspan="2">户口性质</td><td>常住</td><td>临时</td><td></td><td></td><td rowspan="2"></td></tr>
<tr><td>2</td><td>1</td><td></td><td></td></tr>
<tr><td rowspan="18">职业情况</td><td rowspan="4">单位类别</td><td>机关事业</td><td>国有企业</td><td>集体</td><td>军队</td><td rowspan="4"></td></tr>
<tr><td>6</td><td>4</td><td>3</td><td>5</td></tr>
<tr><td>个人独资</td><td>个体经营</td><td>三资外企</td><td>其他</td></tr>
<tr><td>2</td><td>2</td><td>5</td><td>1</td></tr>
<tr><td rowspan="2">单位经济情况</td><td>良好</td><td>一般</td><td>差</td><td></td><td rowspan="2"></td></tr>
<tr><td>4</td><td>2</td><td>－1</td><td></td></tr>
<tr><td rowspan="2">行业前景</td><td>良好</td><td>一般</td><td>差</td><td></td><td rowspan="2"></td></tr>
<tr><td>4</td><td>2</td><td>－1</td><td></td></tr>
<tr><td rowspan="2">岗位性质</td><td>单位主管</td><td>部门主管</td><td>一般职员</td><td></td><td rowspan="2"></td></tr>
<tr><td>6</td><td>4</td><td>2</td><td></td></tr>
<tr><td rowspan="2">岗位年限</td><td>2 年以上</td><td>1～2 年</td><td>1 年以内</td><td></td><td rowspan="2"></td></tr>
<tr><td>3</td><td>2</td><td>1</td><td></td></tr>
<tr><td rowspan="2">职称</td><td>高级</td><td>中级</td><td>初级</td><td>无职称</td><td rowspan="2"></td></tr>
<tr><td>4</td><td>2</td><td>1</td><td>0</td></tr>
<tr><td rowspan="4">月收入</td><td>10 000 元以上</td><td>8 000～10 000 元</td><td>5 000～8 000 元</td><td>4 000～5 000 元</td><td rowspan="4"></td></tr>
<tr><td>12</td><td>10</td><td>9</td><td>8</td></tr>
<tr><td>3 000～4 000 元</td><td>2 000～3 000 元</td><td>1 000～2 000 元</td><td>1 000 以下</td></tr>
<tr><td>6</td><td>4</td><td>2</td><td>1</td></tr>
</table>

续表

	项　目	评　分　标　准				得分
家庭情况	家庭人均月收入	5 000 元以上	4 000～5 000 元	3 000～4 000 元	2 000～3 000 元	
		9	6	5	4	
		1 000～2 000 元	1 000 以下			
		3	1			
与本行关系	是否本行	是	否			
		2	0			
	本行账户	有信用卡账户	有储蓄账户	无		
		6	4	0		
	存款余额	高	低	无		
		6	4	0		
	业务往来	频繁	一般	较少		
		4	2	0		
	其他借款	从未借款	有借款但还清	有拖欠纪录		
		4	5	−5		
总　分						

评　分	信用等级	贷款额度(元)
90 以上	AAA	600 000
80～89	AA	100 000
70～79	A	50 000
60～69	BBB	10 000
50～59	BB	5 000
40～49	B	3 000
40 以下	C	0

第三节　企业信用制度与企业信用分析

一、企业信用制度

(一)企业信用制度定义

企业信用制度是对企业信用行为和信用活动的一般规定,是企业在经济活动中履行承诺条件的兑现状况和信誉程度的集中体现,是对企业素质、资金实力、财务状况、产品质量、经济效益和发展前景等信用要素的综合评价。

企业信用制度是社会主义市场经济体制的运行基础。规范有序的市场经济活动需要建立一个能够有效调动社会资源和规范市场交易的信用制度。建立规范有序的企业信用制度,既是企业自身发展的迫切需要,也是建立和完善社会主义市场经济体制的重要任务,对于提高企业整体素质和综合竞争力,抵御信用风险,改善融资条件,促进企业健康发展具有重要意义。

(二)企业信用制度的内容

企业信用制度包括企业信用信息数据系统、企业信用管理、监控系统、企业信用评价系统和企业信用法规体系等内容。

1.企业信用信息数据系统

企业信用信息数据系统以企业信息数据库为核心,利用计算机网络技术和信息化处理技术,整合各个部门重要的企业信用信息,实现企业主体资格、市场信誉、产品和服务质量、资信和经营状况等信息资料的记录、公示和查询,是一个能较全面地反映企业信用状况的信息数据系统。

2.企业信用管理、监控系统

企业信用管理、监控系统包括政府各职能部门及各行业协会对企业实施的信用管理。例如工商管理部门对企业的信用管理包括以下内容:

(1)对企业登记行为的信用管理。以净化企业准入环境,规范企业登记行为,加强经济户口管理,保证企业主体资格合法、健全。

(2)对企业交易行为的信用管理。监督管理市场交易行为,查处制假售假、行业垄断、不正当竞争、商业欺诈等行为。

(3)对市场运行机制的信用管理。建立对各类市场(包括消费品市场、生产资料市场、生产要素市场、网络经营企业、中介服务市场、经纪人市场、运输业市场等)的信用管理机制。

(4)对企业合同的信用管理。开展"重合同、守信用"活动,会同行业管理部门组织实施合同信用监管。

3.企业信用评价系统

该系统是在充分利用企业信用数据及其他部门的重要信用信息的基础上,根据企业的登记信息、年检情况、经营状况、荣誉信息、资信等级和守法情况,采用《企业信用评价体系与方法》的技术标准和数学模型,区分不同行业、不同企业类型,按照评价指标的标准值和指标权重,对企业进行信用等级评价。

4.企业信用法规体系

该体系包括企业信用资源管理法规、信用评估中介机构管理法规、企业信息服务人员管理法规、惩戒失信企业法规、企业荣誉评定管理法规等内容。

以下重点介绍中国人民银行建立的银行信贷登记咨询系统。

(三)银行信贷登记咨询系统

1.银行信贷登记咨询系统

银行信贷登记咨询系统是以中国人民银行城市中心支行为数据节点,以人民银行内联数据网为网络基础,实时收集各商业银行和其他金融机构的信贷数据的大型计算机应用系统。银行信贷登记咨询系统对与银行有信贷业务关系的企事业单位和其他经济组织的信息进行管理,各金融机构按照人民银行的统一要求,将其对客户开办信贷业务中产生的信息(包括本外币贷款、银行承兑汇票、信用证、保函、担保,以及企业基本概况、财务状况和欠息、逃废债、经济纠纷等情况),通过计算机通信网络,传输到人民银行的数据库,金融机构可以向人民银行数据库查询所有与其有信贷业务关系的客户的有关资信状况,防范银行信贷风险。

2.银行信贷登记咨询系统运行方式

银行信贷登记咨询系统的运行方式是借款人向所在地人民银行分支机构办理建立信贷登记档案的基本手续,登记其基本概况、财务状况和其他资信内容,并获得由人民银行统一颁发的贷款卡;借款人持贷款卡向金融机构申请办理信贷业务;金融机构凭贷款卡向人民银行数据库查询借款人的资信情况,作为审贷的重要依据,并按人民银行的统一要求,将其对借款人办理信贷业务过程中产生的各种信息数据进行登录,及时通过计算机网络,传输到所在地的人民银行数据库中。

3.银行信贷登记咨询系统的信息采集

银行信贷登记咨询系统采集信息主要包括:

(1)凡中华人民共和国境内与金融机构发生信贷业务的企业、事业单位及其他借款人(自然人除外),必须全部进入银行信贷登记咨询系统;

(2)中华人民共和国境内依法设立的中资、外资、中外合资金融机构,均须向银行信贷登记咨询系统传输信贷数据信息;

(3)目前金融机构开展的贷款、承兑汇票、信用证、保函、担保等所有本外币信贷业务全部登记进入系统;

(4)登记借款人的基本概况、财务状况、欠息、被起诉等其他资信信息。

目前,银行信贷登记咨询系统所采集的信息数据是全面完整的。一个借款人在国内任何地方发生的所有信贷业务,都将记录在银行信贷登记咨询系统中。

4.银行信贷登记咨询系统的作用

(1)可以全面揭示单个借款企业的信用风险。金融机构通过查询系统,可以看到借款企业的所有信贷记录,包括该企业在全国其他地区以及其他金融机构的所有往来信息,这样对企业是否有不良信贷情况可以一目了然。同时,对企业的财务状况、是否曾被起诉、是否有逃废债等情况也可以及时了解,一定程度上可以减少不必要的风险。

(2)可以快速掌握关联企业的融资风险。由于单个企业在各家商业银行的借款情况通过系统查询可以直接了解,此时,一些不符合借款条件的企业为了得到贷款往往采取注资新的企业、关联担保、账务处理等集团企业操作模式,以多个子、孙企业分散借款的方式达到形式上符合借款条件的目的。以农凯系关联企业为例。农凯系的关联企业数十家,相互关系十分复杂,但通过银行信贷咨询系统,系统操作人员仅用了两小时时间就基本摸清了农凯系关联企业的贷款笔数、总量以及提供贷款的各家商业银行,快速有效地配合了有关部门对其问题的调查。

利用银行信贷登记咨询系统查询关联企业主要从三条渠道着手:一是查询集团企业资本构成信息。集团企业一般都由数个企业或自然人出资组成。系统在基本信息栏目中有专门的"实收资本构成"信息。银行可以从实收资本构成信息中一层层查询控股公司和子、孙公司的来龙去脉,大体了解企业集团关联企业的数量、资本总量和贷款总量。二是查询企业集团法人兼职状况信息。这种信息可以帮助我们判断企业集团是家族性的还是国家企业集团,其关联企业的设立是否必要或者有其他动机。三是查询企业对外担保和互相担保的信贷信息。企业之间的担保往往是构成关联的重要线索和依据。通过企业担保情况的查询,可以深入挖掘隐蔽的关联成员,从而得到更加完全的企业图谱。对这些信息进行归纳加总,就可以发现该企业集团贷款和经营的实际情况,这对商业银行贷款决策具有重要的参考价值。

(3)通过银行信贷咨询系统可以及时分析行业风险。通过对系统收集来的数据加以统计分析,银行可以随时对现有的数据按各种分类方法和统计口径进行汇总和比较。例如可以对所有企业贷款总量按行业、时间生成表格，也可以按贷款增量、增幅排序，通过这些表格很容易看出贷款在各行业中占比的变化。通过这些变化，银行可以对今后的信贷业务走向有所预期，为宏观经济的决策提供数据参考。

专栏

企业信用报告介绍

一、企业信用报告用途

企业信用报告主要有两个方面的用途：

一是供企业主动了解自己的征信记录，如：查看信用报告中是否存在不良信贷信息、比较信用报告中的贷款余额与自身实际的借款账面余额是否相符等。

二是企业查询后提供给交易对手、政府部门或其他机构使用，作为自身资质及信用状况的证明，以取得对方的信任，如：提供给拟合作的投资伙伴、政府部门对企业进行各类招标时要求企业提供自己的信用报告以了解企业有无不良记录。

二、信息展示说明

信用报告的结构主要分为八个部分：报告头、报告说明、基本信息、有直接关联关系的其他企业、信息概要、信贷记录明细、公共记录明细和声明信息明细，分别如下。

(一)报告头

报告头为信用报告的起始部分，用于描述信用报告的生成时间、查询信息等基本要素。用户在线浏览时，展示具体包括机构信用代码、贷款卡编码、报告日期等要素。

打印和下载时，报告头以封面的形式呈现，封面展示的数据项包括报告编号、信息主体的名称、机构信用代码、贷款卡编码、报告日期等要素。

(二)报告说明

报告说明的内容主要是对信用报告中的数据源、部分专有名词，以及一些需要补充说明的重要事项进行说明。

在线浏览时，不展示报告说明。

打印和下载时，报告说明在封面的后一页展示。

(三)基本信息

基本信息展示信息主体的一些基本属性，内容包括身份信息、主要出资人信息、高管人员信息等。

1.身份信息

身份信息主要包括信用主体的名称、注册地址、登记注册号、组织机构代码、登记注册日期、有效截止日期、国税登记号、地税登记号、贷款卡状态、最后一次年审日期等。

2.主要出资人信息

主要出资人信息包括注册资金、出资方名称、证件类型、证件号码、币种、出资金额、出资占比等。

3.高管人员信息

高管人员信息包括职务、姓名、证件类型、证件号码、性别、出生年月等，按照高管人员类别依次展示法定代表人、总经理和财务负责人的信息。

（四）有直接关联关系的其他企业

展示与该企业存在一级关联关系的企业。关系类别只展示大类，依次为家族企业、母子公司、投资关联、担保关联、出资人关联、高管人员关联、担保人关联。对于同一个贷款卡编码，在“关系”中列出所有的关联关系类别，企业按照关系类别的多少进行排序。

（五）信息概要

概要信息主要是让企业能够迅速了解自己的信用报告主要包含哪些内容，总体的违约情况和负债情况，提高了阅读后面明细记录的针对性，提升了解读信用报告的效率。

概要信息的具体内容先展示一段描述性文字，再依次展示当前负债信息概要、已还清债务信息概要和对外担保信息概要。

1.描述性文字

此部分描述信息主体的总体信用状况，具体包括三部分：

一是信贷信息总体描述，包括信息主体首次与金融机构发生信贷关系的年份，发生信贷关系的金融机构数量，以及目前仍存在信贷关系的金融机构数量。

二是公共信息总体描述，即对信息主体在遵纪守法方面的表现做提示性说明，主要展示信息主体有几条欠税记录、民事判决记录、强制执行记录、行政处罚记录。

三是声明信息总体描述，即对信用主体项下是否存在报数机构说明、征信中心标注和信息主体声明等信息进行提示。

2.当前负债信息概要

此部分主要描述信息主体当前负债及或有负债的总体情况，包括未结清的由资产管理公司处置的债务、担保代偿、欠息和垫款汇总信息，和七类未结清信贷业务汇总信息。

3.已还清债务信息概要

此部分主要展示该信息主体已还清债务的总体情况，具体包括已结清的由资产管理公司处置的债务、担保代偿、垫款汇总及七类信贷信息的汇总信息。

4.对外担保信息概要

此部分展示信息主体名下当前有效的对外担保汇总信息。

(六)信贷记录明细

信贷记录明细通过逐笔详细描述信息主体的信贷业务信息,反映信用主体借钱和还钱的历史。

首先展示当前负债,再展示已还清债务,最后展示对外担保。按照信息受金融机构关注程度由高到低,当前负债依次展示:由资产管理公司处置的债务、担保代偿、欠息、垫款、不良和关注类业务、正常类业务;已结清债务依次展示由资产管理公司处置的负债、担保代偿、垫款、贷款、贸易融资、保理、票据贴现、银行承兑汇票、信用证、保函等;对外担保依次展示保证担保、抵押担保、质押担保。

信贷业务按照先表内、后表外的顺序依次展示贷款、贸易融资、保理、票据贴现、银行承兑汇票、信用证、保函。

当某类信贷业务存在多笔时,同一顶级机构名下的业务放在一起展示;在当前负债中,不同顶级机构之间按照同一顶机构项下的余额汇总值大小降序排列;在已结清债务中,不同顶级机构之间按照发生额汇总值大小降序排列。同一顶级机构名下的业务则按照“五级分类”严重程度由高到低(损失、可疑、次级、关注、正常)排列,“五级分类”相同的,当前负债按照到期日由近到远展示,已结清债务业务按照结清时间由近到远展示。

(七)公共记录明细

依次展示,欠税记录、民事判决记录、强制执行记录、行政处罚记录、社会保险参保缴费记录、住房公积金缴费记录、获得许可记录、获得认证记录、获得资质记录、获得奖励记录、出入境检验检疫绿色通道信息、进出口商品免检信息、进出口免检分类监管信息、上市公司或有事项、拥有专利情况、公共事业缴费记录。调整展示顺序,是为了先展示信息主体不遵纪守法的信息,再展示一些正面公共信息,最后展示一些比较敏感的信息。

(八)声明信息明细

依次展示报数机构说明、征信中心标注、信息主体声明。报数机构说明通常为信息主体信用信息的一部分,所以优先展示。征信中心标注通常包括两方面信息,一是描述一些与信息主体有关的重要事项,二是对信用报告中所采集的信用信息进行异议标注,所以放在报数机构说明之后展示。信息主体声明主要是信息主体对异议处理情况进行的申述,所以将其放在最后展示。

资料来源:中国人民银行征信中心

(四)贷款卡

1.贷款卡定义

中国人民银行颁布的《银行信贷登记咨询管理办法(试行)》规定,“凡与金融机构发生信贷业务的借款人,应当向注册地人民银行申领贷款卡”。贷款卡是中国人民银行发给借款人凭以向金融机构申请办理信贷业务的资格证明。中国人民银行统一为贷款卡编码,贷款卡编码唯一。贷款卡由借款人持有,有效期1年,在中华人民共和国境内通用。中国人民银行分支机构实施贷款卡发放核准行政许可,并对贷款卡的持有、使用进行监督管理。

2.贷款卡的申领

借款人在首次办理信贷业务前,应当向其注册地中国人民银行分支机构申请贷款卡。申请人应按照中国人民银行制作的贷款卡申请书格式文本提交书面申请,并提交以下材料:

(1)营业执照副本、事业单位法人证书或其他注册登记证件复印件并出示原件;

(2)《中华人民共和国组织机构代码证书》复印件并出示原件;

(3)经办人的身份证件复印件;

(4)主要投资人的身份证明复印件;

(5)税务登记证复印件并出示原件;

(6)中国人民银行规定的其他材料。

申请人为企业法人的,除上述材料外,还应当提交:

(1)企业法人章程;

(2)注册资本来源的证明材料;

(3)法定代表人、高级管理人员的身份证件复印件;

(4)企业法人申请贷款卡时的上年度及上季度的资产负债表、损益表及现金流量表。

申请人为事业单位法人的,还应提供其负责人的身份证件复印件以及财务收支报表。

经中国人民银行审核,对符合规定的,中国人民银行分支机构发放贷款卡;对不符合规定的,不予发放贷款卡,中国人民银行分支机构应当书面说明理由,并告知申请人享有依法申请行政复议或者提起行政诉讼的权利。

3.贷款卡年审

持卡人在参加年审前,前往其基本开户行领取《贷款卡年审报告书》,填写好相关内容,在规定期限内,携带有关年审资料和贷款卡到其基本开户行办理贷款卡初审手续,初审合格后,由初审行签署意见,统一到中国人民银行分支机构办理终审。

年审时需提交下列资料：

(1)填写完整的《贷款卡年审报告书》；

(2)借款人贷款卡；

(3)经工商行政管理部门年检合格的《企业法人营业执照》或《营业执照》正本原件及复印件；

(4)《中华人民共和国组织机构代码证》原件及复印件；

(5)法定代表人、负责人或代理人的有效身份证件(身份证、外籍护照、回乡证等)的复印件；

(6)企业验资报告；

(7)上年度资产负债表及损益表。

依据《银行信贷登记咨询管理办法(试行)》，对不参加年审的持卡人，将停止其使用贷款卡资格，各商业银行信贷网点将不再与其发生新的信贷业务，年审不合格的贷款卡将作吊销处理。

4.贷款卡使用、管理

借款人取得贷款卡后不得出租、出借贷款卡或者以其他形式非法转让贷款卡。借款人如果有下列情形之一的，中国人民银行分支机构应将其所持贷款卡注销：

(1)借款人营业执照依法被吊销；

(2)借款人依法宣告破产；

(3)借款人解散；

(4)借款人依法被撤销；

(5)借款人存在依法终止的其他情形。

金融机构在办理信贷业务时，应当查验借款人的贷款卡。不得为没有贷款卡、贷款卡有效期满未延续或被注销的借款人办理信贷业务。

二、企业信用分析概述

(一)企业信用分析

企业信用分析是指银行在授信过程中，对企业生产经营活动、管理及控制水平、盈利及偿债能力、外部经营环境、总体风险等进行的分析与评价。企业信用分析内容包括财务分析与非财务因素分析。其中财务分析主要有财务报表分析与财务比率分析；非财务因素分析主要是对企业所属的行业因素、经营因素、管理因素、自然社会因素、还款意愿因素等进行的分析与评价。下面主要介绍财务分析。

(二)企业财务分析方法

1.比较分析法

比较分析法是用以说明财务信息之间的数量关系与数量差异,为进一步的分析指明方向的一种方法。这种比较可以是静态的比较,如实际与计划相比;也可以是动态的比较,如本期与上期相比,报告期与基期相比等;还可以是强度的比较,如本企业与同行业的其他企业相比较等。

2.趋势分析法

趋势分析法又称水平分析法,是通过对比两期或连续数期财务报告中相同的指标,确定其增减变动的方向、数额和幅度,来说明企业财务状况和经营成果的变动趋势的一种方法。用于进行趋势分析的数据可以是绝对值,也可以是比率或百分比数据。采用这种方法,可以分析引起变化的主要原因、变动的性质,并预测企业未来的发展前景。

例如:某企业利润表中反映 2004 年的净利润为 50 万元,2005 年的净利润为 100 万元,2006 年的净利润为 160 万元。通过绝对值分析:2005 年较 2004 年相比,净利润增长了 100－50＝50(万元);2006 年较 2005 年相比,净利润增长了 160－100＝60(万元),说明 2006 年的效益增长好于 2005 年。而通过相对值分析:2005 年较 2004 年相比净利润增长率为:(100－50)÷50×100%＝100%;2006 年较 2005 年相比净利润增长率为:(160－100)÷100×100%＝60%,则说明 2006 年的效益增长明显不及 2005 年。

3.比率分析法

比率分析法是把某些彼此存在关联的项目加以对比,计算出比率,据以确定经济活动变动程度的分析方法。比率是相对数,采用这种方法,能够把某些条件下的不可比指标变为可以比较的指标,以利于进行分析。如短期偿债能力是指企业偿还短期债务的能力,短期偿债能力不足,不仅影响企业的信誉,增加今后筹集资金的成本与难度,还可能使企业陷入危机,甚至破产。一般来说,企业应该以流动资产偿还流动负债,而不应依靠变卖长期资产,所以分析短期企业偿债能力可以通过以下比率来进行:

$$\text{流动比率}=\frac{\text{流动资产}}{\text{流动负债}}\times 100\%$$

这一比率用于衡量企业流动资产对流动负债的保障程度,也就是流动资产在短期债务到期前可以变为现金用于偿还流动负债的能力。但在流动资产中往往有些项目在实际情况下不能很快转变为现金。例如从会计处理方面来看,呆账、坏账是通过其他应收款、长期应收账款等科目反映的,从稳健原则出发,应在计算流动比率指标时予以扣除。

4.因素分析法

因素分析法又称为因素替换法,或连环替代法,它是用来确定几个相互关联的因素对分析对象影响程度的一种分析方法。采用这种分析方法的前提是当有若干个因素对分析对象发生影响时,若分析其中某一个因素,则假定其他各因素都不变化,从而确定需分析的这个因素单独发生变化所产生的影响。因素分析法既可以全面分析若干因素对某一经济指标的共同影响,又可以单独分析其中某个因素对某一经济指标的影响,在财务分析中应用十分广泛。

三、企业财务报表分析

(一)资产负债表分析

1.资产负债表的作用

资产负债表是反映企业某一特定日期资产、负债和所有者权益及其构成情况的会计报表。它是企业对日常会计工作中形成的大量数据进行整理浓缩后,按照一定的分类标准和顺序,根据资产、负债和所有者权益之间的相互关系编制而成的。它表明企业在某一特定日期所拥有或控制的经济资源,所承担的义务和所有者对净资产的要求权。

资产负债表能够提供资产、负债和所有者权益的全貌,因此,它反映了企业在某一特定日期的财务状况。我国各行业会计制度规定资产负债表的格式一般采用“账户式”左右对称结构,左方为资产,右方为负债和所有者权益,根据“资产=负债+所有者权益”的原理编制,规定应填列年初数和期末数,相当于两个特定日期的资产负债表,而年度报表则是一张两年期期末的比较资产负债表。

资产负债表提供了企业资产、负债和所有者权益的总体情况。通过资产负债表提供的总额,信贷人员可以了解企业拥有或控制的经济资源及其分布与构成,是分析企业生产经营能力的重要资料;通过资产负债表提供的企业负债总额及结构,可以了解企业将要用多少资产或劳务清偿债务,分析企业偿债的对象及先后次序的紧迫情况;通过资产负债表提供的所有者权益情况,可以了解投资者在企业资产中所占的份额,分析权益的结构。

通过资产负债表提供的期末数与期初数进行比较,信贷人员可以了解各项目数量上的变化情况及趋势,为分析企业生产经营状况提供依据。资产负债表还能提供进行财务分析的基本资料,了解企业的偿债能力。

2.资产负债表的局限性

资产负债表反映了企业某一特定日期的财务状况,为信贷分析提供基础资料,是信贷人员不可忽视的一张报表。但是它存在一定的局限性,信贷人员对此要有清醒的认识。

(1)资产负债表是静态报表。一般情况下,企业的生产经营活动是持续不断地、正常进行的,资金运动在企业中表现为每日每时的流入流出,但会计报表是建立在企业期间假设基础上的,人为地将企业生产经营分割成为会计期间,为了反映企业在某一时点上形成的资金存量,而设置了资产负债表,用以反映企业月末、季末、年末或某一时点全部资产负债和所有者权益的存量状况,因此它只是静态地反映了企业的财务状况。

(2)资产负债表是由三项会计要素构成的报表,因而其信息是有限的。我国《企业会计准则》把企业会计核算的对象划分为资产、负债、所有者权益、收入、费用、利润六项基本要素,其中资产、负债、所有者权益三个要素为三组,构成了资产负债表。资产、负债、所有者权益三项企业要素的具体内容决定了资产负债表的结构和项目,确定了它应当包括哪些项目,如何分类。应该引起信贷人注意的是,这些项目是经过高度概括以后反映出来的,因而资产负债表所反映的信息量也是有限的,还需要依据资产负债表所提供的信息为线索,从编制资产负债表的原始资料中寻求更多的信息或对资产负债表的重要项目提出补充注解式说明。

(3)资产负债表是对过去经济活动的记录和反映。企业各种会计报表是反映企业财务状况和经营成果的书面文件,它所记录和反映的是企业已经发生的经济活动及结果,这一性质决定了它所提供和揭示的是企业过去的经济财务信息。资产负债表是会计报表中重要的一张报表,因此也具备这一特性。信贷人员需要根据资产负债表所提供的企业历史资料加以分析,来推断企业未来的发展,从而为信贷决策提供强有力的依据。

(二)利润表分析

1.利润表及其作用

(1)利润表的基本内容

利润表是反映企业一定期间生产经营成果的会计报表。利润表把一定时期的营业收入与同一会计期间相关的营业费用进行配比,计算出企业一定时期的税后净利润。“收入－费用＝利润”方程式所包含的经济内容是利润表项目形成的依据。收入项目包括各种收入,如产品销售收入、其他业务收入等。费用(成本)类项目包括各种费用、成本以及从收入中补偿的各中税金及附加,如产品销售成本、产品销售费用、产品销售税金及附加、管理费用、财务费用等。损益类项目包括营业利润、投资收益、营业外收入、营业外支出、利润总额、净利润等。

(2)利润表的作用

利润表是会计报表中的主要报表，信贷人员应在信贷业务中对其充分利用。通过利润表反映的收入、成本和费用等情况，能够反映企业生产经营的收益情况、成本耗费情况，表明企业生产经营成果；同时，通过利润表提供的不同时期的比较数字（本月数、本年累计数、上年数），可以分析企业今后利润的发展趋势及长期获利能力。这些信息都将成为信贷决策十分重要的依据。

2.利润表的局限性

信贷人员在充分利用利润表所提供的财务信息的同时，也应看到利润表自身的局限性，应把利润表与其他报表相关资料紧密联系起来进行综合分析，以得出正确的结论。利润表的局限性主要表现在以下方面：

（1）仅以利润的大小作为衡量企业经营成果的唯一标准有其不合理之处。主要表现在：

第一，没有考虑利润的取得时间。例如：今年获利100万元和明年获利100万元，哪一个更符合企业的目标？如果不考虑货币的时间价值，就难以作出正确判断。

第二，不能反映获得利润与投入资本额的关系。例如：同样获得100万元利润，一个企业投入资本500万元，另一个企业投入600万元，不与投入的资本额联系起来，就难以作出正确判断。信贷人员应考虑企业利润与投入资本的关系，分析企业财务政策是否考虑了投入产出比的合理性。

第三，不能反映获得利润与所承担风险大小的关系。例如：同样投入500万元，本年获利100万元，一个企业的获利已全部转化为现金，另一个企业则全部是应收账款，有发生坏账损失的可能。显然，两个企业的风险大小有很大差别。信贷人员应充分考虑利润与其所承担风险的关系，分析企业的利润构成中有多少高风险成分。

（2）权责发生制的原则使利润表体现的经营成果不能代表企业真正的支付能力。根据权责发生制的原则编制的利润表所揭示的盈利能力不能完全体现企业的现金流转情况，虽然许多应计的收入和分摊的费用都列入了利润表的有关项目中，但是，它并不形成企业的资金流动，不能反映企业的现金支付能力。例如：折旧费用，虽然它列入了成本中，但并未形成现金流出，反而是企业“现金”的一种来源。利润表的这种局限性具体表现在：

第一，未能反映出盈利企业可能出现支付能力不足的可能。利润表中反映出盈利的企业通常现金流转比较顺畅，但也可能由于抽出过多现金而发生临时流转困难，例如付出股利、偿还借款、更新设备等。此外，存货的变质、财产失窃、坏账损失、出售固定资产损失等，会使企业失去现金，并引起周转的不平衡，使得企业出现资金短缺，支付能力不足的局面。

第二，未能反映出亏损企业所处的境地。从长期的观点看，亏损企业的现金流转是不可能维持的。从短期来看，又分为两类：一类是亏损额小于折旧额的企业，在固定资产重置以前可以维持下去；另一类是亏损额大于折旧额的企业，如果无法从外部补充现金将很快破产。损益表只能反映企业亏损数额的大小，却无法反映企业所处的境地。对亏损企业，信贷人员应认真区分其所处的境地，便采取不同的贷款管理方法及回收措施。

第三，未能反映出企业扩大规模的能力。任何企业要迅速扩大经营规模，都会遇到现金短缺的困难，企业首先应积极从内部寻找扩充项目所需资金，然后考虑从外部筹集。信贷人员在审查由于企业扩大规模需要而申请贷款的项目时，应突破利润表的局限性，在预测项目未来盈利能力的同时，更多地分析该项目自有资金与对外借款的合理比例，从银行风险与项目风险的角度考虑，将来还本付息的现金流出不要超过将来的流入。否则，利息负担会耗费掉扩建项目形成的现金流入，使项目在经济上失败，信贷资产面临风险。

（三）现金流量表分析

1.现金与现金流量

现金流量表编制的基础是现金。这里现金的概念是广义的，既包括现金，又包括现金等价物。根据我国财务部 1998 年第 10 号文，它们的定义是：

（1）现金。指库存现金及随时可用于支付的存款。

（2）现金等价物。指企业持有的期限短，流动性强，易于转换为已知金额现金，价值变动很小的投资。

（3）现金流量。现金及现金等价物的流入与流出。

2.现金流量的具体内容

根据资产转换循环理论，一家持续经营的企业既要保持正常的经营循环，又要保持有效的资本循环，也就是说在从事经营业务的同时，还要进行固定资产投资。在经营循环和资本循环的过程中，往往会形成现金流量的时间差和数量差，从而引起企业的筹资需要。因此，现金流量的具体内容就由经营活动现金流量、投资活动现金流量和筹资活动现金流量构成的。

（1）经营活动的现金流量

经营活动是指企业投资和筹资活动以外的所有交易和事项。其现金流量包括：

现金流入	现金流出
销售商品、提供劳务收现	购买商品、接受劳务付现
收到租金	经营租赁所支付的现金
收到增值税款销项税额和退回的增值税款	支付给职工以及为职工支付的现金
收到除增值税以外的其他税款返还	支付增值税款
	支付所得税款
	支付除增值税、所得税以外的其他税款

(2)投资活动的现金流量

投资活动是指企业长期资产的购建和不包括在现金等价物范围内的投资及其处置活动。其现金流量包括：

现金流入	现金流出
收回投资所收到的现金	购建固定资产、无形资产、长期资产付现
分得股利或利润所收到的现金	权益性投资付现
取得债券利息收入所收到的现金	债权性投资付现
处理固定资产、无形资产和其他长期资产而收到的现金净额(如是负数在流出项目中反映)	

(3)筹资活动现金流量

筹资活动是导致企业资本及债券规模和构成发生变化的活动。其现金包括：

现金流入	现金流出
吸收权益性投资收现	偿还债务付现
发行债券收现	发生筹资费用付现
借款所收到的现金	分配利润或股利付现
	偿付利息付现
	融资租赁付现
	减少注册资本付现

3.现金流量的计算与分析

权责发生制导致了企业损益与现金收入(支出)的差别,损益表反映了销售收入、销售成本和费用等情况，但这些项目的确认是以权责发生制为基础的，与实际的现金流入与流出是一致的。为了更好地识别贷款风险，更准确地判断借款人的还款能力，要将借款人的利润调整为现金。

计算步骤：

(1)计算资产负债表各科目期初与期末的变动额。公式为：

项目变动额＝期末数－期初数

(2)确定该变动额是现金流入，还是流出。资产项目增加和负债及所有者权益的减少表示流出，资产项目减少和负债及所有者权益的增加表示流入。

(3)剔除权责发生制的影响。公式为：

损益－Δ资产＋Δ负债＝现金流量

现金流量的计算方法：

(1)直接法，又称“自上而下法”，即从销售收入开始，将损益表中的项目与资产负债表中有关科目逐一对应，逐项调整为现金基础的项目。现以经营活动现金流量中的一些项目为例：

销售所得现金：

销售现金收入＝销售收入－Δ应收账款

对应收票据的调整同理。

购货所付现金：

购货所付现金＝销售成本－Δ应付账款＋Δ存货

对应付票据的调整同理。

管理费用现金支出：

管理费用现金支出＝经营费用－折旧－摊销－Δ应付费用＋Δ预付费用支付利息

现金支付利息＝利息－Δ应付利息

(2)间接法，又称“自下而上法”，即以损益表中最末一项净利润为出发点，加上不需要立即支付的现金，减去实际没有收到的现金，再依据投资、筹资和其他经营活动所产生的现金和运用情况加以调整。现以经营活动现金流量计算为例，计算如下：

净利润
+折旧、摊销
应付账款
应付费用
应付税金
-应收账款
存货
预付费用
=经营活动产生的现金净流量

四、财务比率分析

(一)短期偿债能力分析

分析企业的短期偿债能力,对于作为企业短期债务债权人的银行来讲无疑是十分重要的。即使银行仅对企业长期债务拥有债权,注意分析企业的短期偿债能力也是十分必要的,因为,如果企业不能保持一定的短期偿债能力,那它自然也就不可能保持一定的长期偿债能力,更何况企业即将到期的长期债务一般也要用其可以在近期内变更的流动资产来偿还。

反映企业短期偿债能力的主要财务指标有:流动比率、速动比率、现金比率。

1.流动比率

(1)流动比率的计算公式

流动比率是流动资产除以流动负债的比值,简称流动比,又称营运资金比率。其计算公式为:

$$流动比率=\frac{流动资产}{流动负债}$$

这一比率反映了企业的货币资金和预计可以转化为货币资金的流动资产(如应收账款的收回和销售存货而获取的货币资金)可用于偿还短期债务的程度。它反映了企业的流动资产是流动负债的多少倍,比值越大,表明企业偿还短期债务的能力越强。

(2)对流动比率的分析

流动比率的值并非越大越好,应有一个合理的限度。一方面,企业的流动资产在清偿流动负债以后应有余力去应付日常经营活动中其他资金的需要,并且鉴于存货、待摊费用等流动资产变现能力较差,因此一般来说要求流动比率不能小于1;另一方面,由于变现能力强的资产(如现金、银行存款、应收票据、应收账款等)往往盈利能力差,为了使企业的经营效果最好、盈余最大,流动比率不能过大，只要保证有足够的短期偿债能力即可。长期以来，西方的商业惯例一般要求生产企业的流动比率应保持在2.00左右。但20世纪60年代中期以后，西方企业的流动比率有所下降，许多企业的流动比率均低于2.00。

计算出来的流动比率，只有和同行业的平均流动比率、本企业历史上的流动比率比较才能知道是高还是低。在一些行业，流动比率低于2.00是正常的，但另外一些行业则要求流动比率必须大于2.00。

对流动比率作比较分析虽有助于确定流动比率的高低，但却没有说明为什么这么高或这么低。要找出过高或过低的原因，还必须分析流动资产和流动负债所包括的内容以及经营上的因素。一般而言，营业周期、流动资产中的应收账款和存货的数额及周转速度是影响流动比率的主要因素。

有时，流动比率大，可能是企业被拖欠的应收账款过多、存货积压或产品滞销、货币资金过多、未能充分利用资金等原因造成的。

例如，某企业2005年流动比率为1.06，2006年流动比率为2.78，可见2006年比2005年的短期偿债能力有很大提高。但假如对该企业的2005年、2006年末流动资产各项目作详细观察，就会发现，该企业2006年末与上年末相比，流动资产除了货币资金以外，其余项目均变动不大，流动负债的变动也不大，从而说明该企业流动比率的提高主要是因货币资金大量增加而造成的。但是这种状况并不是一种良好健康的财务状况，大量资金滞留在货币资金形态，意味着企业的盈利水平会降低，也反映了企业在资金调度使用方面的问题。

此外，在分析企业的流动比率时，还应注意企业是否为了使会计报表能反映出良好的财务状况，通过某些方式粉饰流动比率。例如，在赊购方式下，故意把接近年终要进的货物，推迟到下年初再购买；或将借款在年末提前还清，等到下年初再行商借等等。上述方式对企业流动比率的影响，可以通过下面两个例子加以说明。

例：某企业为下年生产储备原材料，计划年终前以赊购方式进货10万元，进货前，企业流动资金为20万元，流动负债为10万元。如果企业按计划进货，其流动资产及流动负债分别增加到30万元和20万元，其年末流动比率为30÷20＝1.5；如果企业将进货推迟到第2年，则年末流动比率为20÷10＝2，指标值优于按期进货。

例：2006年12月30日某企业流动资产为100万元，流动负债为70万元，其中包括20万元欠某银行2007年1月5日到期贷款。这时，它的流动比为100÷70＝1.43。如果12月31日该企业征得银行同意，将这20万元贷款提前还清，则其流动比就变为：(100－20)÷(70－20)＝1.6，指标值得到优化。

2.速动比率

流动比率虽然可以用来评价流动资产总体的短期偿债能力，但速动比率比其更能说明资产的变动能力。这对于短期债权人来说是一个十分重要的财务指标。

(1)速动比率的计算公式

速动比率,是从流动资产中扣除存货部分再除以流动负债的比值,又称酸性试验比率、变现能力比率。其计算公式为:

$$速动比率=\frac{速动资产}{流动负债}=\frac{流动资产-存货}{流动负债}$$

在计算速动比率时,剔除存货的原因在于:在流动资产中存货的变现速度最慢;由于某些原因,部分存货可能已经损失报废,但尚未作处理;存货估价还存在着成本与合理市价悬殊的问题。因此,把存货从流动资产中扣除而计算出的速动比率,比流动比率反映的短期偿债能力更加可信。

由于各行业之间的差别,在计算速动比率时,还可扣除其他一些不能代表当时现金流量的流动资产项目,如预付款和其他杂项等。较保守的计算速动比率的方式是将现金、有价证券、应收账款净额相加并除以流动负债。

(2)对速动比率的分析

通常认为正常的速动比率为1,低于1的速动比率被认为是短期偿债能力偏低。

但这只是一般看法,因为不同行业的速动比率会有很大差别,并没有统一标准的速动比率。例如,零售企业通常仅采用现金销售而没有赊销的应收账款,因此可以保持一个低于1的速动比率,这不会影响其短期偿债能力。相反,一些应收账款较多的企业,速动比率可能要求大于1。

评价速动比率指标,还应结合应收账款周转速度进行分析,因为它反映了应收账款的变现能力。

3.现金比率

分析企业的短期偿债能力时,往往还可能需要从最保守的角度对其资产的流动性加以考虑。例如,假设企业已将其应收账款和存货全部抵押给其他债权人,或怀疑企业的存货和应收账款存在着流动性问题时,就需要利用现金比率这一指标来评价企业的短期偿债能力了。

(1)现金比率的计算方法

现金比率表现企业资产即时的流动性,它将现金等价物、有价证券与流动负债相联系。其计算公式为:

$$现金比率=\frac{现金等价物+有价证券}{流动负债}$$

这几个数据均可在资产负债表中找到,一般国内企业的资产负债表中现金等价物即为货币资金项，而有价证券主要表现为短期投资。

(2)对现金比率的分析

利用现金比率对企业的短期偿债能力进行分析时，应结合企业的经营。在给企业下结论之前，应先对企业有一个细致的了解，因为，企业的管理者对其货币资金的运用可能有某些计划。现金比例很低则说明企业不能即时支付应付款项。但是，如果企业的现金比率很高，则说明企业的现金没有发挥最大效益。因此，在评价企业的短期偿债能力时，这个指标只具有一定的参考价值。因为，要求企业有足够的现金等价物、有价证券来偿还其流动负债是不现实的。如果企业短期债务的偿还不得不依赖现金和有价证券，那么其短期偿债能力很可能不是加强，而是削弱了。

那么，这是否说明这个比率对分析企业的财务状况毫无用处呢？在以下几种情况下，还是很有必要计算企业的现金比率的：企业处于财务困境之中；企业的存货和应收账款周转速率很慢；处于投机性较强行业中的企业，如房地产开发企业；对一个新建企业进行贷款决策而对其经营成功的可能性没有把握时。

(二)长期偿债能力分析

反映企业长期偿债能力的主要财务指标有：资产负债率、产权比率、利息保障倍数。

1.资产负债率

(1)资产负债率的计算公式

资产负债率是负债总额与资产总额的百分比，它反映了企业的总资产中有多大比例是通过借债来筹集的，也被称为举债经营比例。这一比率也可以用来衡量企业在清算时保护债权人利益的程度。其计算公式如下：

$$\text{资产负债率}=\frac{\text{负债总额}}{\text{资产总额}}\times 100\%$$

公式中的负债总额不仅包括长期负债，还包括短期负债，其原因在于短期负债作为一个整体，总有一个存量被企业长期性占用着，可以视同长期性资金来源的一部分。因此，本着稳健的原则，将短期债务包括在负债总额中是合适的。

公式中的资产总额是扣除累计折旧后的资产净额。

这两项数据均可以在资产负债表中取得(资产负债表中的资产总计即为资产净额)。

(2)对资产负债率的分析

从债权人的角度来看，资产负债率的比值越低，则表明该企业的长期偿债能力越好。因为在企业清算时，资产的变现所得往往低于账面价值，因此，该比率越低，债权人所得到的保障程度就越高。

但从企业所有者及经营者的角度来看，由于企业通过举债而筹集的资金与企业的自有资金在经营中所发挥的效应是相同的，因此，只要企业能够保持较好的盈利水平，企业全部资金利润率超过借款利率，那么较大的资产负债率就能给所有者和企业带来较大的利润。

银行作为企业的债权人，当然主要需要从债权人的角度考虑问题，希望资产负债率不要太高；但是在分析考察这一比率时应注意到，长远来看，企业的盈利水平也是保障其长期偿债能力的一个因素，过低的资产负债率表明企业的经营过于保守。到底这个比率多大为宜，应结合企业所在行业的平均水平及企业的历史发展状况来观察，不能一概而论。

2.产权比率

(1)产权比率的计算公式

产权比率是负债总额与所有者权益总额之比。对于股份公司来讲，所有者权益即为股东权益，因此这个比率亦称债务股权比率。其计算公式为：

$$产权比率=\frac{负债总额}{所有者权益总额}\times 100\%$$

(2)对产权比率的分析

产权比率反映了由债权人提供的资产与所有者提供的资本之间的对应关系，从而反映出企业的基本财务结构是否稳定。一般来说，所有者资本大于借入资产较好，但也不能一概而论。从所有者的角度来看，在通货膨胀加剧的时期，企业多举债可以把损失和风险转嫁给债权人；在经济繁荣时期，多举债可以获得额外的利润；在经济萎缩时期，少借债可以减少利息负担和财务风险。产权比率高是高风险、高报酬的财务结构；产权比率低，是低风险、低报酬的财务结构。

该指标同时也反映了债权人投入的资金受到所有者权益保障的程度，或者说企业清算时对债权人利益的保障程度，因为法律规定债权人的清偿顺序列在所有者之前。

事实上，产权比率与资产负债率有着共同的经济意义，两个指标可以相互补充。与资产负债率一样，对这一指标的评价应结合行业状况和企业的历史经营状况。一般该比值越低代表企业长期偿债能力越强。

3.利息保障倍数

银行从债权人的立场出发，在分析向企业投资的风险时，除了计算上述资产负债率，审查企业借入资本占全部资本的比例以外，还要计算营业利润是利息费用的多少倍。利用这一比率，可以测试银行作为企业的债权人投入资金的风险。

(1)利息保障倍数的计算公式

利息保障倍数指标是指企业经营业务收益与利息费用的比率，用以衡量偿付借款利息的能力，亦称已获利息倍数。其计算公式如下：

$$利息保障倍数=\frac{息税前利润}{利息费用}$$

公式中的“息税前利润”是指损益表中未扣除利息费用和所得税之前的利润。它可以用“利润总额加利息费用”来测算。

公式中的分母“利息费用”是指本期发生的全部应付利息。它不仅包括财务费用中的利息费用，还应包括计入固定资产成本的资本化利息。资本化利息虽然不在利润表中扣除，但仍然是要偿还的。利息保障倍数的重点是衡量企业支付利息的能力，没有足够大的息税前利润，资本化利息的支付就会发生困难。

由于我国现行的利润表中一般不单列利息费用，而是混在“财务费用”之中，因此，在未取得企业内部数据而只能依据其利润表来测算此项指标时，可用下述公式来近似地计算：

$$利息保障倍数=\frac{利润总额+财务费用}{财务费用}$$

但要注意由于财务费用中还包括利息收入、手续费支出、汇兑损益等各项内容，在这些项目占比很大时，由此公式计算出的指标值可能与实际值出入较大。

例如：假设某公司 2006 年的利润总额为 1 000 万元，而损益表所列财务费用为 100 万元，如果按近似公式计算，其利息保障倍数为(1 000+100)/100=11 倍；但信贷人员通过查阅企业明细账，发现其财务费用的构成为：

利息支出(包括票据贴现贴息)	200 万元
利息收入	−70 万元
汇兑损益	−40 万元
银行手续费支出	10 万元
财务费用	100 万元

因此，其实际的利息保障倍数=(1 000+200)/200=6 倍

可见两种方法计算出的指标值出入很大。因此，在分析计算企业的该项指标时，应尽可能地从企业那里取得其财务费用内部构成明细账，用实际利息费用来计算该项指标值。

(2)对利息保障倍数的分析

利息保障倍数是从利润表方面考察企业长期偿债能力的一项指标。它表明企业的经营收益是所需支付债务利息的多少倍。只要利息保障倍数足够大，就表明企业不能偿付到期利息债务的风险比较小。如果企业的利息债务偿还情况很好，当本金到期时企业也能重新筹集到资金。事实上，如果企业在偿付利息费用方面有良好的记录，企业就很可能永远不需要资金来清偿本金。因此，对于作

为企业债权人的银行来讲，该比率越高则表明企业长期偿债能力越强。当然，这一比率过高，很可能就是因为企业负债率过小而造成的，这又说明企业的经营过于保守。关于这一方面的分析，可以结合前面对资产负债率、产权比率的分析来理解。

确定企业的利息保障倍数，需要将该企业的这一指标与其他企业，特别是本行业平均水平进行比较。同时从稳健性的角度出发，最好比较本企业连续几年的该项指标，并选择最低指标年度的数据作为标准。这是因为，企业在经营好的年度要偿债，而在经营不好的年度也要偿还大约同量的债务。某一年度利润很高，则利息保障倍数也会很高，但不能年年如此。采用最低指标年度的数据，可保证最低的偿债能力。一般情况下应采纳这一原则，但遇有特殊情况，须结合实际来确定。

(三)营运能力分析

企业的营运能力直接影响和关系着企业的偿债能力和盈利能力，体现着企业的经营绩效。因此，为了更加深刻地理解和掌握企业的偿债能力和盈利能力，对企业的经营业绩作出全面、客观、公正的评价，就必须再对企业的营运能力作专门详细的分析。

企业营运能力分析是通过一系列周转速度指标分析来实现的。主要包括：存货周转速度、应收账款周转速度、资产周转速度等。

1.存货周转速度

在流动资产中，存货所占的比重较大，存货的流动性直接影响企业的流动比率，进而影响企业的短期偿债能力。因此，在分析企业的短期偿债能力时，必须特别重视对存货的分析。存货的流动性，一般用存货的周转速度来反映，即存货周转率或存货周转天数。

(1)存货周转速度的计算公式

存货周转率是衡量和评价企业购入存货、投入生产、销售收回等各环节管理状况的综合性指标。它是销售成本除以平均存货而得到的比率，亦称存货的周转次数。用时间表示的存款周转率就是存货周转天数，其计算公式为：

$$存货周转率=\frac{销售成本}{平均存货}$$

$$存货周转天数=\frac{365}{存货周转率}$$

$$=365\times\frac{平均存货}{销售成本}$$

公式中的销售成本数据可以从损益表(或利润表)中取得，平均存货为资产负债表中的“期初存货”与“期末存货”的平均数。

(2)对存货周转速度的分析

一般来说,存货周转速度越快,表明该企业流动资产的变现能力越强,从而其短期偿债能力越好。这一点,在利用流动比率分析企业的短期能力时应特别注意。

下面举一个简单的例子来说明这一点。

假设甲、乙两个企业的流动资产总额均为 100 万元,其中存货额为 20 万元,流动负债均为 50 万元,其流动资产、负债所包括的内容结构均相同,所不同的是甲企业存货周转率为 8 次/年,乙企业的存货周转率为 4 次/年。表面上看,甲、乙两个企业的流动比率均为 2(即 100÷50),似乎两个企业的短期偿债能力相同。但是,应注意到,如果一旦发生特殊情况,需要企业通过销售存货来变现,从而偿还短期债务时,甲乙两个企业所表现的偿债能力就不同了,甲企业的 20 万存货通过 46 天左右(即 365÷8)即可变为货币资金,而乙企业则需 91 天的时间才能销售出去取得现金。

存货周转速度指标不仅反映了企业的短期偿债能力,而且也反映了企业经营效率及其资金使用效率和盈利能力。

例:假设某企业销货成本为 60 万元,如果存货周转率为 6 次/年,则平均存货为 60÷6=10 万元;如果存货周转率降为 5 次/年,则平均存货提高到 60÷5=12 万元。这说明当存货周转率为 6 次时,企业在存货方面占用的资金为 10 万元。但当存货周转率减少 1 次时,存货占压的资金就要增加 2 万元。

在分析存货周转率时,要与本企业历史资料、其他企业或行业平均水平比较而作出判断。通常来说,高于行业平均水平,表明企业的存货管理效果好;否则,表明企业的存货管理效果尚未达到一般平均水平。

2.应收账款周转速度

(1)应收账款周转速度的计算

反映应收账款周转速度的指标是应收账款周转率,亦即年度内应收账款变为现金的平均次数;用时间表示的应收账款周转速度是应收账款周转天数,亦称平均应收账款回收期或平均收现期,它表示企业从取得应收账款的权利到回收款项的时间。其计算公式为:

$$应收账款周转率=\frac{销售收入}{平均应收账款}$$

其中:

$$平均应收账款=\frac{期初应收账款+期末应收账款}{2}$$

$$应收账款周转天数(应收账款平均收账期)=\frac{365}{应收账款周转率}=365\times\frac{平均应收账款}{销售收入}$$

应收账款在企业的资产负债表中事实上由两部分构成，一是应收账款项，另一则表现为应收票据。带息应收票据的期限通常要比应收账款的期限长，在有些情况下，顾客在应收账款到期无法支付时，就要签发一张商业票据，代替应收账款。由此，在计算应收账款周转率时，可以采用两种方式：一是包括应收票据的应收账款，二是不包括应收票据的应收账款。

(2)对应收账款周转速度指标的分析

对应收账款周转速度指标的评价应结合企业的行业状况及发展状况进行比较分析。一般来说，应收账款周转率越高，周转天数越短，说明应收账款的回收越快，企业的短期偿债能力越强。当然，在分析时，还要注意结合企业对外赊销的信用条件，如果企业应收账款周转天数为 50 天，但企业对外赊销的信用条件平均为 40 天，则说明该企业应收账款回收情况不好，短期偿债能力差；但如果对外赊销的信用条件为 60 天，则说明企业的短期偿债能力较强。

在使用应收账款周转速度指标分析企业的财务状况时，还要注意以下几个影响该指标正确计算的因素：季节性经营、大量使用分期付款方式、大量的销售使用现金结算、年末大量销售或年末销售大幅度下降。这些因素均会对该指标的计算产生较大影响。作为财务报表的外部使用人，可以将计算出的指标与该企业前期进行趋势比较分析，与行业平均水平进行行业比较分析或与其他类似企业相比较，但同时应该注意上述因素的影响。

3.资产周转速度

(1)资产周转速度指标的计算公式

资产周转速度是指企业销售收入与全部资产平均余额之间的比例关系。通常有两种表现方式：一是资产周转率，二是资产周转天数。

资产周转率是指资产在一定时期(通常为一年)内周转了几次，它实际上同时还体现单位总资产在一定时期内创造了多少销售收入。其计算公式为：

$$资产周转率=\frac{销售收入}{平均资产总额}$$

资产周转天数是指企业资产平均每周转一次所需用的天数。其具体计算公式为：

$$资产周转天数=\frac{365}{资产周转率}$$

$$=365\times\frac{平均资产总额}{销售收入}$$

(2)对资产周转速度指标的分析

资产周转率反映了资产周转速度,周转率越大,表明资产周转速度越快,利用效果越好,销售能力越强,进而反映出企业的偿债能力和盈利能力越令人满足,它是一项正指标。

而周转天数为逆指标,越小越好。资产周转天数是衡量企业资产周转速度的另一个指标。周转天数越短,表明资产周转速度越快,反之则慢。

企业可以通过薄利多销的办法,加速资产的周转速度,带来利润绝对额的增加。对资产周转速度指标分析应与企业的前期、与同行业平均水平、先进水平或其他类似企业相比较,才能判断该项指标的高低。

(四)盈利能力分析

企业的经营盈利能力主要反映企业在营业过程中创造利润的能力,反映企业经营盈利能力的财务指标一般用企业实现的利润与消耗或营业的比率来表示。这是主要通过利润表数据计算的指标。

1.销售净利率

(1)销售净利率的计算公式

通常用于衡量盈利能力的财务指标是销售净利率,一般也将其简称为净利率,它是净利润与销售收入的百分比。其计算公式为:

$$销售净利率=\frac{净利润}{销售收入}\times100\%$$

“净利润”,在我国会计制度中是指税后利润。

(2)对销售净利率的分析

该指标反映每一元销售收入带来的净利润的多少,表示销售收入的收益水平。因此,此项指标越大,表明企业的盈利能力越强。从销售净利率的指标关系看,净利润与销售净利率成正比关系,而销售收入额与销售净利率成反比关系。企业在增加销售收入额的同时,必须相应地获得更多的净利润才能使销售净利率保持不变或有所提高。通过分析销售净利率的升降变动,可以促使企业在扩大销售的同时,注意改进经营管理,提高盈利水平。

(3)销售净利率与销售利润率的比较

过去,分析企业销售收入带来多少利润时,总习惯于用销售利润率,即:

$$销售利润率=\frac{利润总额}{销售收入}\times100\%$$

由上式可以看出，销售利润率与销售净利率的区别主要在分子上，即销售利润率的分子为利润总额，销售净利率的分子为净利润。两者的不同就在于利润总额中包括了企业所缴的所得税。

从社会整体来看，销售利润或许更能代表企业的盈利能力。但对于作为企业债权人的银行来讲，销售净利率是更为重要的一项指标。因为它更能代表企业生产经营活动中实际的获利能力。更何况，一旦企业发生极端情况，即破产时，根据规定，贷款银行破产债权的清偿是在扣除企业应缴税款之后。

2.销售毛利率

(1)销售毛利率的计算公式

销售毛利率是毛利占销售收入的百分比，其中毛利是销售收入与销售成本的差。其计算公式如下：

$$销售毛利率=\frac{销售毛利}{销售收入}\times 100\%$$
$$=\frac{销售收入-销售成本}{销售收入}\times 100\%$$

(2)对销售毛利率的分析

销售毛利率，表示每一元销售收入扣除所销售产品的成本后，有多少钱可以用于各项期间费用和形成盈利。毛利率是企业销售净利率的最初基础，没有足够大的毛利率便不能盈利。此项指标值越大，表明企业的盈利能力越强。

3.营业利润率

(1)营业利润率计算方法

营业利润率是企业实现的营业利润与销售收入之比，其计算公式为：

$$营业利润率=\frac{营业利润}{销售收入}\times 100\%$$

公式中的销售收入是指扣除销售折让、销售折扣和销售退回之后的销售净额，此数据可从损益表取得，即主营业务收入。

(2)对营业利润率的分析

营业利润率剔除了投资和营业外收支的影响。但增加了其他业务的盈利因素，反映了企业自身经营业务的获利能力。该项指标值越大，表明企业的此项能力越强。

(五)反映企业投资收益能力的财务指标

企业投资收益能力是企业投入资金的增值能力。一般用实现利润与占用或投入资金的比率来反映投资收益能力的大小，主要财务指标有：资产收益率、资本收益率。

1.资产收益率

(1)资产收益率的计算公式

资产收益率是企业净利润与平均资产总额的百分比，其计算公式为：

$$资产收益率=\frac{净利润}{平均资产总额}\times 100\%$$

其中：

$$平均资产总额=\frac{期初资产总额+期末资产总额}{2}$$

公式中的净利润来源于利润表，而资产总额可以从资产负债表中取得。

(2)对资产收益率的分析

资产收益率指标把企业一定期间的净利与企业的资产相比较，表明企业资产利用的综合效果。指标值越高，表明资产的利用效率越高，说明企业在增加收入和节约资金使用等方面取得了良好的效果，否则，相反。

企业的资产是由投资人投入和举债形成的。净利的多少与企业资产的多少、资产的结构、经营管理水平有着密切的关系。资产收益率是一个综合指标，为了正确评价企业经济效益的高低，挖掘提高利润水平的潜力，可以用该项指标与本企业的前期、与计划、与本行业平均水平和本行业内先进企业进行对比，分析形成差异的原因。影响资产收益率高低的因素主要有：产品的价格、单位成本的高低、产品的产量和销售的数量、资金占用时的大小等。

可以利用资产收益率来分析经营中存在的问题，提高销售利润率，加速资金周转。

2.资本收益率

(1)资本收益率的计算公式

资本收益率是企业净利润与实收资本之比，其计算公式为：

$$资本收益率=\frac{净利润}{实收资本}\times 100\%$$

公式中的净利润，可由利润表中获得，而实收资本可由资产负债表中取得(股份公司的实收资本为股本)。

(2)对资本收益率的分析

资本收益率反映了企业运用投资者投入资本获得收益的能力。该项指标越高，表明企业盈利能力越强。

股份制企业除了以上介绍的几种衡量企业盈利能力的主要指标外，还有每股盈利、市盈率、股利收益率等指标。

五、企业信用评估

(一)企业信用评估

企业信用评估是在充分利用企业信用数据及其他部门的重要信用信息的基础上,根据企业的登记信息、年检情况、经营状况、荣誉信息、资信等级和守法情况,采用企业信用评价的技术标准和数学模型,区分不同行业、不同企业类型,按照评价指标的标准值和指标权重,对企业进行信用等级评价。

(二)企业信用评估方法

为了客观评价企业的信用状况,应当采用静态分析与动态分析相结合、定量分析与定性分析相结合、微观与宏观分析相结合的评级方法。

1.静态分析与动态分析相结合

评级的准确性依赖于评级资料的真实性和全面性、评级体系的完整性和科学性,并需考察众多的政治经济因素,而这些因素是不断变化的,需要将其及时地反映在企业的信用状况中。评级要全方位地考察历史数据,并结合企业的发展规划、企业所处环境的变化动态地分析企业信用状况。

2.定量分析与定性研究相结合

评级以定量分析方法为基础,但不仅局限于定量方法,需要定性分析相结合。定量分析主要采用数据模型的方法,主要考察企业的内部因素,如偿债能力、财务效益、发展能力等就是以定量分析为主,依靠企业财务数据,根据其所属的行业,用一套较为有针对性的指标来计算;定性分析主要采用打分法,重点考察企业的外部因素,如组织形式、发展战略、发展前景等存在诸多差异,简单用定量指标是很难作出公正、科学的评价,特别是有些非财务因素无法量化计算,必须进行定性判断,也即客观评价方法与主观评价方法相结合。

3.微观分析与宏观分析相结合

评级时,既要从微观上考察企业的生产经营状况、偿债能力、财务状况、经济效益、资金营运能力等,又要从宏观角度,研究企业的发展前景,行业发展状况,以及在国民经济中的地位、作用、社会效益等。

(三)企业信用评估原则

1.公正性原则

公正的原则是评级人员必须遵守的最基本的原则。只有坚持公正的原则,才能得到社会的信任,评级结果才能得到社会的承认。

2.独立性原则

独立性原则是开展评级业务的基础,独立自主、实事求是的评估企业的状况,确定企业的信用等级。

3.客观性原则

在评级前，评估人员通过实地调查，了解企业的状况，对有关材料进行去粗取精、由表及里的综合分析，并进行认真细致地测算，保证评级结果的客观可靠。

4.科学性原则

评级工作的规范、标准、程序、方法是否科学、合理，对评级结果有着重大的影响。要根据受评企业的情况，采用定量分析和定性分析相结合的方法，在注重考察企业静态分析的同时，重视企业的动态分析，并结合企业所处行业发展的状况和企业未来的现金流量状况，综合评价企业的状况，确定企业的信用等级。

(四)企业信用评估流程

企业信用评估工作操作流程是指在进行企业信用评估业务时所遵循的操作步骤，操作流程包括：接受评级申请、资料收集、实地调研、分析评估、信用等级确定、信用等级发布、跟踪监测等七个阶段。详见图 5-1。

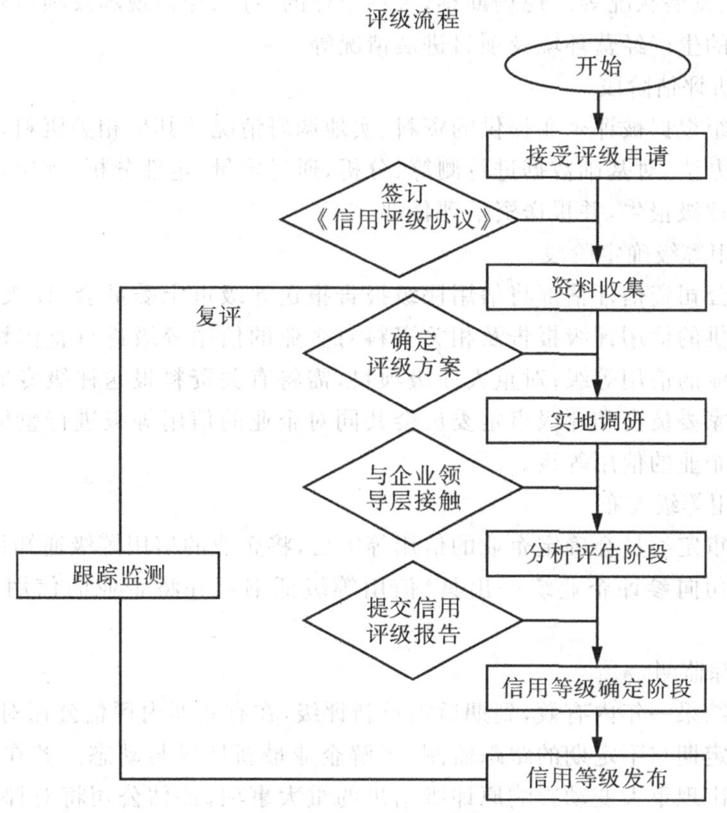

图 5-1 企业信用评估流程图

1.接受评级申请

被评企业向评估公司提出评级申请，双方经过初步了解，在相互信任的基础上达成委托，并签订《信用评级协议》，委托关系正式确立。

2.资料收集

在签订《信用评级协议》后由评估公司进行评级，评估公司委派评级组进行评级，评级组向被评企业发出《信用评级资料清单》，被评企业按《信用评级资料清单》的有关内容要求准备资料。在被评企业提供的资料及公开信息的基础上，评级组进行前期研究，并向企业要求提供补充的资料，制定评级方案，并提交评估公司审核确定评级方案。

3.实地调研

在评级方案确定后，评级组对被评企业进行实地调研。评级组成员与企业的主管领导和有关部门管理人员座谈，了解企业基本状况、竞争情况、财务状况、管理状况、发展状况等。现场勘察，考察企业的生产、经营现场及项目建设现场，了解企业的生产经营环境及项目进展情况等。

4.分析评估阶段

评级组根据被评企业提供的资料、实地调研情况及其他相关资料，依据信用评级评价办法，对基础数据进行测算、分析，通过定量、定性分析，评定信用等级，撰写信用评级报告，并报送资信评估部。

5.信用等级确定阶段

评估公司资信评估部将信用评级报告报送评级审定委员会，评级审定委员会根据提供的信用评级报告及相关资料对企业的信用等级进行整体评价，并最终确定企业的信用等级；对重大评级项目，需将有关资料报送评级专家委员会，由评级专家委员会和评级审定委员会共同对企业的信用等级进行整体评价，并最终确定企业的信用等级。

6.信用等级发布

评级审定委员会确定企业的信用等级后，将企业的信用等级通知评估公司，由评估公司向参评企业统一出具《信用等级证书》，并将企业的信用等级通知企业。

7.跟踪监测

评级结果一年内有效，到期后需重新评级，在有效期内评估公司对已评定的企业实施定期与不定期的跟踪监测，了解企业最新情况与动态。若在有效期内评级企业出现重大变动影响原评级结果的重大事项，评估公司将对评级企业进行复评。

案例

某商业银行企业信用评分表

指　标	分　数	得　分	计算公式
一、企业经营者素质	10		
经历	2		
业绩	2		
信誉	3		
能力	3		
二、企业经济实力	15	（资不抵债企业不给分）	
1.净资产	8		
0～50万元	2		
51万～100万元	4		
	6		
	8		
2.固定资产净值在建工程＋长期投资	7		
50万以下	2		
51万～200万元	4		
	5		
	7		
三、企业资金结构	30		
资产负债率	6		资产负债率＝负债/资产
流动比率	8		流动比率＝流动资产/流动负债
速动比率	8		速动比率＝速动资产/流动负债
应收账款周转率	4		应收账款周转率＝销售收入净额/平均应收账款余额
存货周转率	4		存货周转率＝销售成本/平均存货
四、企业经营效益	35		
销售净利率	7		销售净利率＝净利润/销售收入×100％
营业利润率	8		营业利润率＝营业利润/销售收入×100％

续表

指　标	分　数	得　分	计算公式
资产利润率	10		资产利润率＝净利润/平均资产总额×100％
资本利润率	10		资本利润率＝净利润/实收资本×100％
五、企业发展前景	10		
1.主要产品寿命周期	4		
A			
B			
C			
2.新产品和商品经营开发能力	4		
3.市场预期影响	2		
4.商业企业销售环境（商业流通企业）	4		
企业等级	参数分值		
AAA	(85～100)		
AA	(75～84)		
A	(60～74)		
BB	(45～59)		
B	(0～44)		

第四节　商业银行个人贷款

一、个人住房贷款

(一)个人购置住房贷款

个人购置住房贷款是商业银行向借款人发放的用于购买自用普通住房的贷款。

1.贷款用途

借款人用于购买自用普通住房。

2.贷款对象

具有完全民事行为能力的中国公民,在中国大陆有居留权的具有完全民事行为能力的港澳台自然人,在中国大陆境内有居留权的具有完全民事行为能力的外国人。

3.贷款条件

(1)有合法的身份;

(2)有稳定的经济收入,信用良好,有偿还贷款本息的能力;

(3)有合法有效的购买、大修住房的合同、协议以及商业银行要求提供的其他证明文件;

(4)有所购住房全部价款 20%以上的自筹资金,并保证用于支付所购住房的首付款;

(5)有商业银行认可的资产进行抵押或质押,或(和)有足够代偿能力的法人、其他经济组织或自然人作为保证人;

(6)商业银行规定的其他条件。

4.贷款额度

最高为所购住房全部价款或评估价值(以低者为准)的 80%。

5.贷款期限

一般最长不超过 30 年。

6.申请贷款应提交的资料

(1)个人住房借款申请书;

(2)身份证件复印件(居民身份证、户口簿、军官证、在中国大陆有居留权的境外、国外自然人为护照、探亲证、返乡证等居留证件或其他身份证件);

(3)商业银行认可的有权部门出具的借款人稳定经济收入证明或其他偿债能力证明资料;

(4)合法的购买住房合同、协议及相关批准文件;

(5)抵押物或质押权利清单及权属证明文件,有处分权人出具的同意抵押或质押的证明,商业银行认可的评估机构出具的抵押物估价报告书;

(6)保证人出具的同意提供担保的书面承诺及保证人的资信证明;

(7)商业银行的存款单据、凭证式国债单据等借款人拟提供给商业银行质押的有价证券;

(8)借款人用于购买住房的自筹资金的有关证明;

(9)房屋销(预)售许可证或楼盘的房地产权证(现房)(复印件);

(10)如果借款人的配偶与其共同申请借款,借款申请书上还要填写清楚配偶的有关情况,并出示结婚证和户口簿等;

(11)商业银行规定的其他文件和资料。

7.贷款流程

(1)提出申请。客户向商业银行提出书面借款申请,并提交有关资料。

(2)贷款调查。商业银行在受理借款申请后对借款人和保证人的资信情况进行调查。对不符合贷款条件的,商业银行在贷款申请受理后七个工作日内通知借款人。

(3)签订合同。借款申请人在接到商业银行有关贷款批准的通知后,到商业银行签订借款合同及担保合同,并视情况办理公证、抵押登记、保险等相关手续。

(4)开立账户。选用委托扣除款方式还款的客户需与商业银行签订委托扣款协议,并在商业银行指定的营业网点开立还款专用的储蓄存折账户或储蓄卡、信用卡账户。同时,售房人要在商业银行开立售房结算账户或存款专户。

(5)发放贷款。经商业银行同意发放的贷款,办妥有关手续后,商业银行按照借款合同约定,将贷款直接转入借款人在商业银行开立的存款账户内,或将贷款一次或分次划入售房人在商业银行开立的存款账户内。

(6)按期还款。借款人按借款合同约定的还款计划、还款方式偿还贷款本息。可选择的还款方式有委托扣款和柜面还款两种方式。

(7)贷款检查。在合同期内,商业银行有权对借款人的收入状况、抵押物状况进行监督,对保证人的信誉和代偿能力进行监督,借款人和保证人应提供协助。

(8)贷款结清。贷款结清包括提前结清和正常结清两种。提前结清是指贷款到期日(一次性还本付息类贷款)或贷款最后一期(分期偿还类贷款)前结清贷款;正常结清指在贷款到期日(一次性还本付息类)或贷款最后一期(分期偿还类贷款)结清贷款。

提前结清贷款,借款人须在清偿应付各项款项后,提前10个工作日商业银行提出提前结清申请。贷款结清后,借款人从商业银行领取“贷款结清证明”,取回房地产权属抵押登记证明文件及保险单正本,并持商业银行出具的“贷款结清证明”到原抵押登记部门办理抵押登记注销手续。

(二)个人住房公积金贷款

个人住房公积金贷款是商业银行接受住房公积金管理部门委托,用住房公积金发放的个人住房贷款。

1.贷款用途

借款人用于购买自用普通住房。

2.贷款对象

具有完全民事行为能力且按时足额缴存住房公积金的职工。

(三)个人商业用房贷款

个人商业用房贷款是商业银行向借款人发放的用于购买商业用房的贷款。

1.贷款用途

支持个人购买商业用房住房。

2.贷款对象

具有完全民事行为能力的中国公民，在中国大陆有居留权的具有完全民事行为能力的港澳台自然人，在中国大陆境内有居留权的具有完全民事行为能力的外国人。

(四)个人二手房贷款

个人二手房贷款是商业银行向借款人发放的用于购买二手房的贷款。

1.贷款用途

用于支持个人在住房二级市场购买各类型住房(俗称"二手房")。

2.贷款对象

具有完全民事行为能力的中国公民，在中国大陆有居留权的具有完全民事行为能力的港澳台自然人，在中国大陆有居留权的具有完全民事行为能力的外国人。

(五)个人住房组合贷款

个人住房组合贷款是商业银行向按时足额缴存住房公积金的职工发放的住房公积金贷款和个人住房商业贷款。它是商业银行信贷资金与住房公积金相配套的一种形式，用于支持按时足额缴存住房公积金的职工购买各类型住房。

1.贷款用途

支持按时足额缴存住房公积金的职工购买各类型住房。

2.贷款对象

按时足额缴存住房公积金的职工。

(六)个人住房装修贷款

个人住房装修贷款是指商业银行向个人客户发放的用于装修自用住房的贷款。贷款的用途可用于支付家庭装潢和维修工程的施工款、相关的装潢材料款、厨卫设备款等。

二、个人汽车贷款

个人汽车贷款是商业银行对购买汽车的自然人发放的贷款。

1.贷款用途

用于支持个人购买汽车。

2.贷款对象

年龄在18周岁以上，具有完全民事行为能力的公民；具有合法身份证件，有当地常住户口或有效居住证件。

3.贷款条件

(1)要具有稳定的职业和经济收入或易于变现的资产，足以按期偿还贷款本息；

(2)要有足以支付商业银行规定的购车首付款；

(3)要提供商业银行认可的担保；

(4)商业银行规定的其他条件。

4.贷款期限及利率

根据客户资信情况和所购车辆的用途，个人汽车贷款期限可不同。其中，所购车辆用于出租营运、汽车租赁、交通运输等经营用途的，最长期限为5年(含5年)，用于货运的最长为3年(含3年)。贷款利率按照人民银行规定的同期贷款利率执行，并允许按照人民银行规定实行上浮或下浮。

5.贷款额度

(1)按商业银行的个人信用评定办法达到A级以上的客户，可以所购车辆作抵押申请汽车贷款，贷款额度最高为所购车辆销售款项的80%。

(2)借款人以商业银行认可的国债、金融债券、国家重点建设债券、商业银行出具的个人存单进行质押的，贷款额度最高为质押凭证价值的90%。

(3)借款人以房屋、其他地上定着物或依法取得的国有土地使用权作抵押的，贷款额度最高为抵押物评估价值的70%。

(4)保险公司提供分期还款保证保险的，贷款额最高为汽车销售款项的80%；购买再交易车辆的贷款额度最高为其评估价值的70%。

(5)提供第三方连带责任保证方式(银行、保险公司除外)的，按照商业银行的个人信用评定办法为借款人(或保证人)设定贷款额度，且贷款额度最高为汽车销售款项的80%；购买再交易车辆的，贷款额度最高为其评估价值的70%。

6.贷款程序

(1)提出申请。客户向商业银行提出书面借款申请，并提交有关资料。

贷款申请书；有效身份证件；职业和收入证明以及家庭基本情况；担保所需的证明或文件；通过经销商申请贷款时还需提供购车合同或协议；商业银行要求提供的其他条件。

(2)贷款调查。商业银行在受理借款申请后对借款人和保证人的资信情况进行调查。对不符合贷款条件的，商业银行在贷款申请受理后七个工作日内通知借款人。

(3)签订合同。对符合贷款条件的，商业银行将提出贷款额度、期限、利率等具体意见，及时通知借款人办理贷款担保手续，签订《汽车消费借款合同》。

(4)开立账户。选用委托扣除款方式还款的客户需与商业银行签订委托扣款协议，并在商业银行指定的营业网点开立还款专用的储蓄存折账户或储蓄卡、信用卡账户。

(5)发放贷款。经商业银行同意发放的贷款，办妥有关手续后，商业银行按照借款合同约定，将贷款款项划转至经销商账户。

(6)办理牌照。购车后，由经销商协助借款人到相关部门办理缴费及领取牌照等手续。借款人以所购车辆作抵押的，其保险单、购车发票等凭证在贷款期间由商业银行保管。

(7)贷款检查。在合同期内，商业银行有权对借款人的收入状况、抵押物状况进行监督，对保证人的信誉和代偿能力进行监督，借款人和保证人应提供协助。

(8)贷款还款。个人客户通过当地的商业银行储蓄网点于还款日(结息日)前将当期应还款项存入信用卡或储蓄卡，由经办行划收。

个人汽车贷款实行等额本息还款法、等额本金还款法、等额(等比)累进还款法等多种还款方式。贷款期限在1年以内(含1年)的，也可以实行到期一次还本付息、利随本清。借款人提前归还贷款本息的，应当提前一个月通知商业银行，并征得商业银行的同意。借款本息偿还完毕，所签订《汽车消费借款合同》自行终止。商业银行在合同终止30日内办理抵押登记注销手续，并将物权证明等凭证退还给借款人。

三、个人消费额度贷款

1.贷款对象

年满十八周岁，具有完全民事行为能力的中国公民。

2.贷款种类

借款人提供商业银行认可的质押、抵押、第三方保证或具有一定信用资格后，可以获得相应质押额度、抵押额度、保证额度和信用额度。抵押额度、质押额度的有效期为5年，保证额度、信用额度的有效期为2年。借款人同时申请两种以上额度的，总额度有效期按照期限最短的额度核定。

3.贷款额度

质押额度不超过质押权利价值的90%；抵押额度不超过抵押物价值的70%；保证额度、信用额度分别按照保证人和借款人的信用等级核定。

4.贷款支用

借款人支用贷款，应持本人有效身份证件和额度借款合同，填写额度贷款支用单，商业银行审核同意后，将贷款资金划转至借款人活期储蓄存折账户或银行卡。

5.贷款偿还

期限在一年以内的贷款，实行到期一次还本付息，一年以上的贷款实行按月付息，分次任意还本的方式归还。

6.申请贷款流程(详见图 5-2)

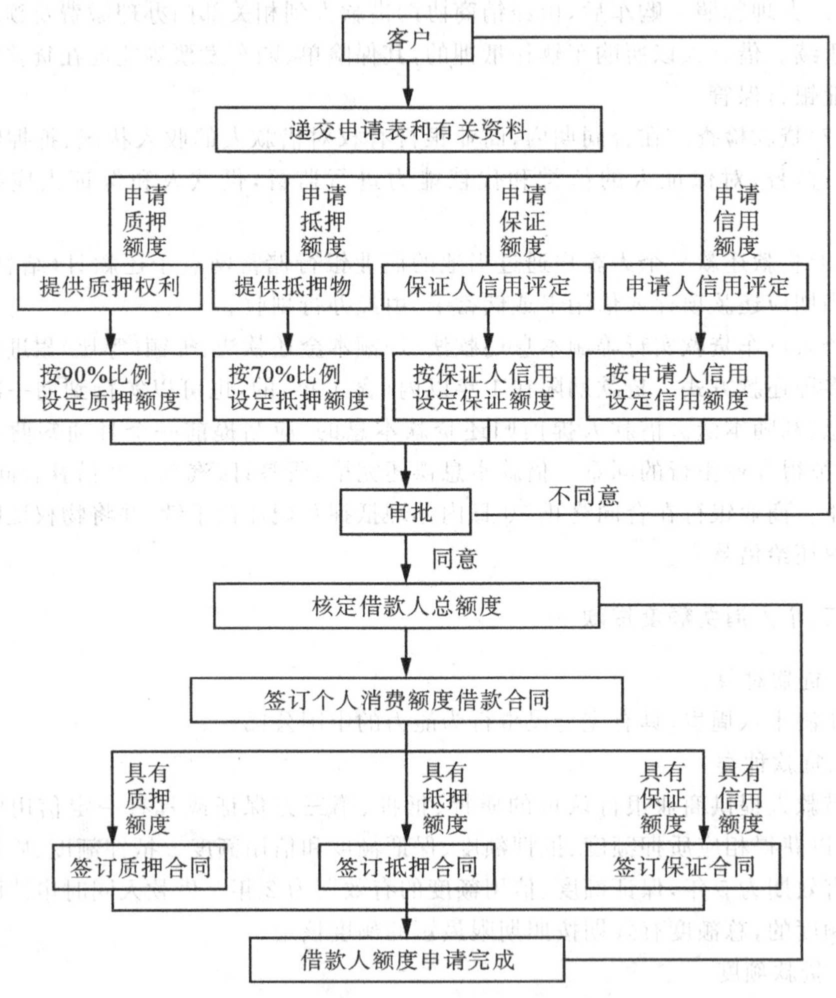

图 5-2 个人消费额度贷款流程图

(1)借款人持有效身份证件、质押、抵押、保证人担保的证明文件到商业银行填写申请表。商业银行对借款人担保，信用等情况进行调查后，在 15 日内答复借款人。

(2)借款人的申请获得批准后,与商业银行签订借款合同和相应的担保合同。

(3)借款人在额度有效期内,填写贷款支用单支用贷款。商业银行审核后在5个工作日内将贷款资金划转至约定账户中。

(4)借款人在额度有效期内可循环使用贷款,其可用额度为银行的核定的额度与额度项下各笔贷款本金余额之差。借款人每次支用贷款后,可用额度相应扣减,借款人每次归还贷款本金后,可用额度相应增加。

(5)借款人在额度有效期满前,应偿清额度项下贷款全部本息,并在偿清贷款本息后20日内到商业银行办理抵押、质押登记注销手续,借款人与商业银行签订的《借款合同》自行终止。

四、国家助学贷款

国家助学贷款是指商业银行向大专院校的学生发放的用于支付在校期间的学费和生活费的贷款。

1.贷款用途

用于借款人支付在校期间的学费和生活费。

2.贷款条件

(1)具有完全民事行为能力;

(2)诚实守信、遵纪守法,无违法违纪行为;

(3)学习成绩较好,能够正常完成学业;

(4)在校期间所获得的收入不足以支付完成学业所需基本费用(包括学费、基本生活费);

(5)严格遵守国家、商业银行以及国家助学贷款的各项规定,承诺正确使用所贷款项并按规定履行还贷义务;

(6)符合中国人民银行公布的《贷款通则》规定的其他条件。

3.贷款额度

贷款额度=所在学校收取学费+所在城市规定基本生活费-个人可得收入(包括家庭提供的收入、社会等其他方面资助的收入)

其中:学费贷款金额最高不超过借款学生所在学校学费收取标准;生活费贷款金额最高不超过学校所在地区基本生活费标准。

由于各学校学费和各地区基本生活费标准不同,学生贷款的最高数额也不完全相同。一般情况下,学生通过申请国家助学贷款,每年可得6 000元左右的贷款。

4.贷款期限

借款学生毕业后视就业情况，在 1～2 年后开始还贷，6 年内还清。借款学生本科毕业后继续攻读研究生及第二学位的，在读期间贷款期限相应延长，贷款本息在研究生及第二学位毕业后四年内还清。商业银行根据学生申请，具体确定每笔贷款的期限。

5.贷款担保

国家助学贷款的担保可以是保证担保、抵押担保、质押担保和信用助学贷款四种形式。信用助学贷款（无担保助学贷款）是指在校大学生通过所在学校提供贷款介绍人和借款学生自行提供见证人，以信用方式向商业银行申请发放的助学贷款。

介绍人指学校负责助学贷款的部门（如学生处等），其职责是：为借款学生联系，介绍贷款银行；向贷款银行集中推荐借款学生的贷款申请；根据贷款银行的要求，负责了解借款学生有关情况；负责建立、更新和管理借款学生的地址和有关联系方式等信用档案；银行与学校协议中约定的相关事宜。

见证人是指与借款学生关系密切的自然人（如借款学生的班主任、专职辅导员、系主任或同班同学），其职责是：协助介绍人和贷款银行全面了解借款学生的最新有效通讯方式。

6.贷款发放

国家助学贷款实行一次申请、一次授信、分期发放的管理方式。所贷学费贷款分年发放、基本活生费贷款每年发放 12 个月，可采取按年一次发放或按月发放的办法。学费贷款由商业银行按学年直接划入学校指定的账户，基本生活费贷款由商业银行直接划入借款学生在贷款行开立的银行卡或在储蓄所开立的活期账户。

7.还款方式

借款学生和商业银行应在签订借款合同时约定还款方式和还款时间。采取灵活的还本付息方式，可提前还贷，或利随本清，或分次偿还（按年、按季或按月），具体方式由贷款人或借款人商定并载入合同，还款时间最迟在毕业后第一年开始。学生所借贷款本息应当在毕业后 6 年内还清。

8.停止发放贷款情况

借款学生有以下行为之一的，商业银行可停止发放贷款，要求借款学生和保证人偿还学生借款本息，或依法处理抵押品、物质，清偿贷款本息。

(1)借款学生未按合同规定的用途使用贷款的；

(2)借款学生有违法乱纪行为，受校方行政处分或有关部门刑事处罚的；

(3)借款学生未按计划偿还学生贷款本息的;

(4)借款学生中途退学、被校方开除或取消学籍的;

(5)学习成绩差,无法完成学业的;

(6)出国留学或定居的;

(7)担保人丧失担保能力,没有及时通知商业银行,需重新提供担保措施的。

9.违约处罚

商业银行对违约的借款人有权采取按合同约定采取停止发放贷款、提前收回贷款本息等措施。借款学生不能按期偿还贷款本息的,按中国人民银行有关规定计收罚息。商业银行定期在公开报刊及有关信息上公布助学贷款违约比例和违约借款人姓名、身份证号及违约行为,同时公布其担保人姓名;依法追究违约借款人及担保人的法律责任。介绍人、见证人不负连带责任。

10.贷款流程

国家助学贷款流程如图 5-3 所示。

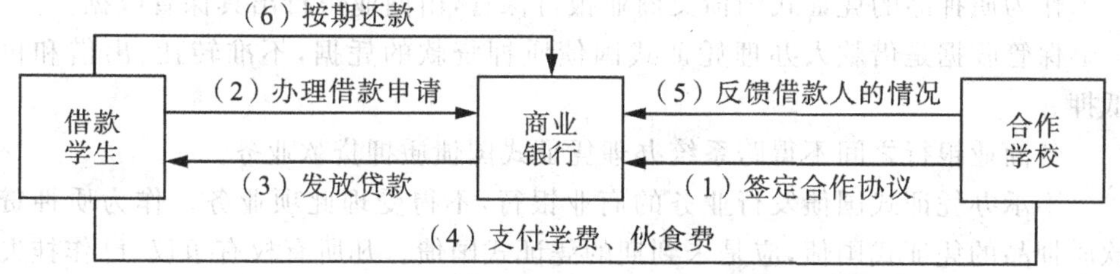

图 5-3 国家助学贷款流程示意图

步骤说明:

(1)商业银行与大专院校签订《个人助学贷款合作协议》;

(2)贷款学生备齐贷款材料,到商业银行贷款经办网点提出申请,办理借款手续(包括与银行签订个人助学借款合同以及保证合同);

(3)商业银行向客户发放贷款;

(4)借款人以贷款支付学杂费、生活费;

(5)大专院校应与商业银行合作,反馈贷款学生的情况;

(6)客户每月按时将款项存入商业银行储蓄卡或通存通取活期储蓄存折等,商业银行执行扣款。

五、个人质押贷款

(一)凭证式国债质押贷款

凭证式国债质押贷款是指借款人以未到期的凭证式国债作质押,从商业银行取得贷款，到期归还贷款本息的一种贷款业务。

1.贷款额度

贷款额度起点为 5 000 元，每笔贷款应不超过质押品面额的 90%。

2.贷款期限

由商业银行与借款人自行商定，但最长不得超过凭证式国债的到期日。若用不同期限的多张凭证式国债作质押，以距离到期日最近者确定贷款期限。

3.贷款申请

办理质押贷款业务时，借款人应向其原认购国债银行提出申请，经对申请人的债权进行确认并审核批准后，由借贷双方签订质押贷款合同。借款人申请办理凭证式国债质押贷款业务时，必须持本人名下的凭证式国债和能证明本人身份的有效证件。使用第三人的凭证式国债办理质押业务的，需以书面形式征得第三人同意，并同时出示本人和第三人的有效身份证件。

4.贷款有关规定

作为质押品的凭证式国债交商业银行保管，由商业银行出具保管收据。

保管收据是借款人办理凭证式国债质押贷款的凭据，不准转让、出借和再抵押。

各商业银行之间不得跨系统办理凭证式国债质押贷款业务。

不承办凭证式国债发行业务的商业银行，不得受理此项业务。作为质押贷款质押品的凭证式国债，应是未到期的凭证式国债。凡所有权有争议、已作挂失或被依法止付的凭证式国债，不得作为质押品。

(二)存折质押贷款

存折质押贷款是指借款人以未到期的存折作质押，从商业银行取得贷款，到期归还贷款本息的一种贷款业务。

1.贷款额度

贷款金额按存折面值的 80%计算，一般每笔最低为 1 000 元，最高可达 10 万元。

2.贷款期限

贷款时间不得超过抵押存折的到期日，若以多张存折抵押，以距离到期日最近者确定贷款期限，期限最长可达一年。

3.贷款利率

贷款利率按现行同档次流动资金贷款利率执行。贷款期限不满半年的按半年期利率确定，满半年不满一年的按一年期利率确定，利随本清。

第五节　商业银行企业贷款

一、企业流动资金贷款

（一）企业流动资金贷款定义

企业流动资金贷款是商业银行为满足企业客户在生产经营过程中临时性、季节性的资金需求，保证生产经营活动的正常进行而发放的贷款。

（二）企业流动资金贷款种类

1.企业流动资金贷款按贷款币种可分为人民币流动资金贷款和外币流动资金贷款。

2.按贷款期限可分为临时流动资金贷款、短期流动资金贷款和中期流动资金贷款：

临时流动资金贷款：期限在3个月(含)以内，主要用于企业一次性进货的临时性资金需要和弥补其他支付性资金不足。

短期流动资金贷款：期限3个月至1年(不含3个月，含1年)，主要用于满足企业正常生产经营周转资金需要。

中期流动资金贷款：期限1～3年(不含1年，含3年)，主要用于满足企业正常生产经营中经常占用资金需要。

3.按偿还方式可分为循环贷款和整贷零偿贷款

循环贷款：客户可在核定的贷款额度内，根据需要随时提款、循环使用的贷款。

整贷零偿贷款：客户可一次提款、分期偿还的贷款。

（三）企业流动资金贷款条件

1.借款人应是经工商行政管理机关(或主管机关)核准登记注册、具有独立法人资格的企业，其他经济组织和个体工商户。

2.遵守国家的政策法规和银行的信贷制度，在国家政策允许的范围内生产、经营。

3.经营管理制度健全，财务状况良好，资产负债率符合银行的要求。

4.具有固定的生产、经营场地，产品有市场，生产经营有效益，不挤占挪用信贷资金，恪守信用。

5.在银行开立了基本账户或一般存款账户，并领有当地人民银行核发的“贷款卡”，经营情况正常，资金运转良好，具有按期偿还贷款本息的能力。

6.应经过工商部门办理年检手续。

7.除国务院规定外，有限责任公司和股份有限公司对外股本权益性投资累计额未超过其净资产的50%。

申请中期流动资金贷款的企业还须同时具备以下条件：

1.信用等级标准评定为A级以上的企业；

2.规模较大，生产经营活动正常，资产负债率低于70%；

3.产品有市场，近三年产销率在95%以上；生产经营有效益，近三年不亏损；信誉好，不拖欠利息，贷款能按期归还；

4.不挤占挪用流动资金搞固定资产投资。

(四)企业流动资金贷款程序

1.借款人提出贷款申请，填写《借款申请书》，并按商业银行提出的贷款条件和要求提供有关资料。(若为新开户企业，应按有关规定，先与银行建立信贷关系。)一般情况下，商业银行要求提供的重要资料有：

(1)借款人及保证人的基本情况。

(2)经会计(审计)部门核准的上年度财务报告及申请借款前一期的财务报告。

(3)企业资金运用情况。

(4)抵押、质押物清单，有处分权人同意抵押、质押的证明及保证人。

(5)拟同意保证的有关证明文件。

(6)项目建议书和可行性报告。

(7)商业银行认为需要提供的其他资料。

2.商业银行收到贷款申请和有关资料后，对借款人的合法性、财务状况的真实性、借款用途等进行调查，了解借款人在本行业相关业务数据，核实借款人提供的担保形式是否可靠，预测借款人按期还本付息的能力，并在3个月内完成贷款的评估、审查工作，向申请人做出正式答复。

3.商业银行同意贷款后，与借款人签订借款合同。借款合同应当约定借款种类，借款用途、金额、利率、借款期限，还款方式，借、贷双方的权利、义务，违约责任和双方认为需要约定的其他事项；对于保证贷款还应由保证人与商业银行签订保证合同，或保证人在借款合同上写明与商业银行协商一致的保证条款，加盖保证人的法人公章，并由保证人的法定代表人或其授权代理人签署姓名；抵(质)押贷款应当以书面的形式由抵(质)押人与商业银行(抵〔质〕押权人)签订抵(质)押合同。

二、企业固定资产贷款

(一)企业固定资产贷款

企业固定资产贷款是指商业银行发放的,用于借款人新建、扩建、改造、开发、购置等固定资产投资项目的贷款。

(二)企业固定资产贷款种类

1.一般项目贷款

一般项目贷款是指企业客户因从事固定资产投资活动产生资金需求而向商业银行申请的贷款,按照贷款的不同用途,可分为基本建设贷款、技术改造贷款、科技开发贷款。

(1)基本建设贷款:是指用于经国家有权部门批准的基础设施、市政工程、服务设施和以外延扩大再生产为主的新建或扩建生产性工程等基本建设而发放的贷款。

(2)技术改造贷款:是用于现有企业以内涵扩大再生产为主的技术改造项目而发放的贷款。

(3)科技开发贷款:是指用于新技术和新产品的研制开发、科技成果向生产领域转化或应用而发放的贷款。

(4)商业网点贷款:是指商业、餐饮、服务企业,为扩大网点、改善服务设施、增加仓储面积等所需资金,在自筹建设资金不足时,而向商业银行申请的贷款。

2.并购贷款

并购贷款是指针对境内优势企业客户在改制、改组过程中,有偿兼并、收购国内其他企事业法人、已建成项目及进行资产、债务重组中产生的融资需求而发放的贷款。

3.临时周转贷款

临时周转贷款是指对商业银行已承诺贷款客户,在项目建设中采购设备或建筑材料,因计划安排资金暂时不能到位所发放的垫付性短期贷款。

4.外汇转贷款

外汇转贷款是指外国政府及金融机构(商业银行)向我国借款人提供并由国内商业银行转贷的贷款。贷款的对象、用途、金额、期限、利率等均由商业银行决定,通常带有一定优惠,如利率较低(一般为0.2%~0.3%,有的甚至为无息),期限较长(一般在10~40年间,并含有2~15年宽限期)。

(三)企业固定资产贷款条件

经工商行政管理机关(或主管机关)核准登记,实行独立核算的企业法人、事业法人和其他经济组织,均可以作为借款人向商业银行申请固定资产项目贷款。

但应具备以下条件：

1.在商业银行开设基本账户或一般存款账户。持有人民银行颁发的贷款卡；申请外汇固定资产贷款，须持有进口证明或登记文件。

2.信用状况好，偿债能力强，管理制度完善，对外权益性投资比例符合国家有关规定。

3.能够提供合法有效的担保。

同时，固定资产投资项目必须具备以下条件：

1.符合国家产业政策、信贷政策和银行贷款投向。

2.具有国家规定比例的资本金。

3.需要政府有关部门审批的项目，须持有批准文件。

(四)企业固定资产贷款程序

1.受理

商业银行办理贷款业务的分支行的公司业务部门(或相当于公司业务部门的市场营销部门)均可受理借款人固定资产贷款申请。客户的申请一般由客户的开户行受理和初审，并由该行对受理的贷款提出初步意见。

2.初审

固定资产贷款初审阶段主要审查内容是：贷款申请报告；项目批准文件；借款申请书；借款人近期报表情况；项目贷款条件。

3.评估

企业固定资产贷款项目的评估一般由商业银行信贷评估部门组织进行。根据贷款"三性"原则要求，运用定量与定性相结合的方法，对贷款进行全面和系统的评价，为贷款决策提供客观、公正和准确的依据。

(1)贷款项目评估的依据

a.国家产业和布局政策，财政税收政策，行业发展规划，国家和行业的可行性研究设计标准及参数；

b.中国人民银行和商业银行的信贷政策管理规定，商业银行的评估规定和参数；

c.政府有权部门对项目立项的批准文件，项目可行性研究报告及有权部门的论证意见；

d.借款人生产经营等有关资料；

e.中央和地方政府有关的城市建设规划、环境保护、消防、安全卫生、运输、劳动保护等有关法规和规定。

(2)评估应具备的基本条件

a.符合国家产业、产品布局和投资项目审批程序，可行性研究经权威部门论证；

b.符合国家产业布局政策、财政税收政策、行业发展规划以及国家和行业的可行性研究设计标准和参数；

c.符合中国人民银行和商业银行信贷管理规定、商业银行评估参数；

d.借款人的主要财务指标、项目资本金来源及比例符合国家和商业银行规定；

e.具备以下基本资料：借款人营业执照，公司章程，贷款证，借款申请书，借款人(出资人)最近三年的审计报告原件及随审计报告附送的资产负债表、利润表和现金流量表及其报表附注，借款人现有负债清单及信用状况，贷款担保意向或承诺，担保人营业执照、财务报表、或有负债状况，抵押(质押)物的情况说明等。

(3)评估的范围

凡申请银行固定资产贷款人民币500万元(含)以上、外汇贷款100万美元(含)以上的项目，均应进行评估；科技开发贷款不论贷款额大小，原则上都要进行评估；追加贷款额超过原承诺贷款30%的应重新进行评估。但符合以下条件之一的贷款可以不评估，只要提供贷款调查报告即可：

a.项目贷款总额在人民币500万元、外汇100万美元以下的；

b.以存款、可转让国家债券或金融券全额质押的项目贷款；

c.经具有相应审批权限的贷款审查委员会特批的。

4.审查审批

项目贷款评估报告完成后，评估部门要认真审查评估报告，并将评估报告提交信贷管理部门，信贷管理部门依据评估报告等资料进行贷款的审查审批。

5.发放贷款

贷款发放前，商业银行与借款人订立书面借款合同。借款合同由商业银行与借款人协商订立。在签订合同之前，借款人应当承诺以下要求：

(1)使用商业银行统一的借款合同文本；

(2)提供合法有效的担保，并根据需要办理或督促担保人办理登记或公证手续；

(3)准予商业银行参与项目设备和工程招标等工作；

(4)在还清商业银行的全部借款之前，向第三人提供担保的，应事先征得商业银行同意；

(5)借款合同履行期间，发生合并、分立、合资、股份制改造等产权变更或承包、租赁等经营方式改变的，应事先征得商业银行同意，并在落实贷款债务和提供相应担保后方可实施。

【本章小结】

1.贷款是指经国务院银行业监督管理机构批准的金融机构，以社会公众为服务对象，以还本付息为条件，出借的货币资金。贷款业务，是指经国务院银行业监督管理机构批准的金融机构所从事的以还本付息为条件出借货币资金使用权的营业活动。贷款当事人包括贷款人与借款人。贷款人是指在中国境内依法设立的经营贷款业务的商业银行。借款人是指从经营贷款业务的商业银行取得贷款的法人、其他经济组织、个体工商户和自然人。

2.借款人申请贷款应当具备一定基本条件。借款人为法人或其他组织的，应具备以下基本条件：

(1)依法办理工商登记的法人已经向工商行政管理部门登记并连续办理了年检手续；事业法人依照《事业单位登记管理暂行条例》的规定已经向事业单位登记管理机关办理了登记或备案；(2)有合法稳定的收入或收入来源，具备按期还本付息能力；(3)已开立基本账户、结算账户或一般存款账户；(4)按照中国人民银行的有关规定，应持有贷款卡(号)的，必须持有中国人民银行核准的贷款卡(号)；

借款人为自然人的，应具备以下基本条件：(1)具有合法身份证件或境内有效居住证明；(2)具有完全民事行为能力；(3)信用良好，有稳定的收入或资产，具备按期还本付息能力。

3.贷款程序包括：贷款申请；对借款人的信用等级评估；贷款调查；贷款审批；签订借款合同；贷款发放；贷后检查；贷款归还。

4.信用是指在商品交换过程中，交易一方以将来偿还的方式获得另一方的财、物或服务的能力。

5.信用风险是指在信用关系规定的交易过程中，交易的一方不能履行给付承诺而给另一方造成损失的可能性。

6.个人信用制度是指根据居民的家庭收入与资产、已发生的借贷与偿还、信用透支、发生不良信用时所受处罚与诉讼情况，对个人的信用等级进行评估并随时记录、存档，以便信用的供给方决定是否对其贷款和贷款多少的制度。

7.银行信贷登记咨询系统是以中国人民银行城市中心支行为数据节点，以人民银行内联数据网为网络基础，实时收集各商业银行和其他金融机构的信贷数据的大型计算机应用系统。银行信贷登记咨询系统对与银行有信贷业务关系的企事业单位和其他经济组织的信息进行管理，各金融机构按照人民银行的统一要求，将其对客户开办信贷业务中产生的信息(包括本外币贷款、银行承兑汇票、信用证、保函、担保，以及企业基本概况、财务状况和欠息、逃废债、经济纠纷等情况)，通过计算机通讯网络，传输到人民银行的数据库，金融机构可以向人民银行数据库查询所有与其有信贷业务关系的客户的有关资信状况，防范银行信贷风险。

8.贷款卡是中国人民银行发给借款人凭以向金融机构申请办理信贷业务的资格证明。中国人民银行统一为贷款卡编码，贷款卡编码唯一。贷款卡由借款人持有，有效期1年，在中华人民共和国境内通用。中国人民银行分支机构实施贷款卡发放核准行政许可，并对贷款卡的持有、使用进行监督管理。

9.企业财务报表分析内容包括：资产负债表分析、利润表分析、现金流量表分析。

10.企业财务比率分析内容包括：短期偿债能力分析、长期偿债能力分析、营运能力分析、盈利能力分析。

【关键名词】

贷款　贷款调查　贷款审批　贷后检查　信用　信用风险　个人信用制度　贷款卡　现金　现金流量

【复习与思考】

1.何谓贷款？何谓贷款业务？

2.借款人为法人，申请贷款应当具备哪些基本条件？借款人为自然人，申请贷款应当具备哪些基本条件？

3.商业银行贷款程序包括哪些步骤？

4.何谓信用？何谓信用风险？

5.建立个人信用制度有什么作用？

6.银行信贷登记咨询系统对防范信用风险有什么作用？

7.什么是贷款卡？如何使用？

8.如何对企业财务报表进行分析？

9.如何运用财务比率对企业财务状况进行分析？

第六章 商业银行中间业务

学习目的

▲了解商业银行中间业务定义、种类；
▲理解商业银行开展中间业务的意义；
▲掌握商业银行结算工具、结算方式；
▲掌握银行卡定义、分类、功能、当事人的权利与义务；
▲掌握商业银行代理类业务、担保类业务、承诺类业务、交易类业务、基金托管类业务、咨询顾问类业务的定义及业务种类；
▲掌握理财业务的定义及业务种类。

第一节 商业银行中间业务概述

2001 年 7 月 4 日，中国人民银行颁布了《商业银行中间业务暂行办法》，这一规定的出台，使得中间业务成为各家商业银行间激烈竞争的新领域，大力发展中间业务已成为商业银行现代化的重大标志之一。

一、商业银行中间业务定义

所谓中间业务，是指商业银行不运用或较少运用自己的资财，以中间人的身份替客户办理收付和其他委托事项，提供各类金融服务并收取手续费的业务。在商业银行业务中，无论是吸收存款形成的负债业务，还是发放贷款形成的资产业务，商业银行在这些交易中，总是直接作为信用活动的一方参与的。而在中间业务中，商业银行不再直接作为信用活动的一方，而是扮演中介或代理的角色为客户提供有偿服务。

近二三十年以来，世界各国商业银行的中间业务的急剧扩张，成为金融市场上一道新的风景线。中间业务，已从单一的办理结算、收付，扩大为包括担保、融资、管理、咨询、衍生金融工具等内容广泛的业务群体，在商业银行总收入中，中间业务的收入，也从微不足道的比重普遍上升到30%以上，有的商业银行中间业务的收入甚至已超过利息收入。

商业银行中间业务的兴盛，不仅是数量上的变化，更重要的反映了商业银行功能的变化。传统的银行主要是对社会资金的集聚、分配，以信用活动参与方的身份发挥着信用中介作用。当前商业银行与客户关系已由传统的双边信用交易关系发展到多边信用交易关系，商业银行只要恰当地运用与客户关系密切的资源，就可以用相对较小的成本来发展中间业务。

我国各家商业银行现在越来越注重开拓以代理业务为重点的中间业务，正利用在技术、信息、机构网络、信誉等方面的优势，积极为客户提供咨询、代理、担保、结算等中间业务服务。

二、商业银行发展中间业务的意义

(一)适应外部环境和形势的变化，拓展新的利润增长点

经国务院批准，中央银行从2004年1月1日起扩大金融机构利率浮动区间，在央行制定的贷款基准利率基础上，商业银行贷款利率的浮动区间上限扩大到贷款基准利率的1.7倍。由于我国商业银行的收入结构中存贷利差收入占到70%左右，伴随着利率市场化，商业银行存贷利差波动加大，甚至收窄，商业银行的利差收入很可能出现停滞、下降。2004年5月17日，证监会同意在深交所设立中小企业板，企业对银行传统的间接融资需求将呈现下降趋势。同时商业银行还要按照8%的资本充足率来控制资产规模。因此，为了适应国内外一系列的经营环境和形势的变化，只有大力发展中间业务，培育新的收入和利润增长点，才能保持商业银行经营的持续稳定。

(二)降低风险和经营成本，改善财务结构

长期以来，我国商业银行收入来源单一，利息收入占总收入的70%左右，商业银行经营风险集中且风险较大。发展中间业务，可以拓宽商业银行的融资渠道，如利用委托代理、银行卡等中间业务吸引资金，这部分低息、稳定的资金来源增加了商业银行的资金实力，对提高商业银行的经济效益，降低经营成本，改善财务结构起到了重要作用。此外，由于中间业务对资本金和营运资金的要求很少，有的根本不要求资本金或营运资金，这样既可以避开资本充足率的限制，又

增加了业务收入。

(三)发展中间业务,有利于稳定和促进存贷款等传统业务的发展

随着市场经济的发展,客户对商业银行服务的需求发生了显著的变化,简单的存贷和结算服务已不能满足客户的需求,如果一家商业银行不能满足其需求,不能提供多样化的服务,客户就会重新选择能提供全面服务的金融机构;反之,一家商业银行提供的金融产品和服务越全面,对客户的吸引力就越大,有利于与客户建立长期稳定的关系。因此,我国商业银行大力开拓中间业务,提供全方位、多样化服务,可以起到服务客户、联系客户,稳定客户的作用,稳定和促进传统业务的发展。

(四)发展中间业务,有利于增强国内商业银行国际竞争力

我国加入 WTO 后,国内金融市场将逐步对外资银行开放,外资银行由于具有先进的技术装备、优质的服务、效率快捷、服务领域广泛,因而经营中间业务具有很大优势,中间业务竞争形势将进一步加剧。国内商业银行应利用现有物质基础,拓宽中间业务范围,不断推出中间业务新品种,改变传统操作方式,更多地介入国际金融市场业务,加强与国际经济、金融界的联系,增强竞争能力。

三、商业银行中间业务分类

(一)支付结算类中间业务

支付结算类业务是指由商业银行为客户办理因债权债务关系引起的与货币支付、资金划拨有关的收费业务。

(二)银行卡业务

银行卡是由经授权的金融机构(主要指商业银行)向社会发行的具有消费信用、转账结算、存取现金等全部或部分功能的信用支付工具。

(三)代理类中间业务

代理类中间业务指商业银行接受客户委托、代为办理客户指定的经济事务、提供金融服务并收取一定费用的业务,包括代理政策性银行业务、代理中国人民银行业务、代理商业银行业务、代收代付业务、代理证券业务、代理保险业务、代理其他银行银行卡收单业务等。

(四)担保类中间业务

担保类中间业务指商业银行为客户债务清偿能力提供担保,承担客户违约风险的业务,主要包括银行承兑汇票、备用信用证、各类保函等。

(五)承诺类中间业务

承诺类中间业务是指商业银行在未来某一日期按照事前约定的条件向客户提供约定信用的业务,主要指贷款承诺,包括可撤销承诺和不可撤销承诺两种。

（六）交易类中间业务

交易类中间业务指商业银行为满足客户保值或自身风险管理等方面的需要，利用各种金融工具进行的资金交易活动，主要包括远期合约、金融期货、互换、期权等金融衍生业务。

（七）基金托管业务

基金托管业务是指有托管资格的商业银行接受基金管理公司委托，安全保管所托管的基金的全部资产，为所托管的基金办理基金资金清算款项划拨、会计核算、基金估值、监督管理人投资运作。包括封闭式证券投资基金托管业务、开放式证券投资基金托管业务和其他基金的托管业务。

（八）咨询顾问类业务

咨询顾问类业务指商业银行依靠自身在信息、人才、信誉等方面的优势，收集和整理有关信息，并通过对这些信息以及银行和客户资金运动的记录和分析，并形成系统的资料和方案，提供给客户，以满足其业务经营管理或发展的需要的服务活动。

（九）其他类中间业务

指保管箱业务以及其他不能归入以上八类的业务。

第二节　支付结算类业务

一、支付结算类业务定义

支付结算类业务是指由商业银行为客户办理因债权债务关系引起的与货币支付、资金划拨有关的收费业务。

二、主要结算工具

主要结算工具有：银行本票、银行汇票、商业汇票、支票。

（一）银行本票

1.银行本票定义

银行本票是银行签发的，承诺自己在见票时无条件支付确定的金额给收款人或者持票人的票据。

2.银行本票基本流程（见图6-1）

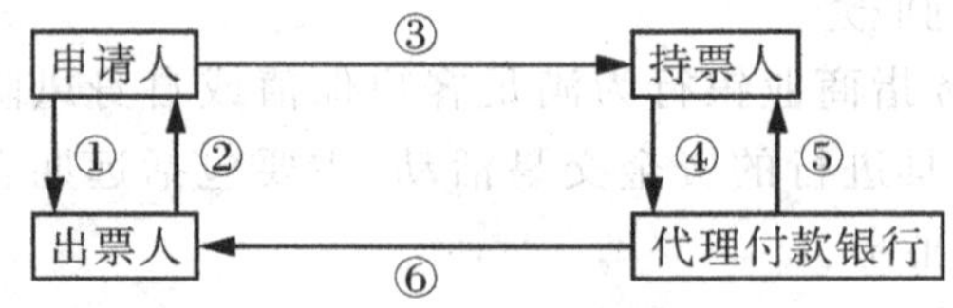

图 6-1 银行本票基本流程图

说明：

①申请人申请办理银行本票；

②出票银行签发银行本票；

③申请人将签开的银行本票交持票人：

④持票人向开户银行提示付款；

⑤代理付款银行通知持票人；

⑥代理付款银行向出票银行办理(清算资金)。

3.银行本票基本规定

(1)银行本票可以用于转账，注明“现金”字样的银行本票可以用于支取现金。

(2)银行本票分为不定额本票和定额本票。定额银行本票面额为 1 000 元、5 000 千元、10 000 元和 50 000 元。

(3)签发银行本票必须记载下列事项：

①表明“银行本票”的字样；

②无条件支付的承诺；

③确定的金额；

④收款人名称；

⑤出票日期；

⑥出票人签章；

欠缺记载上列事项之一的，银行本票无效。

(4)银行本票的提示付款期限为自出票日起最长不得超过 2 个月。

(5)银行本票可以在其票据交换区域内背书转让，但填明“现金”字样的银行本票不得背书转让。

(6)持票人超过提示付款期限不获付款的，在票据权利时效内向出票银行作出说明，提供本人身份证或单位证明及银行本票向出票行请求付款。银行本票丧失，失票人可以凭人民法院出具的其享有票据权利的证明，向出票银行请求付款或退款。

(7)在不能签发银行本票的机构开立账户的申请人需要使用银行本票，应将款项移交附近能够签发银行本票的机构办理。

(二)银行汇票

1.银行汇票定义

银行汇票是出票银行签发的,由其在见票时按实际结算金额无条件支付给收款人或持票人的票据。

2.银行汇票基本流程(见图 6-2)

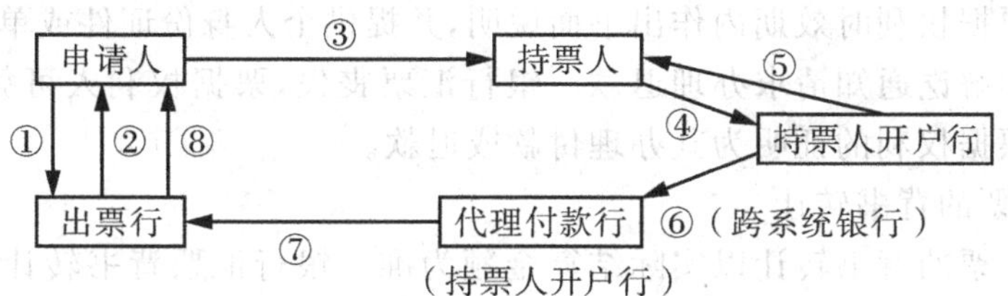

图 6-2 银行汇票基本流程图

说明:

①申请人申请签发银行汇票;

②出票行收妥款项后出票;

③申请人将银行汇票交收款人(持票人);

④持票人提示付款;

⑤持票人开户行收妥后入账;

⑥持票人开户行提交代理付款行;

⑦银行间清算资金;

⑧出票行将多余款退申请人。

3.银行汇票基本规定

(1)使用范围

可以用于单位或个人的各种款项结算。银行汇票可以用于转账,填明“现金”字样的银行汇票也可以用于支取现金。

(2)出票和兑付

银行汇票的出票和付款,限于经商业银行总行批准可以签发和兑付银行汇票业务的机构办理。跨系统银行签发的转账银行汇票的付款,须通过同城票据交换将银行汇票和解讫通知提交给同城跨系统签发行的代理机构审核支付后抵用。

(3)付款人和代理付款人

银行汇票的付款人是出票银行。银行汇票的代理付款人是代理出票银行审核支付银行汇票款项的机构。

(4)提示付款期限

银行汇票的提示付款期限为自出票日起一个月。

(5)汇票的付款和退款

持票人为单位的,不得向未开立存款账户的代理付款行申请付款;持票人不得提交未填明实际结算金额和多余金额的、实际结算金额更改的、实际结算金额超过出票金额的银行汇票。对超过提示付款期限未获付款的银行汇票持票人,可在两年票据权利时效期内作出书面说明,并提供个人身份证件或单位证明,持银行汇票和解讫通知请求办理退款。银行汇票丧失,票据权利人可凭法院出具的其享有票据权利的证明为其办理付款或退款。

(6)汇票的背书转让

银行汇票的背书转让以实际结算金额为准。银行汇票背书转让,背书人应在银行汇票背面签章,记载被背书人名称和背书日期。背书人为个人的,应为其本人的签名或盖章;背书人为单位的,签章应为该单位公章或财务专用章加法定代表人或者其授权代理人名章。

(三)商业汇票

商业汇票是出票人签发的,委托付款人在指定日期无条件支付确定的金额给收款人或持票人的票据商业。汇票按承兑人不同分为银行承兑汇票和商业承兑汇票。

1.银行承兑汇票

(1)银行承兑汇票定义

由银行承兑的商业汇票为银行承兑汇票。银行承兑汇票的付款人为承兑银行。

(2)银行承兑汇票基本流程(见图 6-3)

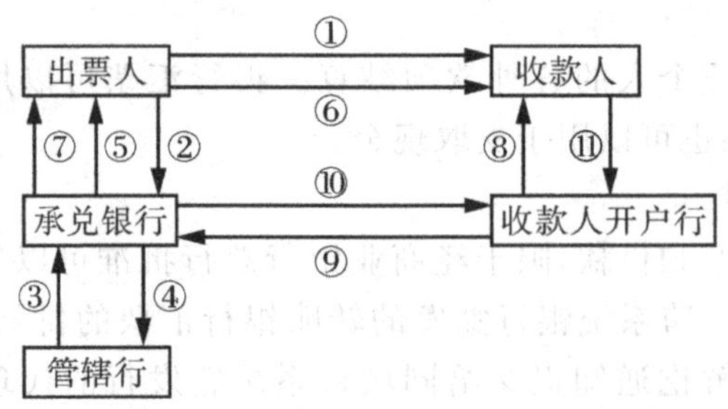

图 6-3 银行承兑汇票基本流程图

说明:

①出票人与收款人签订合同;

②出票人送交资料申请承兑；

③承兑银行报送上级行审批；

④同意办理或不同意办理；

⑤出票人与承兑银行签订承兑协议，盖章承兑并收费或退回有关资料；

⑥出票人交付票据；

⑦承兑银行到期收取票款；

⑧收款人到期委托银行收款；

⑨收款人开户行发出票据及委托收款凭证；

⑩承兑银行划回票据或拒绝付款；

⑪收款人开户行款项收妥或退回票据及拒绝证明。

(3)银行承兑汇票基本规定

①使用条件：在银行开立存款账户的法人以及其他组织之间，必须具有真实的交易关系或债权债务关系，才能使用银行承兑汇票。

②出票(签发)：应由在承兑银行开立存款账户的存款人签发。

③银行承兑汇票出票人的资格：在承兑银行开立存款账户的法人以及其他经济组织；与承兑银行具有真实的委托付款关系；资信良好，具有支付汇票金额的可靠资金来源。

④银行承兑汇票必须记载的事项：表明“银行承兑汇票”字样；无条件支付的委托；确定的金额；付款人名称；收款人名称；出票日期(必须使用中文大写)；出票人签章；欠缺记载上列事项之一的，银行承兑汇票无效。

⑤出票人提示承兑：银行承兑汇票出票人在出票后应向承兑行申请承兑后使用。

⑥承兑行承兑：付款人承兑银行承兑汇票，应当在汇票正面记载“承兑”字样和承兑日期并签章。付款人承兑银行承兑汇票，不得附有条件；承兑附有条件的，视为拒绝承兑。

⑦付款期限：银行承兑汇票的付款期限最长不得超过 6 个月.

⑧持票人提示付款期限：银行承兑汇票的提示付款期限为自汇票到期日起 10 日持票人应在提示付款期限内通过开户银行委托收款或直接向付款人提示付款。对异地委托收款的，持票人可匡算邮程，提前通过开户银行办理委托收款，提示付款日期以持票人向开户银行提交票据日期为准。超过提示付款期限的，持票人开户银行将不予受理。

⑨付款：银行承兑汇票的出票人应于汇票到期前将票款足额交存开户银行。承兑银行应在汇票到期日或到期日后的见票当日支付票款。银行承兑汇票的出票人于汇票到期日未能足额交存票款时，承兑银行除凭票向持票人无条件付款

外,对出票人尚未支付的承兑金额应按照每天5‰计收利息。

⑩挂失:银行承兑汇票丧失由失票人通知承兑银行挂失。

2.商业承兑汇票

(1)商业承兑汇票定义

由银行以外的付款人承兑的商业汇票为商业承兑汇票商业承兑汇票的付款人为承兑人。

(2)商业承兑汇票基本流程(见图6-4)

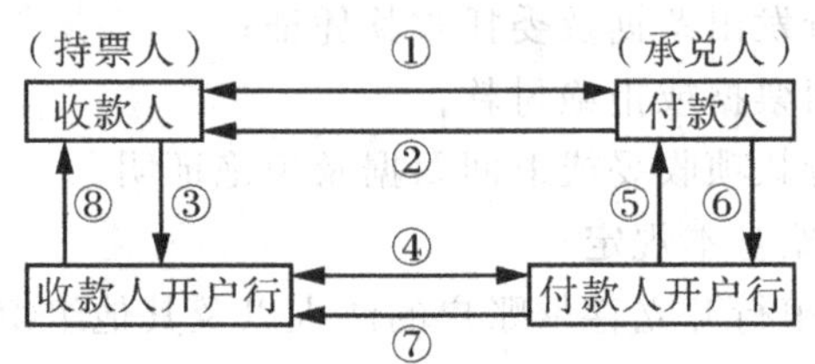

图6-4 商业承兑汇票基本流程图

说明:

①根据合同填制商业承兑汇票(由收款人出票的,应交付款人承兑);

②付款人盖章承兑并交付票据;

③收款人到期委托银行收款;

④收款人开户行发出票据及委托收款凭证;

⑤付款人开户行通知付款并交付票据;

⑥付款人承付款项或退回票据及拒绝付款证明;

⑦收款人开户行划回款项或退回票据及拒绝付款证明;

⑧收款人款项收妥或退回票据及拒绝付款证明。

(3)商业承兑汇票基本规定

①使用条件:在银行开立存款户的法人以及其他组织之间,必须具有真实的交易关系或债权债务关系,才能使用商业承兑汇票。

②出票(签发):商业承兑汇票可以由付款人签发并承兑,也可以由收款人签发交由付款人承兑。

③商业承兑汇票必须记载的事项:表明"商业承兑汇票"的字样;无条件支付的委托;确定的金额;付款人名称;收款人名称;出票日期(必须使用中文大写)。欠缺记载上列事项之一的,商业承兑汇票无效。

④提示承兑:商业承兑汇票可以在签发时向付款人提示承兑后使用,也可以在出票后先使用再向付款人提示承兑。商业承兑汇票的付款人接到出票人或持票人向其提示承兑的汇票时,应当向出票人或持票人签发收到汇票的回单,记明

汇票提示承兑日期并签章。付款人应当在自收到提示承兑的汇票之日起3日内承兑或者拒绝承兑。付款人拒绝承兑的，必须出具拒绝承兑的证明。

⑤承兑：付款人承兑商业承兑汇票，应当在汇票正面记载“承兑”字样和承兑日期并签章。付款人承兑商业承兑汇票，不得附有条件；承兑附有条件的，视为拒绝承兑。

⑥付款期限：商业承兑汇票的付款期限最长不得超过6个月。

⑦提示付款期限：商业承兑汇票的提示付款期限，自汇票到期日起10日。持票人应在提示付款期限内通过开户银行委托收款或直接向付款人提示付款。对异地委托收款的，持票人可匡算邮程，提前通过开户银行办理委托收款，提示付款日期以持票人向开户银行提交票据日期为准。超过提示付款期限的，持票人开户银行不予受理。

⑧挂失：商业承兑汇票丧失，由失票人向承兑人挂失。

(四)支票

1.支票定义

支票是由出票人签发的，委托办理支票存款业务的银行在见票时无条件支付确定金额给收款人或持票人的票据。出票人是签发支票的单位或个人，付款人是出票人的开户银行。

支票分为现金支票、转账支票和普通支票。现金支票只能用于支取现金；转账支票只能用于转账；普通支票可以用于支取现金，也可用于转账，在普通支票左上角划两条平行线的划线支票只能用于转账。

个人支票可用于在同城或票据交换地区的商品交易、劳务供应及其他款项的结算；可用于转账、支取现金，也可背书转让给第三人；可直接用于购物消费结账、购买机船车票、旅行和入住酒店等。

个人支票的特点：使用简单、即签即付，不受商户硬件设施限制，也无需找赎。支付金额起点为100元，付款期为10天，持票人应在支票签发日起10日内到出票行办理结算。

2.支票基本流程(以个人支票为例)

(1)个人支票申请

①申请人应持本人身份证、户口簿及预留图章到银行办理支票开户事宜，非本地常住户口居民申请，需有本地居民提供担保。

②申请支票开户时，须在储蓄柜台存入5 000元以上款项，或利用现有5 000元以上存款的个人储蓄账户，方可申办个人支票账户。

③申请支票开户要填写支票开户申请书，并附上个人身份证及户口簿复印件，预留个人图章印鉴和本人签名。

④填写空白重要凭证领用单，购买支票，并缴纳工本费。

(2)个人支票使用

①签发支票：必须使用墨水或碳素墨水笔，填写支票的下列内容：出票日期、付款人(开户行)名称、出票人账号、付款金额大小写、用途，并盖章签名。签发支票时，付款金额最低为 100 元。

②支票背书：收款人持票到银行收款时，需向银行出示本人身份证，并在支票背面背书。

③支票挂失：已签发的现金支票遗失，可在付款期内向付款银行申请挂失，如挂失前已支付，银行则不予受理。

④支票的领用与注销：存款人领用支票需填写"支票领用单"，并加盖预留银行的印鉴。账户结清时需将全部剩余空白支票交回开户行注销。

3.个人支票基本规定

①已签发的支票不能涂写，须按要求重新填写。

②严禁签发空头支票，即签票人签发支票的金额不得超过其在银行实有的存款额。注意：对于签发空头支票的，银行除退票外，将处以票面金额 5%，最低不少于 1 000 元的罚款，持票人还可要求签票人支付支票金额 2%的赔偿金。

③出票人不能签发与其预留银行印章不符的支票，使用电子变码印鉴的，不能签发支付密码错误的支票。

第三节 银行卡业务

一、银行卡定义及分类

(一)银行卡定义

银行卡是由经授权的金融机构(主要指商业银行)向社会发行的具有消费信用、转账结算、存取现金等全部或部分功能的信用支付工具。

(二)银行卡分类

银行卡按信用不同分为信用卡和借记卡。

1.信用卡按是否向发卡银行交存备用金分为贷记卡、准贷记卡两类。

(1)贷记卡是指发卡银行给予持卡人一定的信用额度，持卡人可在信用额度内先消费、后还款的信用卡。

(2)准贷记卡是指持卡人须先按发卡银行要求交存一定金额的备用金,当备用金账户余额不足支付时,可在发卡银行规定的信用额度内透支的信用卡。

2.借记卡按功能不同分为转账卡(含储蓄卡)、专用卡、储值卡、联名/认同卡。借记卡不具备透支功能。

(1)转账卡是实时扣账的借记卡。具有转账结算、存取现金和消费的功能。

(2)专用卡是具有专门用途、在特定区域使用的借记卡。具有转账结算、存取现金的功能。专门用途是指在百货、餐饮、饭店、娱乐行业以外的用途。

(3)储值卡是发卡银行根据持卡人要求将其资金转至卡内储存,交易时直接从卡内扣款的预付钱包式借记卡。

(4)联名/认同卡是商业银行与盈利性机构/非盈利性机构合作发行的银行卡附属产品,其所依附的银行卡品种必须是已经中国人民银行批准的品种,并应当遵守相应品种的业务章程或管理办法。发卡银行和联名单位应当为联名卡持卡人在联名单位用卡提供一定比例的折扣优惠或特殊服务;持卡人领用认同卡表示对认同单位事业的支持。

3.信用卡按币种不同分为人民币卡、外币卡。

4.信用卡按发行对象不同分为单位卡(商务卡)、个人卡。

5.信用卡按信息载体不同分为磁条卡、芯片(IC)卡。芯片(IC)卡既可应用于单一的银行卡品种,又可应用于组合的银行卡品种。

案例

中国工商银行银行卡——牡丹灵通卡[借记卡]

牡丹灵通卡是中国工商银行发行的,在其营业网点、ATM及特约单位联网终端使用的,以人民币结算的借记卡。作为工商银行为个人客户提供的最主要的服务介质,灵通卡以其灵活、方便、快捷的多样化服务手段为越来越多的客户所使用。

1.产品功能

存、取款:持卡人可凭卡和密码在中国工商银行遍布全国300多个城市的任何网点办理存、取款或在ATM机办理取款,真正体现"中国工商银行,您身边的银行"。

消费:持卡人可在工商银行特约单位购物消费后,凭卡和密码在销售点终端(POS)上转账结算,方便、快捷。

转账:持卡人凭卡和密码通过本地营业网点或ATM办理转账,安全而灵活。

中间代理业务:持卡人凭卡和密码在本地营业网点或ATM上办理交纳电费、交通罚没款等各类代付业务,也可办理银证通、基金买卖等业务。

2.如何申领灵通卡

客户凭有效身份证件可在工商银行营业网点申领灵通卡。申请条件为：须填写申请表，并确认遵守《中国工商银行牡丹灵通卡章程》，客户需开立活期储蓄存款账户并设定密码，开户时，10元起存，多存不限。

3.使用须知

持卡人使用牡丹灵通卡时，必须输入个人密码，并在联机条件下实时处理，其账户不能透支。

持卡人以办卡时的储蓄存款账户作为牡丹灵通卡基本账户，消费和取现时使用其基本账户。客户可凭牡丹灵通卡在ATM取现，每日累计金额为5 000元，取款次数不得超过5次。

牡丹灵通卡异地存款手续费0.5%，异地取款手续费1%，最高50元，最低1元。

二、银行卡当事人的权利与义务

(一)发卡银行的权利与义务

1.发卡银行的权利

(1)发卡银行有权审查申请人的资信状况，索取申请人的个人资料，并有权决定是否向申请人发卡及确定信用卡持卡人的透支额度。

(2)发卡银行对持卡人透支有追偿权。对持卡人不在规定期限内归还透支款项的，发卡银行有权申请法律保护并依法追究持卡人或有关当事人的法律责任。

(3)发卡银行对不遵守其章程规定的持卡人，有权取消其持卡人资格，并可授权有关单位收回其银行卡。

(4)发卡银行对储值卡和IC卡内的电子钱包可不予挂失。

2.发卡银行的义务

(1)发卡银行应当向银行卡申请人提供有关银行卡的使用说明资料，包括章程、使用说明及收费标准。现有持卡人亦可索取上述资料。

(2)发卡银行应当设立针对银行卡服务的公平、有效的投诉制度，并公开投诉程序和投诉电话。发卡银行对持卡人关于账务情况的查询和改正要求应当在30天内给予答复。

(3)发卡银行应当向持卡人提供对账服务，按月向持卡人提供账户结单。

(4)发卡银行向持卡人提供的银行卡对账单应当列出以下内容：

①交易金额、账户余额(贷记卡还应列出到期还款日、最低还款额、可用信用

额度);

②交易金额记入有关账户或自有关账户扣除的日期;

③交易日期与类别;

④交易记录号码;

⑤作为支付对象的商户名称或代号(异地交易除外);

⑥查询或报告不符账务的地址或电话号码。

(5)发卡银行应当向持卡人提供银行卡挂失服务,应当设立24小时挂失服务电话,提供电话和书面两种挂失方式,书面挂失为正式挂失方式。并在章程或有关协议中明确发卡银行与持卡人之间的挂失责任。

(6)发卡银行应当在有关卡的章程或使用说明中向持卡人说明密码的重要性及丢失的责任。

(7)发卡银行对持卡人的资信资料负有保密的责任。

(二)持卡人的权利与义务

1.持卡人的权利

(1)持卡人享有发卡银行对其银行卡所承诺的各项服务的权利,有权监督服务质量并对不符服务质量进行投诉。

(2)申请人、持卡人有权知悉其选用的银行卡的功能、使用方法、收费项目、收费标准、适用利率及有关的计算公式。

(3)持卡人有权在规定时间内向发卡银行索取对账单,并有权要求对不符账务内容进行查询或改正。

(4)借记卡的挂失手续办妥后,持卡人不再承担相应卡账户资金变动的责任,司法机关、仲裁机关另有判决的除外。

(5)持卡人有权索取信用卡领用合约,并应妥善保管。

2.持卡人的义务

(1)申请人应当向发卡银行提供真实的申请资料并按照发卡银行规定向其提供符合条件的担保。

(2)持卡人应当遵守发卡银行的章程及《领用合约》的有关条款。

(3)持卡人或保证人通信地址、职业等发生变化,应当及时书面通知发卡银行。

(4)持卡人不得以和商户发生纠纷为由拒绝支付所欠银行款项。

三、银行卡风险管理

(一)资信审查

信用卡业务办理中,发卡银行应当认真审查信用卡申请人的资信状况,根据申请人的资信状况确定有效担保及担保方式。应当对信用卡持卡人的资信状况进行定期复查，并应当根据资信状况的变化调整其信用额度。

（二）授权审批

发卡银行应当建立授权审批制度，明确对不同级别内部工作人员的授权权限和授权限额。发卡银行应当加强对止付名单的管理，及时接收和发送止付名单。

（三）风险控制

发卡银行应当遵守下列信用卡业务风险控制指标：

1.同一持卡人单笔透支发生额个人卡不得超过2万元（含等值外币），单位卡不得超过5万元（含等值外币）。

2.同一账户月透支余额个人卡不得超过5万元（含等值外币），单位卡不得超过发卡银行对该单位综合授信额度的3%。无综合授信额度可参照的单位，其月透支余额不得超过10万元（含等值外币）。

3.外币卡的透支额度不得超过持卡人保证金（含储蓄存单质押金额）的80%。

4.180天（含180天）以上的月均透支余额不得超过月均总透支余额的15%。

5.准贷记卡的透支期限最长为60天。

6.贷记卡的首月最低还款额不得低于其当月透支余额的10%。

（四）追偿途径

发卡银行可以通过下列途径追偿透支款项和诈骗款项：

1.扣减持卡人保证金、依法处理抵押物和质物；

2.向保证人追索透支款项；

3.通过司法机关的诉讼程序进行追偿。

第四节　代理类业务

一、代理类中间业务定义

代理类中间业务指商业银行接受客户委托，代为办理客户指定的经济事务，提供金融服务并收取一定费用的业务，包括代理政策性银行业务、代理中国人民银行业务、代理商业银行业务、代收代付业务、代理证券业务、代理保险业务等。

二、代理类中间业务种类

(一)代理政策性银行业务

代理政策性银行业务指商业银行接受政策性银行委托,代为办理政策性银行因服务功能和网点设置等方面的限制而无法办理的业务,包括代理贷款项目管理等。

(二)代理中国人民银行业务

代理中国人民银行业务指根据政策、法规应由中央银行承担,但由于机构设置、专业优势等方面的原因,由中央银行指定或委托商业银行承担的业务,主要包括财政性存款代理业务、国库代理业务、发行库代理业务、金银代理业务。

(三)代理商业银行业务

代理商业银行业务指商业银行之间相互代理的业务,例如为委托行办理支票托收等业务。

(四)代收代付业务

代收代付业务是商业银行利用自身的结算便利,接受客户的委托代为办理指定款项的收付事宜的业务,例如代理各项公用事业收费、代理行政事业性收费和财政性收费、代发工资、代扣住房按揭消费贷款还款等。

(五)代理证券业务

代理证券业务指银行接受委托办理的代理发行、兑付、买卖各类有价证券的业务,还包括接受委托代办债券还本付息、代发股票红利、代理证券资金清算等业务。此处有价证券主要包括国债、公司债券、金融债券、股票、证券投资基金等。

(六)代理保险业务

代理保险业务指商业银行接受保险公司委托代其办理保险业务的业务。商业银行代理保险业务,可以受托代个人或法人投保各险种的保险事宜,也可以作为保险公司的代表,与保险公司签订代理协议,代保险公司承接有关的保险业务。代理保险业务一般包括代售保单业务和代付保险金业务。

第五节　担保类业务

一、担保类中间业务定义

担保类中间业务指商业银行为客户债务清偿能力提供担保，承担客户违约风险的业务。主要包括银行承兑汇票、备用信用证、各类保函等。

二、担保类中间业务种类

(一)银行承兑汇票

银行承兑汇票是由收款人或付款人(或承兑申请人)签发，并由承兑申请人向开户银行申请，经银行审查同意承兑的商业汇票。对出票人签发的商业汇票进行承兑是银行基于对出票人资信的认可而给予的信用支持。

(二)备用信用证

备用信用证是开证行应借款人要求，以放款人作为信用证的收益人而开具的一种特殊信用证，以保证在借款人破产或不能及时履行义务的情况下，由开证行向收益人及时支付本利。

备用信用证属于银行信用，开证行保证在开证申请人不履行其义务时，即由开证行付款。如果开证申请人履行了约定的义务，该信用证则不必使用。因此，备用信用证对于受益人来说，是备用于开证申请人发生违约时取得补偿的一种方式，具有担保的性质。同时，备用信用证又具有信用证的法律特征，它独立于作为其开立基础的所担保的交易合同，开证行处理的是与信用证有关的文件，而与交易合同无关。因此，备用信用证既具有信用证的一般特点，又具有担保的性质。

(三)各类保函业务

保函业务是指银行应申请人书面申请，向受益人出具的书面保证，为申请人投标、履行合同、预付款或其他约定义务提供担保，保证在其未能履约时，由银行代为赔付。主要有投标保函、履约保函和预付款保函等业务品种。

1.投标保函：应投标人申请，银行向招标人出具保函，保证在下列事件发生时进行赔付：

(1)投标人在投标有效期内撤销投标；

(2)投标人中标后未按投标书规定与招标人签约；

(3)投标人中标后，未按投标书规定及时向招标人提交履约保函。

2.履约保函：应承包人/分包人/卖方书面申请，银行向业主/总包人/买方出具保函，保证在申请人不能履行合同时代为赔付。

3.预付款保函：应申请人书面申请，银行向受益人出具保函，保证在申请人收到预付款而未履约时代为赔付。

第六节 承诺类业务

一、承诺类中间业务定义

承诺类中间业务是指商业银行在未来某一日期按照事前约定的条件向客户提供约定信用的业务，主要指贷款承诺，包括可撤销贷款承诺和不可撤销贷款承诺两种。

二、承诺类中间业务种类

(一)可撤销贷款承诺

可撤销贷款承诺附有客户在取得贷款前必须履行的特定条款，在银行承诺期内，客户如没有履行条款，则银行可撤销该项承诺。可撤销贷款承诺一般情况又称营销性贷款承诺，是银行与借款客户达成的一种具有法律约束力的正式协议。银行在有效承诺期内，按照双方约定的条件，随时准备应客户需要提供贷款。该协议附有客户在取得贷款前必须履行的特定条款，在银行承诺期内，客户如没有履行条款，则银行可撤销该项承诺。出具此承诺的目的，主要是为了客户营销的需要，向客户表明银行叙做项目的态度，银行不承担任何实质性的授信约束，在项目进行正式审批时，不能以该项目已出过贷款承诺为由，影响贷款决策。可撤销贷款承诺无实质性授信约束并不意味着可以随意出具贷款承诺函，对外承诺需要建立在对项目基本认可的前提下，注意维护银行的对外信誉。

(二)不可撤销贷款承诺

不可撤销贷款承诺又称实质性贷款承诺，是银行不经客户允许不得随意取消的贷款承诺，具有法律约束力。在有效承诺期内，按照双方约定的条件、金额和利率等，随时准备应客户需要提供贷款。出具不可撤销贷款承诺的目的，主要是向客户正式承诺银行将叙做该笔贷款，同时对具体贷款条件做出承诺，对银行授信具有一定的约束性质。如果贷款不能批准，将极大影响银行的对外信誉。不可撤销贷款承诺与可撤销贷款承诺的区别在于：

1.效力不同：不可撤销贷款承诺对银行授信具有一定的实质性约束，在企业正式提出授信需求后，如果客户经营、财务情况和项目评估情况未发生恶化，在满足审批贷款承诺时提出的各项条件的前提下，可由业务部门提出，风险管理部门审核报经问责审批人同意后直接授信；可撤销贷款承诺仅为了表明银行叙做项目的态度，银行不承担任何实质性的授信约束。

2.适用情况不同：不可撤销贷款承诺多用于投标等需要正式承诺银行将叙做该笔贷款，并对具体贷款条件做出承诺的情况；可撤销贷款承诺多用于客户营销，如向发改委报批项目核准时使用。

3.行内审批要求不同：不可撤销贷款承诺的审批权限与程序要求按照银行严格的决策程序进行审批；可撤销贷款承诺函具体审批程序由各级分行根据自身具体情况自行制订，但必须包括业务部门对项目进行的初步评估、风险管理部门的审查意见、分行问责人最终决策意见三个步骤。

第七节　交易类业务

交易类中间业务指商业银行为满足客户保值或自身风险管理等方面的需要，利用各种金融工具进行的资金交易活动，主要包括：远期合约，指交易双方约定在未来某个特定时间以约定价格买卖约定数量的资产，包括利率远期合约和远期外汇合约；金融期货，指以金融工具或金融指标为标的的期货合约；互换，指交易双方基于自己的比较利益，对各自的现金流量进行交换，一般分为利率互换和货币互换；期权，指期权的买方支付给卖方一笔权利金，获得一种权利，可于期权的存续期内或到期日当天，以执行价格与期权卖方进行约定数量的特定标的的交易。按交易标的分，期权可分为股票指数期权、外汇期权、利率期权、期货期权、债券期权等。

一、远期利率协议

(一)远期利率协议的概念

远期利率协议是指交易双方约定在未来某一日，交换协议期间内一定名义本金基础上分别以合同利率和参考利率计算的利息的金融合约。其中,远期利率协议的买方支付以合同利率计算的利息,卖方支付以参考利率计算的利息。买卖双方通过远期利率协议来规避未来利率的不利变化。在我国,远期利率协议的参考利率为经中国人民银行授权的全国银行间同业拆借中心等机构发布的银行间市场具有基准性质的市场利率或中国人民银行公布的基准利率,具体由交易双方共同约定。

(二)远期利率协议的交易

假设一家银行为防止1个月后的一笔3个月借款利率上升,买入1×4的远期利率合约,合约利率为4.53%,名义本金100万美元,参考利率为LIBOR。如果:

(1)一个月后LIBOR升到5.5%,则银行将得到:

$$S=(5.5\%-4.53\%)\times 1\ 000\ 000\times \frac{\frac{3}{12}}{1+5.5\%\times\frac{3}{12}}=2\ 392.1(\text{美元})$$

这样,银行一个月后将支付5.5%的借款利率,而从合约卖方获得2 392.1美元,实际利率水平为4.53%。

(2)一个月后,LIBOR跌至4%,则银行将得到:

$$S=(4\%-4.53\%)\times 1\ 000\ 000\times \frac{\frac{3}{12}}{1+4\%\times\frac{3}{12}}=-1\ 311.88(\text{美元})$$

这样,银行一个月后将支付4%的借款利率,并支付给合约卖方1311.88美元,实际利率水平为4.53%。

可见,无论一个月后利率如何变化,银行都将这笔100万美元的借款成本固定在4.53%。

二、金融期货

(一)金融期货概念

金融期货,亦称金融期货合约,就是买卖双方在有组织的交易所内以公开竞价方式达成的在将来某一特定时间交割标准数量特定金融工具的协议。

(二)金融期货种类

金融期货按交易对象不同,可划分为货币期货、利率期货和股票指数期货三种。

1.货币期货

货币期货以各种可自由兑换货币作为交易对象。货币期货是最早的金融期货。

2.利率期货

利率期货以各种利率的载体作为合约标的物。债券是利率的主要载体,利率期货实际上是附有利率的债券期货。目前利率期货交易量占了全世界衍生工具场内交易的一半以上。

3.股票指数期货

股票指数期货的全称是股票价格指数期货。股票指数是当期股票价格平均值与基期平均值相比较得来的,它并不是实实在在的金融资产,它是期货交易的特殊商品。

(三)股票指数期货

股票指数期货套期保值适用于打算定期购买或长期持有股票的投资者,例如投资银行、投资基金、保险基金等机构投资者。他们有定期的资金来源,并利用这部分资金购买大量股票进行长期投资。为了避免股价变动造成的损失,可以在预计股价上涨时作多头套期,预计股价下跌时作空头套期,以此来规避股市风险。下以沪深300股指期货交易为例。

例1:某客户在某期货经纪公司开户后存入保证金50万元,在8月1日开仓买进9月沪深300指数期货合约40手,成交价为1 200点,同一天该客户卖出平仓20手沪深300指数期货合约,成交价为1 215点,当日结算价为1 210点,为了计算方便,假定合约乘数为每点100元,交易保证金比例为8%,手续费为单边每手10元,则客户的账户情况为:

当日平仓盈亏=(1 215－1 200)×20×100=30 000元

当日开仓持仓盈亏=(1 210－1 200)×(40－20)×100=20 000元

当日盈亏=30 000+20 000=50 000元

手续费=10×60=600元

当日权益=500 000+50 000－600=549 400元

保证金占用=1 210×20×100×8%=193 600元

(注:结算盈亏后保证金按当日结算价而非开仓价计算)

资金余额(即可交易资金)=549 400－193 600=355 800元

资金项目	金额(单位:元)
存入保证金	500 000
(+)平仓盈亏	30 000
(+)持仓盈亏	20 000

(一)手续费	600
(＝)当日权益	549 400
(一)持仓占用保证金	193 600
(＝)资金余额	355 800

例2:8月2日该客户买入8手9月沪深300指数期货合约,成交价为1 230点;随后又卖出平仓28手9月合约,成交价为1 245点;后来又卖出40手9月合约,成交价为1 235点。当日结算价为1 260点,则其账户情况为:

当日平仓盈亏＝(1 245－1 230)×8×100＋(1 245－1 210)×20×100
＝12 000＋70 000＝82 000元

当日开仓持仓盈亏＝(1 235－1 260)×40×100＝－100 000元

当日盈亏＝82 000－100 000＝－18 000元

手续费＝10×76＝760元

当日权益＝549 400－18 000－760＝530 640元

保证金占用＝1260×40×100×8%＝403 200元

资金余额(即可开仓交易资金)＝530 640－403 200＝127 440元

资金项目	金额(单位:元)
存入保证金	549 400
(＋)平仓盈亏	82 000
(＋)持仓盈亏	－100 000
(一)手续费	760
(＝)当日权益	530 640
(一)持仓占用保证金	403 200
(＝)资金余额	127 440

案例

英国巴林银行倒闭

1995年2月26日,英国银行业的泰斗,在世界1 000家大银行中按核心资本排名第489位的巴林银行,因进行巨额金融期货投机交易,造成9.16亿英镑的巨额亏损,被迫宣布破产。经英格兰银行的斡旋,3月5日,荷兰国际集团(ING)以1英镑的象征价格,宣布完全收购巴林银行。

巴林银行创立于1762年,至1995年已有233年的历史。最初从事贸易活动,后涉足证券业,19世纪初,成为英国政府证券的首席发行商。此后100多年来,该银行在证券、基金、投资、商业银行业务等方面取得了长足发展,成为伦敦金融中心位居前列的集团化证券商,连英国女皇的资产都委托其管理,素有"女皇的银行”的美称。该行 1993 年的资产 59 亿英镑，负债 56 亿英镑，资本金加储备 4.5 亿英镑，海内外职员 4 000 人，盈利 1.05 亿英镑；1994 年税前利润高达 1.5 亿英镑。该行当时管理 300 亿英镑的基金资产、15 亿英镑的非银行存款和 10 亿英镑的银行存款。

就是这样一个历史悠久、声名显赫的银行，竟因年轻职员尼克·里森进行期货投机失败而陷入绝境。

三、互换业务

(一)互换概念

互换是指交易双方基于自己的比较利益，对各自的现金流量进行交换。互换交易主要以双方的负债为交易的对象，真正交易的只是负债的金额、利率、期限、偿还方式等，对双方各自负债的法律关系，即各自与债权人的债权债务关系并没有影响，这是互换交易的主要特点。互换可分为利率互换和货币互换。

(二)互换的优点

1.互换可使交易各方充分利用各自的优势，再进行交换，获得总体优势。在筹资方面，可降低总成本；在投资方面，可获得更高的总收益。例如，在负债管理中运用互换，可防范和转移长期的汇率和利率波动风险。

2.通过互换可从未接触市场获得成本优惠的资金。例如，中国某银行想在欧洲市场上发行债券，筹得 1 亿美元，但该银行从未在欧洲市场发行债券，且知名度不高，如果真的选择在欧洲市场发行，则成本将很高。这时银行可利用其在日本知名度较好的优势，在日本市场发行较优惠的武士债券，再对武士债券的本金和利息安排日元与美元的互换，结果是筹得需要的美元，又获得利率优惠的好处。

3.互换可用来调整财务结构，使资金负债实现最佳组合，在使风险分散化的同时，实现收益最大化。

4.互换还可用来规避法律风险，如对外汇管制、利率管制以及税收等方面进行规避。

(三)利率互换

利率互换是指两笔利率基础不同的负债互换利息支付的交易。所谓利率基础不同，是指浮动利率与固定利率或不同种浮动利率计息方式的不同。

例如，A 银行是一家有名的大银行，其资信等级较高，在市场上无论是筹措固定利率资金还是筹措浮动利率资金，均比 B 银行优惠。两家银行的信贷条件如表 6-1。

表 6-1 A、B 两家银行各自的筹资条件

	A 银行	B 银行	利差
固定利率	8.5%	10%	1.5%
浮动利率	LIBOR+0.25%	LIBOR+0.75%	0.5%

由表 6-1 可知，B 银行在筹措浮动利率资金方面相对较有优势，在这种情况下，套利是不可避免的，利率互换为之提供了方便，交易流程见图 6-5。

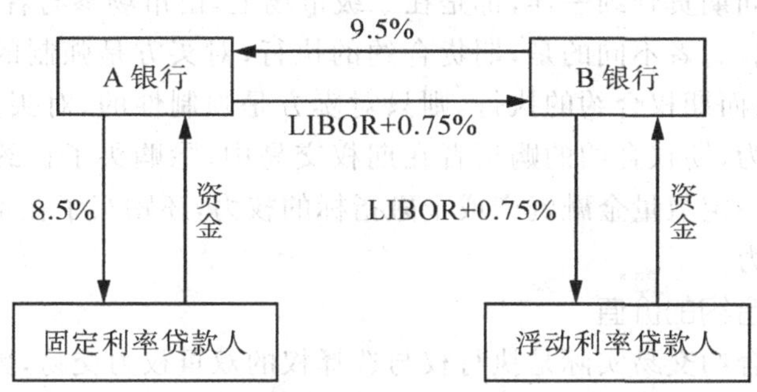

图 6-5 利率互换图

通过这种交易，A 银行相当于借入一笔浮动利率借款，其筹资成本为 LIBOR＋0.75%＋8.5%－9.5%＝LIBOR－0.25%，比不进行交易节约成本 0.5%。同理，B 银行相当借入一笔固定利率资金，其筹资成本为 LIBOR＋0.75%＋9.5%－LIBOR－0.75%＝9.5%，也比不交易节约了 0.5%的成本。

当然，本例仅在于说明利率互换的原理，在实际运用中，还要考虑互换本身存在着的交易成本，如中介佣金，双方为之付出的人、财、物力等。

(四)货币互换

货币互换是指交易双方按固定汇率在期初交换两种不同货币资产(或负债)的本金，然后按预先规定的日期，进行利息和本金的分期互换。由于货币互换中包括了利率和汇率两个因素，因此，它比利率互换要复杂。

假设 A 银行需要一笔浮动利率美元借款，但相对于 B 银行而言，它可以从瑞士法郎资金市场获得较优惠的贷款。同时，B 银行希望获得固定利率的瑞士法郎资金，但相对于 A 银行而言，它的优势在浮动利率美元市场。这样，第一步，A、B 两银行分别向其优势市场借款，然后通过中介人按约定汇率交换本金(也可以只是名义上的交换)；第二步，双方分期按约定的固定利率相互交换利息；第三步，在到期日，双方互换回原币种。

四、期权合约

(一)期权合约定义

期权合约是指赋予合约购买者在约定时期内，按约定的价格购买一定数量的某种金融资产或金融指标(如股价指数、利率)的权力，合约购买者也有权选择不执行合约。因此，期权交易也称为选择权交易。

(二)期权与期货的异同

期权合约同期货合约一样，都是在二级市场上，由市场参与者签发并交易的衍生金融工具。二者不同的是，期货合约的执行，对买方是强制的，而对卖方却不具有强制性；而期权合约的执行，则只对卖方是强制性的，对买方却不具有强制性。这是因为，期权合约的购买者在期权交易中，除购买了在约定时期内，按约定价格购买一定数量金融资产或金融指标的权力，还购买了在不利市况下，不执行合约的权力。

(三)期权合约的价值

由于期权合约交易实际是执行权与选择权的双重权力交易，因此，期权合约本身也有它独立于合约标的物价值之外的价值，即选择权力本身的价值。

期权合约的交易首先是期权合约本身的交易。例如，一份 3 个月内可执行、执行价格为每股 28 美元的期权合约，每股期权报价为 1 美元，合约标准为 1 000 股的话，这份合约的单位期权价值或价格便是 1 美元，这份期权合约的总价值或总价格为 1 000 美元。

(四)期权合约种类

按合约规定的对合约的物的权力来划分，期权合约可分为买进期权和卖出期权。

买进期权赋予合约购买者按约定的价格、在约定的日期购买一定数量金融资产或金融指标的权力。预期价格上涨，购买者可买进期权。预期价格下跌，可卖出买进期权。

例如，甲购买了一份在未来 3 个月内按每股 33 美元的价格购买 1 000 股 A 公司股票的期权合约，每股期权价为 0.2 元。两个月后股价上涨到每股 38 美元，甲便可执行合约，按每股 33 美元的价格从期权合约出售者那里购买 1 000 股 A 股票。甲如能马上按每股 38 美元的市场价格将这些股票全部卖出的话，扣除最早购买期权合约的投资 200 美元，甲总共能赚 4 800 美元[(38－33)×1 000－200＝4 800]；相反，如果在合约可执行期的 3 个月内股价没涨反跌，甲便可放弃执行合约，但是，甲的损失只限于最初购买期权合约的那 200 美元投资。

第八节　基金托管业务

一、基金托管业务

基金托管业务是指有托管资格的商业银行接受基金管理公司委托，安全保管所托管的基金的全部资产，为所托管的基金办理基金资金清算款项划拨、会计核算、基金估值、监督管理人投资运作等的业务。包括封闭式证券投资基金托管业务、开放式证券投资基金托管业务和其他基金的托管业务。

二、基金托管基本架构

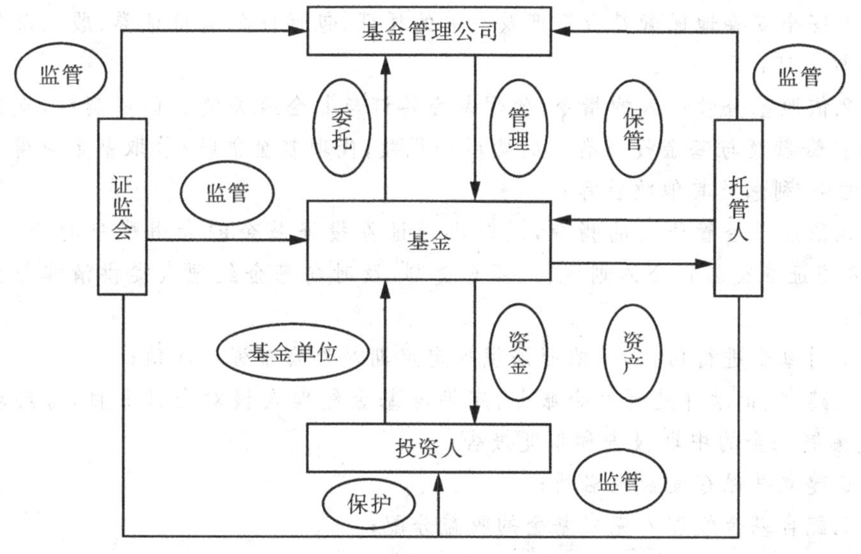

图 6-6　基金运作的基本架构图

案例

中国银行基金托管部组织架构

中国银行基金托管部下设托管业务、稽察监督、市场研发、客户服务、综合管理等职能处室及总行基金交易管理中心，并在上海、深圳设上海基金托管业务处、深圳基金托管业务处。

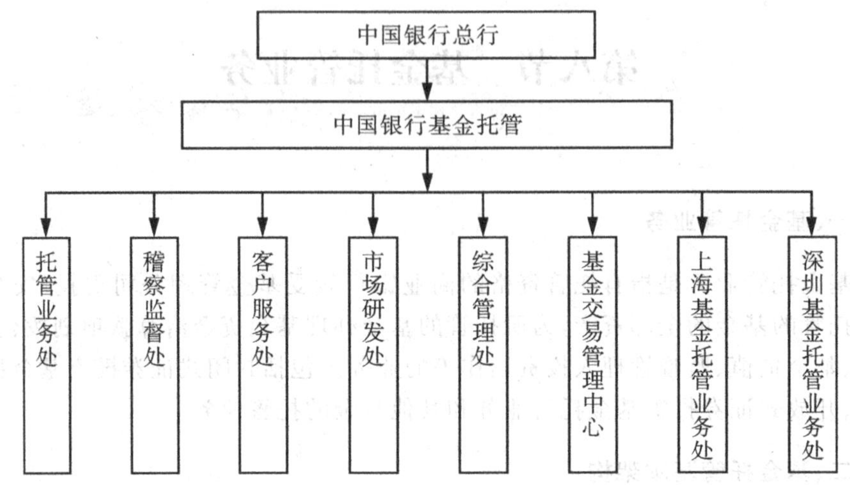

基金托管部主要业务范围：

1.安全妥善地保管基金资产及有关的凭证，包括任何有价证券、股权及其他所有权凭证；

2.依照基金管理人的指令，代理基金签订与基金有关的合同或契约，支付基金的投资款及与基金投资有关的费用和税款，代理基金催收、收取基金应得的股息、红利、利息及其他收益等；

3.依照基金管理人的指令，及时办理证券投资基金的专用账户的开户、销户，办理证券交易资金的划拨、清算与交割，及时向基金经理人提供清算与交割清单；

4.对基金进行估值，并依照法规规定定期对外公布资产净值；

5.建立、记录并处理基金账务，定期与基金经理人核对会计账目，与经理人一起编制基金的中期报告和年度报告；

6.建立并保存受益人名册；

7.配合基金经理人完成基金的收益分配；

8.基金契约、托管协议规定的其他职责等。

资料来源：中国银行网站

第九节 咨询顾问类业务

一、咨询顾问类业务

咨询顾问类业务指商业银行依靠自身在信息、人才、信誉等方面的优势，收集和整理有关信息，并通过对这些信息以及银行和客户资金运动的记录和分析，形成系统的资料和方案，提供给客户，以满足其业务经营管理或发展的需要的服务活动。

二、咨询顾问类业务种类

（一）咨询顾问类业务种类

商业银行提供的咨询顾问服务分为日常咨询服务和专项顾问服务两大类。其中，日常咨询服务为基本服务，按年度收取一定的顾问年费；专项顾问服务为选择性服务，是在日常咨询服务的基础上，根据客户需要，利用商业银行专业优势，就特定项目所提供的深入财务顾问服务。

（二）咨询顾问业务的服务内容

1.日常咨询服务

(1)政策法规咨询：商业银行利用本行财务顾问网络及时发布与资本运营相关的国家政策、法律法规等，并为企业资本运营提供相关的法律、法规、政策咨询服务，帮助企业正确理解与运用。

(2)企业项目发布：商业银行利用自身全国性商业银行的资源优势，及时发布各类政府和企业有关产权交易与投融资等资本运营方面的项目需求信息，同时会员客户可以利用商业银行的网络平台进行项目的发布和推介。

(3)财务咨询：为会员客户提升财务管理能力、降低财务成本、税务策划、融资安排等提供财务咨询，推介银企合作的创新业务品种，为客户资金风险管理和债务管理提供财务咨询。

(4)投融资咨询：当会员客户进行项目投资与重大资金运用时，或者企业直接融资时机成熟以及产生间接融资需求时，商业银行提供基本的投融资咨询服务。

(5)产业、行业信息与业务指南：商业银行利用本行财务顾问网提供宏观经济、产业发展的最新动态以及行业信息和有关研究报告，并为客户提供商人银行业务所涉及的业务指南。

2.专项顾问服务

(1)年度财务分析报告：公司财务状况垂直比较分析和行业比较分析；年度财务指标预测和敏感性分析；年度资本运营和经营管理情况分析。

(2)独立财务顾问报告：为企业(上市公司)关联交易、资产或债务重组、收购兼并等涉及公司控制权变化的重大事项出具独立财务顾问报告。

(3)直接融资顾问：包括企业融资和项目融资，以及对股权或债权融资方式进行比较、选择、建议和实施。其中企业融资，指银行依据企业需求、市场状况，为企业量身定做融资方案，包括私募、IPO、增发、配股、可转债、公司债券等，并负责编制有关文件，协调承销商、会计师事务所、律师事务所等中介机构开展工作，协助报批和实施。项目融资，是指银行协助企业编制项目融资的商业计划书，组织项目融资推介，安排商务谈判并促成交易。

(4)企业重组顾问：为企业股份制改造、资产重组、债务重组设计方案，编写改制和重组文件，在方案实施过程中提供顾问服务，并协调其他中介机构。

(5)兼并收购顾问：为企业兼并收购境内外上市公司(或非上市公司)物色筛选目标公司；实施尽职调查；对目标公司进行合理评估，协助分析和规避财务风险、法律风险；协助制定和实施并购方案；设计和安排过桥融资；协助与地方政府、证监会、财政部的沟通和协调，协助有关文件的报备和审批。

(6)管理层收购(MBO)及员工持股计划(ESOP)：管理层和员工持股方案的设计；收购主体的设计和组建；收购融资方案设计和支持；相关部门的沟通和协调，协助有关文件的报备和审批。

(7)投资理财：为企业项目投资提供方案策划、项目评价和相关中介服务；帮助企业进行资本运作和投资理财，实现一级市场和二级市场联动收益。

(8)管理咨询：针对企业的行业背景和发展现状，为企业可持续发展提供长期战略规划和管理咨询；协助企业建立健全法人治理结构，完善内部管理。

第十节　理财业务

一、理财业务概述

理财业务是商业银行将客户关系管理、资金管理和投资组合管理等融合在一起形成的综合化、特性化的一种银行服务方式。商业银行理财业务分为个人理财与公司理财。从个人理财角度看，随着我国经济持续稳定发展，居民家庭经济收入水平不断提高，居民的个人可支配资产呈快速增长态势，个人金融服务和人们日常生活的关系越来越密切。人们已不再把储蓄作为唯一的投资方式，股票、债券、基金、保险等为人们提供了更多的选择。2002 年，主打高端客户的理财产品频频在各家外资银行亮相。8 月 8 日，香港上海汇丰银行有限公司推出其在中国内地的第一个理财机构——“卓越理财中心”。8 月 9 日，恒生银行也在上海和广州同时推出了“优越理财中心”。加上此前已先后开设理财工作室的花旗银行和渣打银行，外资银行欲抢占中国个人理财市场的意图已经十分明显。我国商业银行在个人理财业务拓展上也不甘落后，2000 年 6 月，中国工商银行率先在上海推出了以 6 位优秀理财员姓名命名的个人理财工作室。2001 年，又在北京开设了理财中心，为客户提供综合性理财建议，帮助设计理财方案。2002 年，中国建设银行在北京、上海等 10 个市也相继建立了个人理财中心。中国银行上海分行当年也宣布，客户存款 100 万元人民币，可免费享受银行提供的一对一专家量身理财服务。2002 年 4 月，交通银行宣布，耗资数百万元的个人理财业务系统开发完成。2002 年招商银行又率先在全国推出首个囊括所有个人银行业务的“金葵花”理财服务。可以说，个人理财市场已经成为中外商业银行业务竞争的主要战场。

专栏

商业银行理财业务产生与发展

商业银行理财业务起源于美国，产生与发展大致经历了三个发展阶段。

20 世纪 30 年代到 60 年代，是理财业务产生与初步发展的时期。早期的理财业务主要是保险公司为兜售本公司产品采用的一种营销服务手段，主要是代理客户进行投资收益分析、筹划资金安排和代办有关手续等。二战结束以后，欧洲的重建和欧美经济金融的发展，扩大了金融服务和产品的需求，也提高了金融市场的竞争水平，商业银行、投资银行开始引入理财服务并将其逐步发展为一项日常业务。由于受到当时法律制度和市场环境的限制，一直到 60 年代，理财业务仍主要局限于简单的委托代理活动，商业银行主要是提供咨询顾问服务。

60 年代到 80 年代，银行资产负债管理理论渐趋成熟并成为银行经营管理的主要理论依据，商业银行开始逐步认识到为客户提供多元化服务的可能性和重要性。同时，以管制为特征的金融监管制度阻碍了金融市场的进一步发展，金融创新活动十分活跃。商业银行经营管理方式的转变，加上金融创新提供了多样化的投资方式和投资工具，理财业务开始向“产品化”的方向发展，融合了传统存贷款业务、投资业务和咨询顾问业务的"组合式"理财产品快速发展起来，到80年代末期已成为理财业务发展的主要方式。

90年代以后，金融管制开始松动，各类投资工具和衍生产品市场、场外市场交易规模迅速扩大，进一步拓展了理财产品的投资空间，理财产品的组合方式、投资对象、风险承担和利益分配模式更加多样化，保证收益(保底)、浮动收益、有条件转换收益等各类理财产品都获得了较大的发展。90年代末期，随着美国金融服务现代化法案的颁布，理财业务进一步与信托业务、商业银行的基金管理业务等结合起来。同时，随着商业银行的管理理论从资产负债管理向客户管理的转变，理财业务逐渐成为商业银行增强客户忠诚度、提高银行竞争力、更好地管理客户风险，提高银行风险对冲和管理能力的重要业务方式，也成为商业银行适应市场需要的一项基本服务要求。

可以看出，理财业务的发展实际上是银行服务方式的演进，是针对不同客户进行的银行产品和服务的有机组合，并且随着市场的变化而变化。现代理财业务已经不仅仅是提供某种单一化、模式化的产品，而是根据客户需要和风险偏好将不同的银行业务和产品有机地组合起来，并被加以改造或创新，具有较为明显的个性化和组合化的特征。

二、公司理财业务

公司理财业务，是指商业银行以公司客户为中心，以资金使用、服务为杠杆手段，充分利用银行内、外部资源优势，创造理财工具，向企业提供决策建议，融资策划及相关金融服务，促进客户资源合理配置，实现价值创造。目前商业银行公司理财业务品种主要有：

(一)现金管理业务

现金管理业务，指商业银行协助企业，科学合理地管理现金账户头寸及活期存款余额，以达到提高资金流动性和使用效益的目的。商业银行在深入了解集团企业收付结算、投融资、资金管理需求的基础上，利用丰富的现金管理产品和功能强大的企业网上银行等电子化服务平台，为客户提供个性化的现金管理服务方案。包括：

1.收付款管理：根据集团客户资金收付结算要求，银行提供快捷、安全的资金收付服务。通过主动上收、从下级账户付款、统一对外付款、付款额度控制等功能，集团总部可加强对分子公司收付款的管理。子公司账户收到款项后，银行后台通过子公司账户与集团公司账户之间的关联关系，自动将款项按设置划入集团公司账户，集团公司能通过网上企业银行直接查看付款人信息及收款子公司信息。

2.账户管理:在取得授权后,集团公司总部可以对集团本部和下属各成员单位的账户进行查询、监控和支付操作。针对账户众多的集团客户,还可提供账户自定义分组查询和统计服务。针对跨国公司的跨境账户管理需求,银行提供现金管理合作服务。通过跨国公司开户行与银行建立的业务合作关系和全球银行间 SWIFT 清算系统,使跨国公司能对境内分/子公司的账户进行远程监控和转账支付操作。

3.流动性管理:通过银行的现金流动性管理服务,集团公司总部可对集团内资金进行良好的流动性管理,减少资金冗余,降低资金成本,提高资金使用效益。主要功能有:

(1)资金调剂。通过在总部与下属单位间划拨资金,调剂集团内各成员的资金余缺,将资金集中于归集账户,加强资金管理、提高投资收益。资金划拨方式包括银行自动划拨和客户主动划拨。

(2)资金核算。提供资金内部转移计价功能,满足集团内部资金核算需要。

(3)透支便利。根据客户资信情况,可为集团公司核定账户透支额度,满足临时性支付需要。

(4)投资增值。资金归集账户可设立为协定存款户,日终自动将超过留存额度的资金按协定存款利率计息,提高存款收益。

(二)对公理财业务

对公理财业务指银行通过发售对公理财产品,集中企业(事业)单位客户的资金,投资于银行间市场上流通的固定收益产品,以所投资固定收益产品的实际收益作为客户投资回报并收取手续费的代理类中间业务。通常对公理财产品的发售方式分为集中销售与单笔销售两种。集中销售是指由银行统一设计标准化的理财产品,并在规定销售期和销售额内集中向客户销售的方式;单笔销售是指对于资金量达到一定金额的客户,银行为其度身定制资金运用配置方案的销售方式。对公理财业务主要功能是协助客户增强闲置资金使用效率,提高投资回报。

三、个人理财业务

商业银行个人理财业务是指商业银行为个人客户提供的财务分析、财务规划、投资顾问、资产管理等专业化服务活动。

个人理财业务按照管理运作方式不同,分为理财顾问服务和综合理财服务。

(一)理财顾问服务

理财顾问服务是指商业银行向客户提供的财务分析与规划、投资建议、个人投资产品推介等专业化服务。

商业银行为销售储蓄存款产品、信贷产品等进行的产品介绍、宣传和推介等一般性业务咨询活动，不属于前面所称理财顾问服务。

在理财顾问服务活动中，客户根据商业银行提供的理财顾问服务管理和运用资金，并承担由此产生的收益和风险。

(二)综合理财服务

综合理财服务是指商业银行在向客户提供理财顾问服务的基础上，接受客户的委托和授权，按照与客户事先约定的投资计划和方式进行投资和资产管理的业务活动。

在综合理财服务活动中，客户授权银行代表客户按照合同约定的投资方向和方式，进行投资和资产管理，投资收益与风险由客户或客户与银行按照约定方式承担。

按照客户获取收益方式的不同，理财计划可以分为保证收益理财计划和非保证收益理财计划。

1.保证收益理财计划。保证收益理财计划是指商业银行按照约定条件向客户承诺支付固定收益，银行承担由此产生的投资风险，或银行按照约定条件向客户承诺支付最低收益并承担相关风险，其他投资收益由银行和客户按照合同约定分配，并共同承担相关投资风险的理财计划。

2.非保证收益理财计划。非保证收益理财计划可以分为保本浮动收益理财计划和非保本浮动收益理财计划。

(1)保本浮动收益理财计划是指商业银行按照约定条件向客户保证本金支付，本金以外的投资风险由客户承担，并依据实际投资收益情况确定客户实际收益的理财计划。

(2)非保本浮动收益理财计划是指商业银行根据约定条件和实际投资收益情况向客户支付收益，并不保证客户本金安全的理财计划。

专栏

个人理财规划五步曲

理财规划就是根据客户的现有资产状况、未来收支状况以及风险偏好为基础，通过按照科学的方法重新摆布资产、运用财富，从而更好地管理财富，实现理财和生活目标。

理财规划一般由五大部分组成：

第一，回顾自己的资产状况，包括存量资产和未来收入及支出的预期，知道自己有多少财可以理，这是最基本的前提。

第二，理清自己的理财目标，知道自己想要干什么，有什么样的生活目标和理财目标，这个目标是一个量化的目标，需要具体的金额和时间。

第三，清楚自己的风险偏好，不要做不考虑任何客观情况的风险偏好的假设，例如，有的客户因为自己偏好于风险较大的投资工具，把钱全部都放在股市里，而没有考虑到有父母、子女，没有考虑到家庭责任，这个时候他的风险偏好偏离了他能够承受的范围。

第四，做战略性的资产分配。根据前面的资料决定如何分布个人或家庭资产，调整现金流以便达到目标或修改不切实际的理财目标，比如，有多少钱进行储蓄，用多少钱购买基金，用多少钱购买保险等。在做好了这个资产分配的工作后，才是投资操作层面，进行具体的投资品种和投资时机的选择。

第五，做绩效的跟踪。市场是变化的，我们每个人的财务状况和未来的收支水平也在不断变化，我们应该进行投资绩效的回顾，不断调整理财规划，这样才能更好地实现财务安全、资产增值和财务自由的境界。

【本章小结】

1.商业银行中间业务是指商业银行不运用或较少运用自己的资财，以中间人的身份替客户办理收付和其他委托事项，提供各类金融服务并收取手续费的业务。

2.商业银行发展中间业务的意义：(1)适应外部环境和形势的变化，拓展新的利润增长点；(2) 降低风险和经营成本，改善财务结构；(3) 发展中间业务，有利于稳定和促进存贷款等传统业务的发展；(4) 发展中间业务，有利于增强国内商业银行国际竞争力。

3.支付结算类业务是指由商业银行为客户办理因债权债务关系引起的与货币支付、资金划拨有关的收费业务。结算工具包括银行汇票、商业汇票、银行本票和支票。结算方式主要包括同城结算方式和异地结算方式。

4.银行卡是由经授权的金融机构(主要指商业银行)向社会发行的具有消费信用、转账结算、存取现金等全部或部分功能的信用支付工具。

5.代理类中间业务指商业银行接受客户委托、代为办理客户指定的经济事务、提供金融服务并收取一定费用的业务，包括代理政策性银行业务、代理中国人民银行业务、代理商业银行业务、代收代付业务、代理证券业务、代理保险业务、代理其他银行银行卡收单业务等。

6.担保类中间业务指商业银行为客户债务清偿能力提供担保，承担客户违约风险的业务。主要包括银行承兑汇票、备用信用证、各类保函等。

7.承诺类中间业务是指商业银行在未来某一日期按照事前约定的条件向客

户提供约定信用的业务，主要指贷款承诺，包括可撤销承诺和不可撤销承诺两种。

8.交易类中间业务指商业银行为满足客户保值或自身风险管理等方面的需要，利用各种金融工具进行的资金交易活动，主要包括金融衍生业务。远期合约，是指交易双方约定在未来某个特定时间以约定价格买卖约定数量的资产，包括利率远期合约和远期外汇合约。金融期货，是指以金融工具或金融指标为标的的期货合约。互换，是指交易双方基于自己的比较利益，对各自的现金流量进行交换，一般分为利率互换和货币互换。期权，是指期权的买方支付给卖方一笔权利金，获得一种权利，可于期权的存续期内或到期日当天，以执行价格与期权卖方进行约定数量的特定标的的交易。按交易标的分，期权可分为股票指数期权、外汇期权、利率期权、期货期权、债券期权等。

9.基金托管业务是指有托管资格的商业银行接受基金管理公司委托，安全保管所托管的基金的全部资产，为所托管的基金办理基金资金清算款项划拨、会计核算、基金估值、监督管理人投资运作。包括封闭式证券投资基金托管业务、开放式证券投资基金托管业务和其他基金的托管业务。

10.咨询顾问类业务指商业银行依靠自身在信息、人才、信誉等方面的优势，收集和整理有关信息，并通过对这些信息以及银行和客户资金运动的记录和分析，并形成系统的资料和方案，提供给客户，以满足其业务经营管理或发展的需要的服务活动。

11.理财业务是商业银行将客户关系管理、资金管理和投资组合管理等融合在一起形成的综合化、特性化的一种银行服务方式。商业银行理财业务分为个人理财与公司理财。公司理财业务是指商业银行以公司客户为中心，以资金使用、服务为杠杆手段，充分利用银行内、外部资源优势，创造理财工具，向企业提供决策建议，融资策划及相关金融服务，促进客户资源合理配置，实现价值创造。个人理财业务是指商业银行为个人客户提供的财务分析、财务规划、投资顾问、资产管理等专业化服务活动。

【关键名词】

中间业务　支付结算类业务　银行卡　代理类中间业务　担保类中间业务　承诺类中间业务　远期合约　金融期货　互换　期权　基金托管　咨询顾问　公司理财　个人理财

【复习与思考】

1.什么是商业银行中间业务？商业银行中间业务种类有哪些？

2.试述商业银行发展中间业务的意义。
3.商业银行结算工具、结算方式有哪些?
4.何谓银行卡?有哪些种类?不同种类银行卡各自有哪些功能?
5.商业银行代理业务有哪些?
6.什么是商业银行担保类中间业务?业务种类有哪些?
7.何谓贷款承诺?可撤销承诺和不可撤销承诺有何不同?
8.什么是远期合约、金融期货、互换、期权?
9.什么是基金托管业务?商业银行为所托管的基金处理什么事务?
10.什么是咨询顾问业务?商业银行提供给客户有哪些咨询顾问业务?
11.什么是个人理财与公司理财?

第七章 商业银行国际业务

学习目的

▲了解国际贸易结算业务种类、程序；
▲理解国际贸易融资业务种类、程序；
▲掌握外汇与汇率概念；
▲了解外汇买卖买卖市场；
▲掌握外汇买卖业务方式与程序；
▲了解国际贷款的种类、特点。

第一节 国际贸易结算业务

一、汇款结算业务

汇款是由汇款人委托银行将款项交给收款人的一种结算方式。汇款的当事人有四个：

1.汇款人，是将款项缴付当地银行，委托该银行对外汇出资金的付款人或债务人。

2.收款人或受益人，是接受汇款的收款人或债权人。

3.汇出行，是指受汇款人的委托，汇出款项的银行。汇出行办理的汇款业务叫做汇出汇款。

4.汇入行，是指受汇出行的委托，解付汇款的银行。汇入行所办理的汇款业务叫做汇入汇款。

汇款结算方式，目前常用的可分为电汇、信汇、票汇三种。

(一)电汇

电汇是应汇款人的申请，由汇出行拍发加押电报或电传给其在国外的分行或代理行，指示其解付一定金额给收款人的一种结算方式。电汇是收款最快、费用较高的一种汇款方式。电报费用须由汇款人负担，所以通常只有金额较大的汇款通过 SWIFT 或银行间汇划，采用电汇方式。电汇结算业务程序如图 7-1 所示。

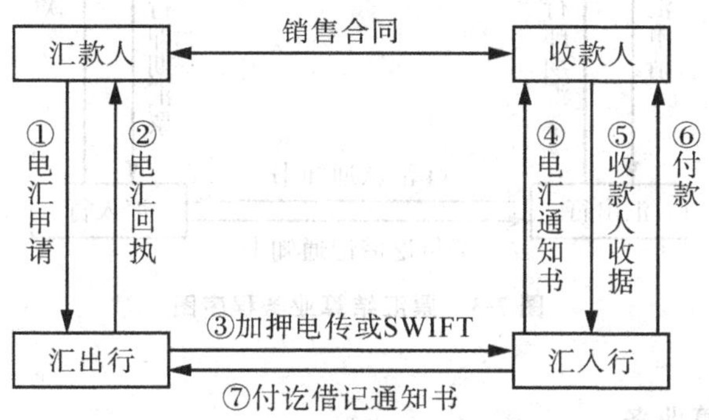

图 7-1 电汇结算业务程序图

(二)信汇

信汇是应汇款人的申请，由汇出行将信汇委托书和支付委托书邮寄给汇入行，授权其解付一定金额给收款人的一种汇款方式。信汇结算业务程序如图7-2所示。

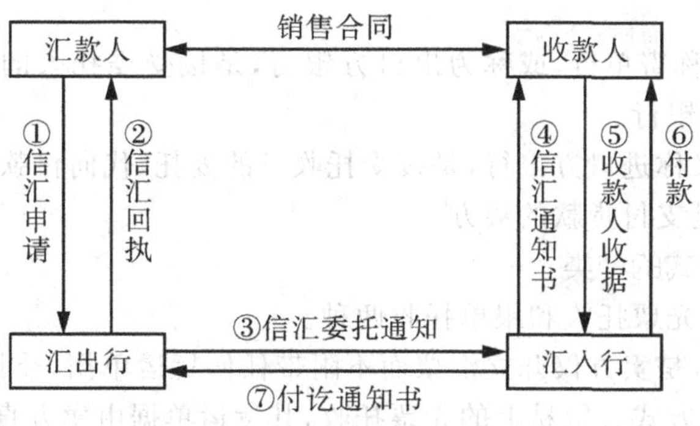

图 7-2 信汇结算业务程序图

(三)票汇

票汇是汇出行应汇款人的申请,代汇款人开立以其分行或代理行为解付行的银行即期汇票,支付一定金额给收款人的一种付款方式。其结算业务程序如图 7-3 所示。

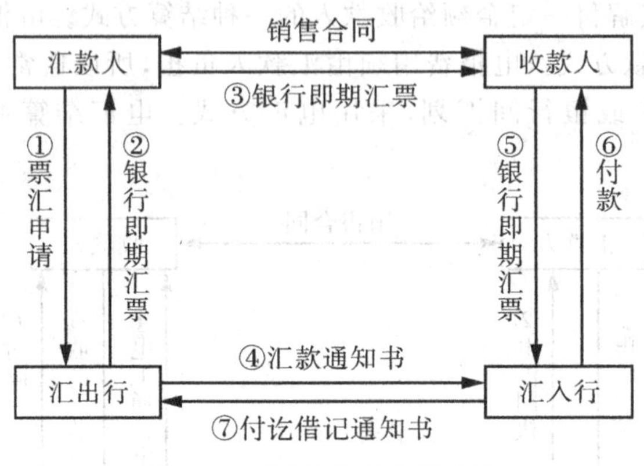

图 7-3　票汇结算业务程序图

二、托收结算业务

(一)托收结算方式的概念

托收结算方式是由卖方开立汇票,委托出口地银行通过其在国外的分行或代理行,向买方收取货款和劳务费用的一种结算方式。托收方式的当事人一般有四个:

1.出票人,也称委托人或货物的卖方,是开立汇票委托银行向国外付款方收款的人。

2.托收行或称寄单行,或称为出口方银行,是接受委托人的委托,转托国外银行代为收款的银行。

3.代收行,又称进口方银行,是接受托收行的委托,代向付款方收款的银行。

4.付款人,是支付货款的买方。

(二)托收方式的种类

托收方式分光票托收和跟单托收两种。

1.光票托收,是卖方仅开立汇票而不附带任何货运单据,委托银行收取款项的一种托收结算方式。贸易上的光票托收,其货运单据由卖方直接寄交买方。

2.跟单托收,是由卖方开立跟单汇票(即汇票连同一整套货运单据一起)交给国内的托收行,再委托国外的代收行代收货款的一种托收结算方式。以发票代替汇票,连同有关的货运单据一起交给银行托收,以避免印花税负担。跟单托收业务程序如图 7-4 所示。

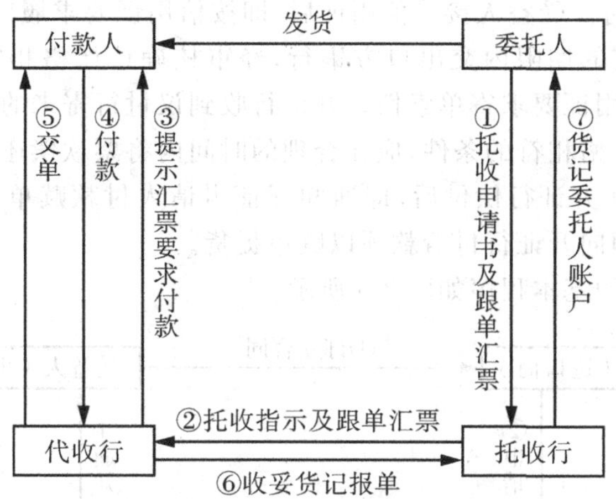

图 7-4 出口跟单托收结算业务程序图

三、信用证结算业务

（一）信用证的概念

信用证是银行根据进口商的申请，向出口商开立的一项附带有条件的银行付款保证的书面文件。

（二）信用证当事人及权利和义务

信用证方式有三个基本关系人：申请开证人、开证行、受益人。

1.申请开证人，一般是进口商。申请人有交纳保证金和在单证相符的条件下付款的义务，其权益也受到信用证条款的保障。

2.开证行，是开立信用证的银行。在信用证结算中，对信用证提供合格单据的受益人负有第一性的付款责任，有对表面不合格的单据拒付的权利。

3.受益人，即出口商。受益人一旦同意接受信用证就有履行信用证条款的责任和在此基础上享受及时收到货款的权利。

此外，还有四个关系人：通知行、保兑行、议付行、付款行。

（三）信用证业务程序

1.申请开证。进口商与出口商签订交易合同之后，进口商应按合同规定及时向银行申请开立信用证。

2.开立信用证。开证行根据申请的内容开立以出口商为受益人的信用证，并发送至进口方银行。

3.通知信用证。出口方银行审核所收到的信用证后，及时将信用证通知受益人。

4.议付及偿付。受益人接受信用证后，即按信用证要求履约，并备齐全套单据及汇票，在规定的期限内交出口方银行，经审核确认严格相符后，办理议付。议付行随即按信用证要求寄单索偿。开证行收到议付行寄来的单据或索汇证书后，如确认满足严格相符的条件，应在合理的时间内将票款偿还议付行。

5.赎单提货。开证行偿付后，即通知开证申请人付款赎单。开证申请人如同意接受单据，即向开证行付清款项以赎单提货。

信用证业务的基本程序如图 7-5 所示。

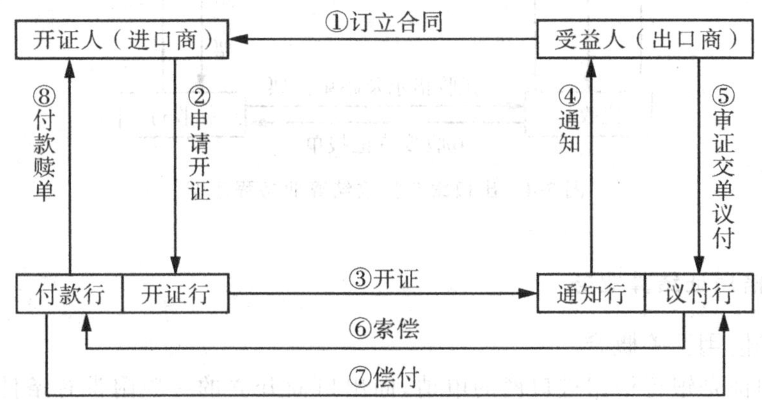

图 7-5　信用证业务程序图

四、国际保理

(一)国际保理的概念

国际保理是保理商为国际贸易赊销方式提供的将出口贸易融资、销售账务处理、收取应收账款和买方信用担保融为一体的金融业务。这一业务又称为承购应收账款，或保付代理。在国际买卖中，卖方一般希望知道买方的资信状况，以保证能够按时收回货款。买方一般希望先供货、后付款，最好货物全部卖出去后再付款，以解决资金周转的问题。买卖双方的这种矛盾就导致了国际保理的产生，国际保理制度就是通过银行或银行下属的全资子公司帮卖方解决及时收回货款的问题，帮买方解决资金周转的问题。实质上，在保理制度中，进口商可以延期付款，出口商可以得到无追索权的融资，双方是将风险转嫁给了保理商。国际保理是国际贸易活动中新兴的金融工具，具有增强出口贸易竞争能力，加速资金周转，降低赊销收款风险，减少账务处理成本等作用，是传统结算方式的一种补充。

（二）国际保理的种类

1.出口保理，是指为出口商的出口赊销提供贸易融资、销售分户账管理、账款催收和坏账担保等服务。

2.进口保理，是指为进口商利用赊销方式进口货物向出口商提供信用风险控制和坏账担保。

（三）国际保理的特点

与传统的国际结算方式相比较，国际保理有如下特点：

1.从对买方信用的保证程度方面来看，国际保理介于以银行信用为基础的信用证方式和以商业信用为基础的汇款、托收方式之间。

2.从对贸易商品的控制方面来看，国际保理项下有两种情况分别与汇款、托收方式相同。为国际贸易中的赊销方式提供的国际保理，与为赊销方式提供的汇款方式相同，物权单据由出口商直接寄给进口商，从而使进口商在付款之前获得物权单据并凭以提取货款。为国际贸易中的承兑交单支付方式提供的国际保理，物权单据的转移与一般承兑交单方式一致，由银行协助出口商进行控制，凭进口商承兑汇票支付。

3.从费用支出的方面来看，国际保理一般只向出口商收费，与信用证支付方式比较，显然有利于进口商，使进口商从较高的开证费中解脱出来。

4.从国际贸易市场竞争方面来看，国际保理比信用证方式更能增强出口商的市场竞争能力。

（四）国际保理的业务程序

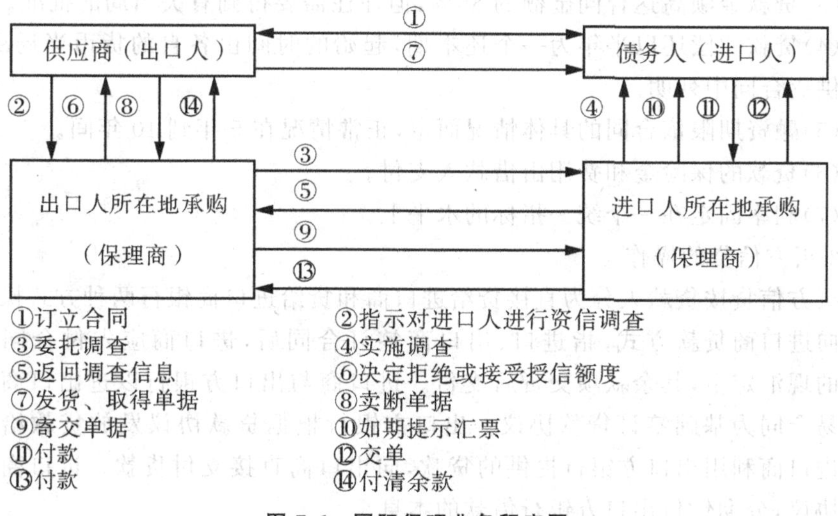

图 7-6 国际保理业务程序图

第二节　国际贸易融资业务

一、出口信贷

出口信贷是一国的进出口银行和商业银行为扶植本国商品的对外输出向本国出口商或他国进口商提供的优惠性贷款。它是出口国政府为支持和扩大本国商品的出口，增强国际竞争能力，以对本国的出口给予利息补贴并提供信贷担保的方法，鼓励本国银行向本国出口商或外国进口商提供较低利率的贷款，满足本国出口商资金周转需要和外国进口商支付货款需要的一种中长期贷款方式。

出口信贷分为买方信贷和卖方信贷两种。

(一)买方信贷

1.买方信贷的概念及特点

买方信贷是出口国银行直接向进口商或进口商的银行提供的贷款，用于向出口商支付货款。其特点有：

(1)帮助资本货物和相关服务的出口。

(2)常用于设备融资。

(3)贷款金额高达合同金额的85%，但往往需要得到有关当局的批准。

(4)贷款的偿还以半年为一个还本期，起始的时间由各自的货币当局决定，或在供货合同中列明。

(5)融资期限依合同的具体情况而定，正常情况在5年到10年间。

(6)贷款的保险金和费用由借款人支付。

(7)利率固定在一个统一指标的水平上。

2.买方信贷的操作

买方信贷按贷款人分为直接贷给进口商和贷给进口商银行两种方式操作。

向进口商贷款方式，指进口、出口商签订合同后，进口商应先付合同价款15%的现汇定金，其余款项交货后支付。进口商与出口方银行以进出口商双方的贸易合同为基础签订贷款协议。出口方银行根据贷款协议发放贷款给进口商。进口商利用出口方银行提供的贷款，向出口商直接支付货款。进口商按照贷款协议，分期偿付出口方银行借款的本息。

直接贷给进口方银行方式，指进出口商双方洽谈，签订贸易合同，进口商先付合同价款15%的现汇定金。进口方银行与出口方银行以进出口商双方签订的贸易合同为基础,签订贷款协议。进口商银行将所得款项,向进口商提供贷款。进口商即期向出口商支付货款。进口商银行根据贷款协议分期偿还进口商银行贷款。进口商对进口商银行的债务,在国内直接清偿。

(二)卖方信贷

1.卖方信贷的概念的特点

卖方信贷是出口国银行向出口商提供贷款,主要是解决出口商在出口经营中资金周转所遇到的困难。实际上银行给出口商的贷款是代进口商垫付的货款。出口商所欠的贷款由银行代向进口商分次索还,但如果进口商拒付,则银行仍对出口商保留追索权。出口商借用银行卖方信贷,除按出口信贷利率支付利息外,还要支付出口信贷保险费、承担费、管理费等。通常出口商将这些费用都列入出口商品的货价内,最终要进口方承担。

2.卖方信贷的操作

一般操作是出口商以延期付款方式出口,进口商首先支付10%定金,在交货验收合格后,再支付10%~20%货款,其余货款根据延期付款合同分期偿还贷款和利息。同时出口商向出口商银行根据延期付款合同申请卖方信贷,出口商银行发放贷款后,按分期偿还方式由出口商清偿。这种形式的融资,出口商银行往往要求有进口方的汇票或本票,并附加金融机构无条件不可撤销的支付保付作为还款保证之一。

二、混合贷款

混合贷款是出口国官方出面专门从预算中拿出一笔资金作为政府贷款同出口信贷混合使用,以满足进口商支付货款和出口商资金周转需要。混合贷款方式是官方支持出口信贷的新发展,是以政府直接参与融资的方式加强本国商品出口的竞争力。但是,其中政府性的融资的拨付渠道有别于出口信贷,借款和还款也与出口信贷分别结算。利率比出口信贷利率低。由于混合贷款的条件比出口信贷更优惠,故此对进口方有更大的吸引力。

混合贷款具有如下主要特点:

1.利率水平通常较出口信贷利率低。

2.混合贷款的比例可达到贸易合同总价的100%,即可用政府贷款部分来支付15%的现汇付款。

3.混合贷款因含有政府赠与成分,因此贷款的项目选择、评估和贷款使用比较复杂。通常情况下,混合贷款的项目要经过贷款国和借款国双方政府协定,贷款主要用于借款国优先发展的项目或双方政府感兴趣的项目。

4.混合贷款的具体形式多样。贷款国是否提供混合贷款，金额多少，采取什么形式，各类贷款占多大比例，要根据进口提出的项目情况核定。

通常情况下，混合贷款有政府与商业银行联合贷款、出口信贷机构与商业银行联合贷款、政府与商业银行提供一个项目的政府贷款等几种形式。

三、福费廷

(一)福费廷业务的定义

福费廷是指在延期付款的大型设备贸易中，出口商把经进口商承兑的、进口商所在地银行担保、期限在半年以上至 5 年和 6 年的远期汇票，无追索权地出售给出口商所在地的金融机构，以提前取得现款。福费廷是一种中期的国际贸易融资方式。

(二)福费廷业务的主要内容及处理程序

出口商与进口商在洽谈设备、资本货物的贸易时，如欲使用福费廷，应事先与所在地办理福费廷业务的金融机构(即包买人)联系，包买人在了解交易情况后，报出贴现率的实盘及其他各项费用，供出口商在商品报价时把相关的各项费用计入成本。如果出口商在有效期内接受包买人报出的实盘，包买交易就算达成。包买人向出口商开出一张承担包买责任的承诺，载明包买的详细情况、商定的贴现率、各种费用等，据以约束包买人和出口商履约。在包买人报出实盘的有效期内，出口商与进口商签订贸易合同，讲明使用福费廷。出口商因索取货款而对进口商签发的远期汇票，要取得进口商所在地银行的担保，保证进口商在不能履行支付义务时，由担保行付款。担保的具体形式有两种：一种是在汇票票面上签章，保证到期付款，另一种是银行另行出具保函，保证对汇票付款，担保的费用一般由进口商负担。这里，进口商延期付款所选用的票据，既可以如上述所讲的由出口商开立远期汇票，经进口商承兑后退还出口商进行贴现，也可以是进口商自己开立本票寄交出口商进行贴现。但无论使用何种票据都须经过认可银行的担保，如果包买人认为担保银行的资信不够，进口商还要另行更换担保行。出口商在发运货物，寄出全套货运单据，并取得经进口商承兑，包买人认可的银行担保的远期汇票后，就可按照包买协议的规定，不被追索地办理该项票据的贴现手续，取得现款。

(三)福费廷的特点

在福费廷业务方式下，出口商在使用该项融资时必须与进口商协商，得到进口商的同意；出口商签发的汇票必须经进口地银行担保；出口商的票据贴现是一种卖断，包买机构无权追索。因此，出口商通过福费廷业务可以立即得到现款，既改善了企业的资金流动状况，又不增加企业的对外负债，有利于企业进一步的资金融通。而且出口商还可以把信贷管理、票据托收、信用风险和汇率风险通过福费廷业务全部转嫁给包买人。从表面上看,包买人承担到期收款的风险,实际上在票据到期、进口商不能付款时,包买人或其受让人,可以向担保银行追索。因此,包买人经办福费廷业务,主要是依靠国外进口商和担保行的信用。

(四)福费廷业务的费用

福费廷业务的费用主要包括贴现利率、承担费和罚款。贴现利息由包买人的贴现率决定,包买人往往采用再贴现率作为它的基本贴现率,再加上他所承担的商业风险、政治风险、货币风险的报酬,通常比欧洲货币市场的中期浮动贷款利率高0.75~1个百分点。承担费是出口商与包买人自签订协议日至贴现日前的一段时间内向包买人支付的费用,通常为年率0.5%~1.5%不等。如果出口商不能长期向包买人交出规定的票据,出口商还要按约定缴纳一定数目的罚金。

第三节　外汇买卖业务

一、外汇买卖市场与汇率

(一)外汇买卖市场

1.外汇

外汇是以外国货币表示的国际间用于结算的支付手段。它必须具备三个基本条件:一是必须以外币计值的资产;二是这种资产的偿付必须有保证;三是它可以兑换成其他形式的资产和以外国货币表示的支付手段。在我国,外汇的范围包括:外国货币,如钞票和硬币;公司债券、股票、息票;外币支付凭证,包括外国票据、银行存款凭证、邮政储蓄凭证;其他外汇资金。

2.外汇买卖

外汇买卖是指持有外汇的债权人按一定的价格将其外汇出售换取本币,或需要清偿外币债务的债务人按一定价格用本币买进外币的过程,是把一个国家的货币兑换成另外一个国家的货币,用以清偿国际间债权债务关系的一种商业性经营活动。

3.外汇市场

外汇市场指由外汇需求者与外汇供给者及外汇买卖的中介机构所构成的买卖外汇的场所和交易网络。外汇市场分无形市场和有形市场两种。前者指没有具体的交易场所，所有外汇买卖都通过连接银行与外汇经纪人的电话、电报、电传以及其他通信工具所组成的网络进行；后者则是指通过交易场所，在规定时间内，集中进行外汇买卖。参加外汇市场的有经营外汇业务的商业银行和各种金融机构、外汇经纪人、中央银行以及外汇买卖客户（企业客商和个人投机者）。商业银行在外汇市场上进行两方面的活动：一是代客户进行外汇买卖；二是以自己的账户直接进行外汇买卖。商业银行参与外汇市场的目的在于为客户服务，调整外汇结构和获得利润。

（二）汇率

1.汇率

汇率就是外汇买卖价格。汇率是两个不同货币的比价，即一国货币单位用另一国货币单位表示的价格。

2.外汇汇率的标价方式

（1）直接标价法。指以本国货币直接表示一定单位的外国货币，或者说一单位的外币等于多少单位的本币。

（2）间接标价法。指以一定单位的本币表示若干单位的外币，或者说是一定单位的本币可以折合成多少外币。

目前世界上绝大多数国家都采取直接标价法，但英国、澳大利亚、新西兰也采用间接标价法。无论采用什么标价法，在外汇交易中，都要同时报出“买价”和“卖价”。对银行而言，所谓买价即从客户手中买入外汇的价格；卖价则是银行向客户卖出外汇的价格，买卖之间的差价一般为1‰～5‰。

二、外汇买卖交易方式与程序

（一）外汇买卖交易方式

外汇买卖的交易方式主要有即期外汇交易和远期外汇交易两种。

1.即期外汇交易

即期外汇交易又称现汇交易、现金交易。它是指买卖双方在交易成交后于第二个营业日内进行清算交割的一种外汇买卖活动。现汇交易是银行外汇买卖的主要形式，各国商业银行的外汇买卖大都通过即期外汇买卖完成。

2.远期外汇交易

远期外汇交易是指买卖成交后不立即付款，而是在某个约定的日期进行交割的一种外汇买卖活动。远期外汇的交割期可以在一个月到一年内选定，一般以三个月为准。远期外汇交易分为：

（1）银行与进出口商之间的远期外汇交易。进出口商在从事国际贸易时，从合同的签订到实际货款的支付，有相当一段时间上的间隔。此间如果用于计算的货币汇率下跌，出口商将因此而遭受巨大损失；如果汇率大幅上升，进口商将受到较大的损失。为避免上述汇率给自己带来的风险损失，进出口商通过与银行之间进行远期外汇买卖进行避险。

(2)银行与银行间之间的远期外汇交易。银行间外汇买卖的目的之一是调整银行外汇头寸的持有量及其构成。当银行的客户向银行出售的远期外汇过多，使银行在将来某个时期实际持有的外汇数量可能超过其需要量时，该银行可在市场上将多余的外汇头寸以远期形式卖出；如果银行客户向银行购进的远期外汇过多，以至于银行到期交割时可能会没有足够的外汇进行支付时，银行就在市场上购入远期外汇，从而实现银行外汇购入量与销售量的平衡。

3.套汇交易

套汇是银行在不同地点、不同货币、不同期限内进行的外汇买卖活动。其直接目的是赚取汇差收益。银行套汇交易可分为地点套汇和时间套汇。

(1)地点套汇。即银行利用不同市场和不同地区汇率上的差异，以贱买贵卖方式赚取外汇价差收益的方式。地点套汇又可分为直接套汇和间接套汇两种具体形式。以间接套汇为例，下列三个外汇市场的汇率情况为：

伦敦外汇市场　　1 英镑＝1.6980 美元

巴黎外汇市场　　1 英镑＝9.6760 法郎

纽约外汇市场　　1 美元＝5.7910 法郎

如果银行计划以 100 万美元进行三地间的套汇，可采取如下方法操作：第一步，在纽约市场卖出 100 万美元，换回 579.1 万法郎；第二步，在巴黎市场上以 1 英镑等于 9.676 2 法郎的价格出售 579.1 万法郎，换回 59.8480 英镑，第三步，在伦敦市场上卖出 59.8480 英镑，收回美元 101.6220 万；不计费用，通过三地套汇银行可获利 101.6220－100＝1.6220 万美元。

(2)时间套汇，也称掉期交易。它是指银行在买入或卖出即期外汇的同时，卖出或买进远期外汇，通过这种即期和远期的交换，避免汇率变动风险，实现外汇保值。例如，银行以 1 美元兑换 1.32 万加元的即期汇率卖出 100 万美元，买进 130 万加元，同时再在远期外汇市场上以 1 美元兑 1.308 加元的远期汇率买进三个月期的 100 万美元，这一过程即为时间套汇或掉期交易。

(二)外汇买卖交易程序

银行通过外汇市场买卖外汇的基本操作程序是：

(1)自报家门，询价银行应首先说明自己的名称，以便让报价银行明确交易对象；

(2)询价，询价内容包括交易货币种类、交割日期和交易金额等；

(3)报价，一般只报汇率的最后两位数；

(4)成交,询价行首先表示买或卖金额,然后由报价行承诺;

(5)证实,交易双方互相证实买和卖汇率、金额、交割日以及结算办法。

三、外汇买卖风险与防范

(一)外汇买卖风险的种类

外汇买卖风险主要有以下几种类型:

1.交易结算风险

指在签订以外币计价的交易合同时,进出口双方未能确定将来进行支付时的汇率,在结算时,因汇率变化给买方或卖方带来的损失和收益。例如,国内厂商与外商签订以美元计价的进口合同100万美元,当时人民币对美元的比价为1美元=8.40元人民币,六个月后实际支付时,1美元=8.70元人民币,为此,同一笔交易,国内厂商就不得不多花30万元人民币。

2.外汇买卖风险

外汇买卖风险指在进行一种货币对于另一种货币的买卖过程中,因汇率波动较快,给买方或卖方造成的损失。这种风险的主要承受者是经营外汇买卖业务的银行。例如,银行以1美元=2马克的汇率买进美元,希望在美元汇率上升时抛出,但因美元疲软使汇率一跌再跌,银行只好以1美元=1.80马克出手美元,由此1个美元交易单位银行要亏损20个芬尼。

3.换算风险

换算风险指在进行会计账务处理和进行外币债权债务决算时,因外币与本币的汇率上升或下跌,在换算过程中产生的一种账面外汇损失或收益。如一家香港银行有一笔美元资产价值1个亿,按1美元=10港币计算,该行有10亿港元资产,如美元汇率下跌,1美元只能兑换9港元,则银行资产就变成了9亿港元,由此而损失一个亿的港币资产。

(二)银行外汇风险防范的策略

银行外汇风险的防范策略可以从两个方面着手,即事前防范,事后转嫁。

1.事前防范策略

(1)科学预测汇率变化。外汇风险实质上是由于汇率变化造成的,而汇率的变化又是受多种因素综合影响的结果。所以,深入了解和掌握影响汇率变化的各种因素,通过各种信息源和网络,及时收集和了解国内外的政治、经济、贸易、金融等方面的信息和情报,经过科学的分析比较,预测未来货币汇率的走势,对防止外汇风险的发生具有重要意义。

(2)建立风险防范制度。对外汇风险防范应树立全局观念,要不断增强银行外汇管理工作者和用汇部门的风险防范意识,建立相应的责任制度,并落实到岗到人,使人人都有危机感,从而更加细致地做好自己的本职工作。

(3)妥善选择好计价货币。外汇风险来自货币汇率的变化,各种货币不同,汇率和利率水平也不同。所以在对外贸易达成之时,防范外汇风险的根本措施是妥善选择好计价货币。选择计价货币的基本原则一是收硬付软,即在外汇收付时,争取付汇用软货币,收汇用硬货币;二是自由兑换,即计价货币主要适用可以自由兑换的货币,如美元、日元、德国马克、法郎等,以便将来汇率发生变化时,可以及时进行兑换和转移,避免外汇风险的发生。

2.事后转移

常用的方法有以下几种:

(1)在外汇市场和期货市场上进行套期保值。套期保值是指发生即期或远期外汇交易后,为防止汇率变动造成损失而作相反方向的交易。

(2)通过货币篮子保值。即通过多种货币的组合来分散风险。

(3)调整结算方式,早付迟收或早收迟付。

(4)及时进行外汇抛补,平衡外汇头寸。银行在代理企业经营外汇买卖中,因种类较多,数量也不尽一致,有可能造成银行的"超买"和"超卖"。在这种情况下,银行要承担相应的外汇风险,为了避免损失,银行应注意进行自动抛补,设法调整外汇的收汇和付汇期限,及时平衡收支头寸。

第四节 国际贷款业务

一、国际贷款业务概述

国际贷款是指国际间的资金借贷,即由一国、数国或国际金融机构向第三国政府、银行或企业提供资金融通。国际贷款是国际间借贷资本转移的一种重要形式。

(一)国际贷款的种类

根据贷款的目的和要求的不同,可以对贷款进行不同的划分。

按贷款的期限可分为短期贷款、中期贷款和长期贷款。

按贷款的保证能力可分为信用贷款和担保贷款。

按贷款资金的来源不同,国际贷款又可分为政府贷款、混合贷款、国际金融组织贷款等。

政府贷款是指一国政府利用预算资金向另一国政府提供的贷款。

混合贷款是指由政府赠款、政府贷款、出口信贷和商业性信贷等多种类型贷款按一定比例合并而成的一篮子贷款。

国际金融组织贷款是指不同国际金融组织对其成员国提供的贷款，这里的不同国际金融组织包括联合国的金融组织、地区性的金融组织和政治集团的金融组织。

此外贷款种类还可以按贷款货币的币种和贷款的用途加以区分。

(二)国际贷款的特点

1.必须以外汇换外汇，并且借什么货币必须还什么货币，要求借款人必须有外汇来源。

2.实行浮动汇率。一般情况下，由于银行从国外借入的现汇资金是按照伦敦市场同业拆借利率(LIBOR)浮动计息的，因此，发放国际贷款的利率也按照浮动利率计息。

3.政策性较强，受国家计划、外汇管理的法规约束较严格，如用途必须用于进口先进设备和技术或者短缺原材料等。特别是新技术设备及原材料进口的许可证必须在贷款前予以落实。

(三)国际贷款的对象和范围

国际贷款的对象是出口商品生产企业和能给我国直接或间接创造外汇收入并具备贷款条件的企事业单位。利用外资贷款主要是支持国家重点扶持的能源、交通和企业技术改造、设备更新等大型项目。因此对国际贷款的限制条件较多。

国际贷款的范围主要有：

1.能源的开发和利用，交通运输业、电力等基础设施的建设。

2.基础行业，如矿产加工、钢铁工业、煤炭工业、石油及机器设备、原料的进口等。

3.技术改造，进口设备、材料，扩大出口商品的生产能力，提高产品质量，增加花色品种，改进包装装潢等。

4.生产企业进口国内缺口的原料、辅料、零配件。

5.农副产品、水产、土畜产品生产开发所需的进口物资和出口创汇生产的需要。

6.对外承包业务需要。

7.旅游服务业的开发和建设及工艺美术业的发展。

8.先进技术设备的国产化需要和大型项目的运杂费、保险费、考察培训费等。

9.外商投资企业、中外合资企业、中外合作企业发展中所需的外汇资金。

10.我国大型机械、船舶等资本商品以及专有技术出口的出口信贷。

(四)国际贷款的作用

国际贷款与人民币贷款一样依据国家法律法规,按照《贷款通则》要求进行资金筹集和分配,调节社会资金的供求。但国际贷款又有其特殊作用,主要表现在:

1.利用外汇资金加快对外开放。利用吸收的国内外外汇资金发放国际贷款是使用和引进外资的重要途径,是对外开放方针政策的重要利用,是进行经济体制改革和发展国民经济的必要条件。

2.从国外引进先进技术设备,推动企业技术改造。由于使用的是外汇资金贷款,企业可以更好地从国际市场选择进口先进的技术设备,有利于推动我国现有企业的技术改造,改善生产条件,扩大生产能力。

3.支持出口创汇产品生产,增加外汇收入。国际贷款发放以偿还外汇为前提,国际贷款项目必须注意支持出口创汇,其主要投向是出口创汇企业和“三资”企业,这样,能够促进外汇来源的不断扩大。

二、银团贷款

(一)银团贷款的概念

银团贷款又称辛迪加贷款,是由一家或几家银行牵头并联合许多商业银行组成国际银行集团,按照比例向某一借款人发放的大宗贷款。银团贷款对贷款银行的最大好处在于能够分散风险,当借款人无力偿债时,各个贷款银行只对其贷款额承担风险。同时各国商业银行向某一借款人提供贷款的数额,往往受各国商业银行法的限制,因此,可能使其资金得不到充分利用。而通过国际银团贷款的形式,既能满足借款人对巨额资金的需求,又有利于贷款银行充分利用资金。此外,国际银团贷款使一些受资金供给能力限制的中小银行得以参加比较大项目的融资,有利于提高他们的地位和声望。

与传统的双边贷款相比,银团贷款具有以下特点:

1.所有成员行的贷款均基于相同的贷款条件,使用同一贷款协议。

2.牵头行根据借款人、担保人提供的资料编写信息备忘录,以供其他成员行决策参考,同时聘请律师负责对借款人、担保人进行尽职调查,并出具法律意见书,在此基础上,银团各成员行进行独立的判断和评审,作出贷款决策。

3.贷款法律文件签署后,由代理行统一负责贷款的发放和管理。

4.各成员行按照银团协议约定的出资份额提供贷款资金,并按比例回收贷款本息,如果某成员行未按约定发放贷款,其他成员行不负责任。

（二）银团贷款的组织结构

在实践中，银团的成员行的称谓有很多种，如牵头行、安排行、包销行、联合安排行、高级经理行、经理行及参与行等。但是无论称谓如何，实质上，按照在银团贷款筹组过程中的主动与被动、安排与参加、包销与认购，银团成员行主要分两个层次：

第一个层次为牵头行，即接受客户委托，策划组织银团并安排贷款分销的银行。牵头行只保证其承诺部分的贷款的分销。牵头行可以由一家银行担任，也可以由几家银行联合担任。

第二个层次为参加行，即接受牵头行邀请参加贷款银团，并按照协商确定的份额提供贷款的银行。

另外，银团贷款还有一个重要的成员就是代理行。贷款法律文件签署之后，由代理行负责贷款的发放和管理。代理行通常由牵头行或其分支机构担任，也可以由各成员行通过协商确定。代理行的主要职责包括：

1.开立专门账户管理贷款资金；

2.根据约定的提款日期或借款人的提款申请，按照协议规定的贷款份额比例，通知银团各成员行将款项划到指定账户；

3.监督借款人按规定的用途使用贷款，实施贷后管理，发现异常情况及时通知各成员行；

4.计算、划收贷款利息和费用，并按合同约定划转到各成员行指定的账户；

5.按合同规定回收贷款本金，并按合同约定划转到各成员行指定的账户。

（三）银团贷款的基本程序

1.确定牵头银行。借款人提出投资意向，包括贷款总额、贷款用途、贷款偿还安排，开出初步的贷款价格和条件等。与若干家银行联系从各银行提出的贷款方案中选择对其最有利的担任牵头银行，牵头银行要与借款人就贷款协议的主要条款谈判协商，审核借款用途，研究借款人提供的可行性报告，向借款人提出贷款条件的方案，设计贷款的期限、利率、担保、费用等。

2.借款人向牵头银行出具委托。借款人向牵头银行代其物色贷款银行组成银团出具委托授权证。一般要说明金额、货币种类、利率、还款期限、约定事项、签订贷款协议的贷款先决条件等各项有关条款。

3.组织银团。牵头银行收到借款人的委托后，即拟订贷款计划草案，并将其发送至有意参加银团的银行，作为考虑是否参加银团贷款的决策依据。贷款备忘录主要提供贷款的基本结构、借款人法律地位、经营和财务状况、贷款条件等信息资料。贷款银行同意参加银团之后，牵头银行要与贷款银行协商确定其承担贷款份额。

4.准备和商谈贷款协议等贷款文件。牵头银行要与借款人反复谈判,商定贷款协议的各项条款。在直接式银团贷款方式下,要将贷款协议的文件提交给贷款银行征询意见,直至借贷双方同意。

5.贷款协议签订和生效。贷款双方达成贷款协议后,正式签订银团贷款协议。当贷款协议书规定条件具备时,银团贷款便正式生效,有关各方按照各自的权力与义务,履行自己的职责。

以上程序见图 7-7。

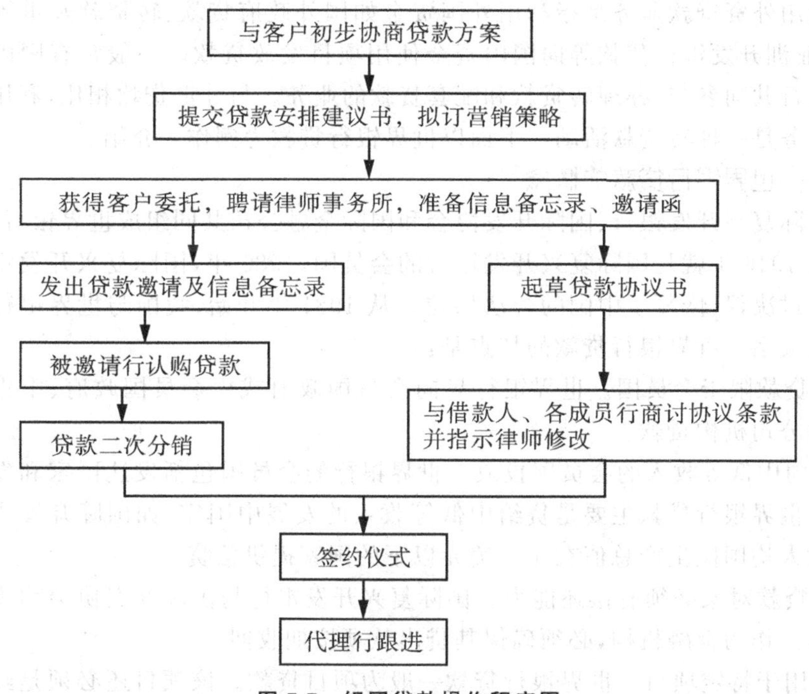

图 7-7　银团贷款操作程序图

(四)银团贷款利率与费用

1.贷款利率。银团贷款的利率绝大多数采用浮动利率。贷款利率由两部分组成:基本利率和加息率。基本利率一般多以三个月或六个月的伦敦银行同业拆放利率(LIBOR)为基准协商确定。加息率主要根据贷款金额大小、期限长短、市场资金供求特别是借款人的资信状况确定。

2.贷款费用。银团贷款的借款人,除按贷款利率支付利息外,还需要支付各项费用。费用主要有:

(1)管理费,是支付给牵头银行和经理银行作为组织银团贷款的报酬。

(2)代理费,是支付给代理银行的费用,包括电报电汇、电传费,以及办公费用等。

(3)承诺费,贷款银行按贷款协议筹措资金备付借款人使用,但若借款人没有按期使用贷款而使资金闲置则须付承诺费。

(4)杂费,是指牵头银行从与借款人联系协商到贷款协议签订为止所发生的有关费用,如差旅费、律师费等。

三、国际金融组织贷款

利用外资贷款业务是指利用外国资金如国外政府贷款、转贷款及世界银行贷款、亚洲开发银行贷款等向国内资金使用项目发放贷款。一般常有国内外汇指定银行共同参与、办理转贷款和配套贷款的业务。与外汇贷款相比,利用外资贷款业务是一种转贷款活动。下面以世界银行贷款为例作一介绍。

(一)世界银行贷款的概念

国际复兴开发银行、国际开发协会和国际金融公司共同组成世界银行集团。我国在1946年就是国际复兴开发银行的会员国,1980年,国际复兴开发银行理事会通过决议,恢复了中国的合法席位。从1981年开始,我国与世界银行建立了贷款关系。世界银行贷款的特点是:

1.贷款限于会员国。世界银行只向会员国政府或由会员国政府、中央银行担保的公司机构贷款。

2.向中低等收入的会员国投放。世界银行的会员国包括发达国家和发展中国家。世界银行贷款主要是贷给中低等收入的发展中国家,如国际开发协会通常只对人均国民生产总值在410美元以下的国家提供信贷。

3.贷款对象必须有偿还能力。国际复兴开发银行与国际开发协会均为开发性机构。作为金融机构,必须确保其贷出款项按期收回。

4.用于特定项目。世界银行贷款一般为项目贷款。该项目还必须是经过世界银行审查通过的技术经济上都是可行的而且是借款国最优先考虑的项目。

5.贷款只占特定项目全部投资的30%～40%。一般来说一个大型的项目建设,可能既需要外汇也需要本国货币。世界银行给特定项目贷款,通常只贷给所需外汇资金的一部分,约占项目全部投资的30%～40%。

6.贷款期限长。世界银行对借款国按其人均国民生产总值有以下规定:410美元以下,贷款期限为25年;411～730美元,贷款期限为20年,731～1 170美元,贷款期限为17年;1 171～1 895美元,贷款期限为15年。

7.贷款利率低或免收利息。

8.贷款手续复杂,费时较长。世界银行贷款项目要经过项目的选定、准备、评估、谈判、执行及评估的阶段,从项目的选定到开始执行,一般需要一年半到两年的时间，而且手续很复杂。在执行过程中，世界银行贷款分次拨给项目单位使用，随着项目建设的进展，由借款国提出提款申请，采取直接付款、专用账户、费用报表等方式逐渐支付，直至项目完成。这个过程持续的时间较长。

(二)世界银行贷款的种类

如前所述，世界银行贷款主要是为特定项目的贷款，除此以外还有一类就是非项目贷款。

1.特定投资贷款。世界银行对农业和农村发展、教育、工业、能源、交通等贷款，即特定项目贷款。项目贷款的目的是创造新的生产性资产、培养人才、增加产出等。

2.部门贷款。部门贷款的着眼点不是单个或特定的项目，而是给一个甚至几个部门。

3.结构调整贷款。这是帮助借款国在宏观经济、部门经济和结构体制进行全面调整改革而提供的一种贷款。

4.技术援助贷款。对技术和专利等先进科技的引进所需要的贷款。

5.紧急复兴贷款。

6.联合贷款。

(三)世界银行贷款项目的设立程序

世界银行贷款有一套科学严密的程序，涵盖项目成立、执行和评价三个阶段。其基本程序是：(1)提出项目建议书；(2)确定项目清单；(3)确定年度备选项目；(4)项目准备；(5)项目评估；(6)项目谈判；(7)协定签署；(8)协定生效。

(四)世界银行贷款在国内转贷款业务

世界银行并不直接贷款给项目单位，贷款协定是与贷款国政府签订的。在我国，由财政部出面与世界银行签订协议，取得贷款。对世界银行而言，财政部是债务人。财政部须将世界银行贷款转贷给项目单位。这种转贷涉及不同的机构，有些款项的转贷并不能一次完成，还需要再转贷，而且转贷的条件与原贷款条件并不完全等同。

财政部的转贷对象有三类：

1.转贷给国家有关专业部门。如农业部、交通部等有关专业部委作为项目总执行单位，统管全国的分项目执行单位。

2.转贷给有关的省级地方政府。省级地方政府成立领导小组及项目办公室具体负责项目的设施。

3.转贷给有关金融机构，如中国银行、交通银行等，然后再由这些机构转贷给用款的企业和项目单位。

四、项目融资

项目融资是指项目承办人为该项目筹资和成立一家公司，项目公司承担贷款，以项目公司的现金流量和收益作为还款来源，项目公司的资产作为贷款安全的保障的融资方式。该融资方式一般应用于现金流量稳定的发电、道路、铁路、机场、桥梁等大规模的基本建设项目。

国际项目融资是指以项目的名义在国际上筹措外汇资金，并仅以项目自身预期收入和资产对外承担债务偿还责任的融资方式。债权人对项目以外的资产和收入没有追索权，不以项目以外的资产、权益和收入进行抵押、质押或者偿债，也不需要项目方提供任何形式的担保。

(一)项目融资的特点

项目融资，是国际上为某一特大型工程项目筹措资金的一种方式。这种融资方式主要用于石油、天然气、煤炭、矿藏等自然资源开发及交通运输的新建项目。这些项目都需要巨额投资，所需资金往往高达数亿美元，实际甚至上百亿美元，单靠工程主办单位自身的力量无法实现，即使从国际资本市场筹得资金，也难以完全承担项目的投资风险，而且传统融资方式又不能完全满足这些项目的融资要求。针对这种情况，国际金融市场逐步发展形成了多元融资的项目融资形式。

项目融资的特点：

1.贷款人不是凭项目主办人的资信发放贷款，而是将为新建某工程项目而成立的新公司——承办人的资产状况以及该项目建成后所能创造的经济收益作为其是否发放贷款的依据。因为项目投入运营后所取得的经济收益是偿还贷款的基础，这也是项目贷款的最大特点。

2.工程项目所需资金来源多样化。除了主办者和外国民间合伙人的股本资金及国际金融借入贷款以外，还要求外国政府、国际组织、国际金融机构给予援助，参与融资，在同一项目中，往往由政府和国际机构承担基础工程的贷款，而私人机构承担购置设备的贷款。

3.为贷款提供担保的不仅仅是两个担保人，往往需要与工程项目有利害关系的更多有关方面对可能发生的各种风险，如费用超支、工程停建、无法营运、收益不足以偿债等风险，进行多方担保以保证所建工程按计划完工，并有足够的资金偿还贷款。

(二)项目融资的种类

按照借贷双方所承担的风险大小，项目融资分为两种：无追索权的项目融资和有限追索权的项目融资。

1.无追索权的项目融资

这种融资又称纯粹的项目贷款，是指贷款仅与项目本身的成败挂钩，贷款人对项目主办人无任何追索权的项目贷款。基本做法是，贷款人向项目承办人发放贷款，其还本付息的唯一来源是项目所能创造的收益，贷款人可在项目的资产上设定担保权益，但项目主办人不提供任何信用担保。如果项目半途而废或经营失败，即使其资产和收益不足以清偿全部贷款，贷款人也无权向主办人追偿。这种贷款方式由于贷款风险大，贷款人往往不愿采用。

2.有限追索权的项目融资

这是一种能分散项目融资风险的融资方式。采用这种方式，贷款人不但可以把项目的收益作为还款来源和在项目公司的资产上设定担保权益，而且还可要求其他项目参与人提供各种担保。这些项目参与人包括项目主办人、项目产品的未来购买者、东道国的政府或其他保证人。其保证包括完工保证、偿债保证、差额支付保证和最低付款合同等。当项目中途停建或经营失败，项目本身的资产和收益也不足以清偿债务时，贷款人有权向上述各个保证人追偿，但他们对项目债务的承担仅以他们各自所承诺的担保金额或按有关规定协议所承担的义务为限，所以叫有限追索权的项目融资。目前国际上一般都采用这种方式。

【本章小结】

1.汇款是由汇款人委托银行将款项交给收款人的一种结算方式。目前常用有电汇、信汇、票汇三种。

2.托收结算方式是由卖方开立汇票，委托出口地银行通过其在国外的分行或代理行，向买方收取货款和劳务费用的一种结算方式。

3.信用证是银行根据进口商的申请，向出口商开立的一项附带有条件的银行付款保证的书面文件。

4.国际保理是保理商为国际贸易赊销方式提供的将出口贸易融资、销售账务处理、收取应收账款和买方信用担保融为一体的金融业务。这一业务又称为承购应收账款，或保付代理。国际保理是国际贸易活动中新兴的金融工具，具有增强出口贸易竞争能力，加速资金周转，降低赊销收款风险，减少账务处理成本等作用，是传统结算方式的一种补充。

5.出口信贷是一国的进出口银行和商业银行为扶植本国商品的对外输出向本国出口商或他国进口商提供的优惠性贷款。它是出口国政府为支持和扩大本国商品的出口，增强国际竞争能力，以对本国的出口给予利息补贴并提供担保的方法提供的信贷。出口信贷分为买方信贷和卖方信贷两种。

6.福费廷是指在延期付款的大型设备贸易中，出口商把经进口商承兑的、进口商所在地银行担保、期限在半年以上至5年和6年的远期汇票，无追索权地出售给出口商所在地的金融机构，以提前取得现款的一种信贷方式。

7.外汇买卖是指持有外汇的债权人按一定的价格将其外汇出售换取本币或需要清偿外币债务的债务人按一定价格用本币买进外币的过程，是用以清偿国际间债权债务关系的一种商业性经营活动。

8.国际贷款是指国际间的资金借贷，即由一国、数国或国际金融机构向第三国政府、银行或企业提供资金融通。国际贷款是国际间借贷资本转移的一种重要形式。按贷款资金的来源不同，国际贷款又分为政府贷款、混合贷款、国际金融组织贷款等。

9.银团贷款又称辛迪加贷款，是由一家或几家银行牵头并联合多家商业银行组成国际银行集团按照比例向某一借款人发放的大宗贷款。银团贷款对贷款银行的最大好处在于能够分散风险。当借款人无力偿债时，各个贷款银行只对其贷款额承担风险。

10.项目融资是项目承办人为该项目筹资和成立一家公司，以项目公司的现金流量和收益作为还款来源的一种融资方式。该融资方式一般应用于现金流量稳定的发电、道路、铁路、机场、桥梁等大规模的基本建设项目。

【关键名词】

汇款　托收结算方式　信用证　国际保理　出口信贷　福费廷　外汇　汇率　间接标价法　直接标价法　外汇买卖　政府贷款　混合贷款　国际金融组织贷款　银团贷款　项目融资

【复习与思考】

1.何谓汇款结算方式？汇款结算方式有哪些种类？

2.何谓托收结算方式？托收结算方式有哪些种类？

3.什么是信用证结算业务？信用证结算业务的当事人有哪些？

4.什么是国际保理业务？国际保理业务有何特点？

第八章 商业银行电子银行业务

学习目的

▲了解电子银行业务发展概况、电子银行业务渠道；
▲掌握电话银行定义、特点、功能；
▲理解设立自助银行的目的与意义；
▲掌握自助银行的设备和功能；
▲掌握网上银行的定义、特点、功能；
▲掌握手机银行的定义、特点、功能。

随着我国金融体制的改革深入，新的商业银行的诞生，外资银行的进入，商业银行之间的竞争日趋激烈。商业银行之间的竞争实质就是客户的竞争，如何服务于更多的客户，吸收更多的资金，提高资金实力，是各家商业银行面临的首要问题。改善服务质量，提供新的服务手段，是提高商业银行竞争力的有效途径。

曾几何时，隔着防弹玻璃的柜台是商业银行和客户沟通的唯一渠道。然而上世纪 90 年代以来，这一局面发生了变化。据美国一家顾问公司调查，1993—2000 年，美国银行业各种经营渠道发生了微妙变化，传统网点由 1993 年的 42％降至 2000 年的 22％。近年来以电话、网络、手机为代表的新型商业银行服务渠道应运而生，客户正日益习惯和接受通过电话、网络、手机享受这种便捷的电子银行服务。

电子银行指通过网络和电子终端为客户提供自助金融服务的虚拟银行。电子银行业务是指商业银行为满足客户的各种金融需求，通过电话银行、网上银行、手机银行等渠道为客户提供查询、转账、理财、支付结算等服务的业务。

案例

中国工商银行电子银行品牌——“金融 e 通道”

为了突出中国工商银行高品质电子银行服务的形象，体现电子服务渠道的共同特征，中国工商银行于 2002 年 5 月在国内率先推出了电子银行品牌——金融e通道。并陆续推出了“金融 e 通道”的系列子品牌：95588电话银行、金融@家个人网上银行、理财e站通企业网上银行。

“金融 e 通道”具有丰富的内涵和意义。“金融 e 通道”整体造型质朴简约，线条流畅，富有时尚感，表示电子银行为客户搭建一条金融服务的快速、高效通道，“天堑变通途”，客户可以享受全面、方便、安全的金融自助服务。平面形象延续工行企业形象，以黑、红、灰三色为主色调，体现了工行“客户身边的银行，可信赖的银行”的服务精髓。该品牌的巧妙之处在于中间“e”字母将“金融”的最后一个笔画与“通道”的第一个偏旁部首连接，寓意工行电子银行业务功能全面、运用广泛、服务畅通。主题广告画面背景是用“网”的图形，突出以高科技为手段，象征着四通八达的网络连接着每个角落，服务着更多的客户，体现了工行与客户手拉手、心连心的美好情感。

第一节 电话银行

一、电话银行定义与特点

(一)电话银行定义

电话银行是商业银行使用计算机电话集成技术，采用电话自动语音和人工座席等服务方式为客户提供金融服务的一种业务系统。它集个人理财和企业理财于一身，是现代通信技术与银行金融理财服务的完美结合。客户拨打商业银行开设的全国统一电话银行号码，即可随时随地享受商业银行提供的各种金融服务。

(二)电话银行的特点

1.使用简单，操作便利。商业银行的电话银行将自动语音服务与人工接听服务有机地结合在一起，客户通过电话键操作，既能享受自动语音服务的快捷，又能享受人工服务的温馨。

2.手续简便，功能强大。要开通电话银行服务，客户只需到商业银行指定网点办理申请手续，即可使用。客户可通过电话银行方便地查询本人多个账户的情况，进行注册账户之间的资金划转，可以向已注册的他人账户转账，还可以实现自助缴费、银证转账、外汇买卖、股票买卖等多种理财功能。

3.覆盖广泛，灵活方便。电话银行不受时间、空间限制，向客户提供365天每天24小时不间断的金融服务，可随时随地帮客户抢占先机，真正成为客户身边的银行，可信赖的银行。

4.成本低廉，安全可靠。客户办理银行业务，不需到银行储蓄网点，直接通过电话处理，节省时间，成本低廉。同时商业银行电话银行采用先进的计算机电话集成技术，安全可靠。

5.服务号码统一。商业银行各地电话银行的服务号码统一，便于客户记忆和使用。

二、电话银行功能与申办手续

(一)电话银行的功能

1.账户查询。客户可查询在电话银行开立的活期账户、信用卡、储蓄卡等账户余额及历史交易明细。

2.转账服务。可以进行注册账户之间的资金划转，还可向已注册的他人账户划转资金。

3.自助缴费。可自助查询和缴纳手机费、寻呼费、电费等多种费用。

4.银证转账。可以实现银行账户与证券保证金账户之间的资金划转，方便客户理财。

5.银证通。客户可直接使用银行账户在电话银行中进行股票买卖业务。

6.外汇买卖。客户可通过按键操作进行外汇买卖。

7.业务咨询。办理公共信息查询和金融业务咨询等业务。

8.受理投诉。受理客户对营业网点的服务质量、业务质量的批评和投诉，并在规定时间内由相关部门给予客户答复。

9.账户挂失。办理银行卡、存折等账户的临时挂失。

10.传真服务。客户使用音频直拨电话可以得到信用卡对账单、住房贷款利率表等各类传真表。

11.外拨服务。银行主动以电话、传真、电子邮件等方式与客户联系，向客户发送有关贷款本息的追索、业务交易情况、理财申请和投诉的回复、各种重要通知、业务宣传资料等信息。

12.委托服务。客户可委托银行在授权额度范围内，按实际金额、指定日期自动从指定账户划款交费。

(二)电话银行申办手续

1.开户条件

在商业银行开有存款账户的单位或个人,均可申请成为电话银行的注册客户。

2.开户手续

客户申请电话银行注册应到商业银行指定的营业网点办理,填写《注册申请表》,办理客户登记注册的相关手续,并提供如下资料:

(1)个人客户需持本人有效身份证件,注册申请表上填写注册卡号、注册账户所对应的存款账户存折、信用卡和储蓄卡等相关银行卡。

(2)企业客户需持本单位介绍信及《注册申请表》,表上应加盖企业主账户的预留银行印鉴。

(3)开通其他功能所需要的协议和授权书。

(4)其他所需的资料。

三、客户服务中心

为向广大客户提供优质、快捷和全面的服务,商业银行将电话银行服务系统实行升级换代,推出客户服务中心服务。

(一)客户服务中心的定义

客户服务中心是指将银行服务从传统的柜台客户接待方式,发展为以计算机技术、网络、通信技术为基础,不受时间、地点、场合限制,超越时空、跨越地域的高效率的现代化银行服务体系,24 小时不间断地向广大客户提供方便、快捷、全方位的信息咨询和理财服务,将银行服务延伸到一个无限的空间。

(二)客户服务中心的特点

客户服务中心采用先进的通信、计算机网络、电脑语音整合技术,并与银行大型数据库相连,为客户提供金融常识、财经信息、银行业务规定等金融知识咨询服务,并可自助办理持卡人账务查询、转账转存、购物消费、抵押贷款、国债买卖、自动缴费等各种银行业务,同时受理客户投诉,提供应急服务,随时为客户排忧解难。

客户服务中心采用人性化服务,提供自动语音和人工咨询两种方式,业务处理、语音服务、人工座席之间可根据客户意愿自动切换,使客户倍感亲切便利。无论何时何地,只要拨通商业银行统一服务号码,在电话语音提示下,通过电话机按键输入相应的业务功能代码,即可享受一系列的金融服务。

(三)客户服务中心的服务内容

1.自动咨询

提供下列金融业务咨询服务,客户只需输入咨询代码,即可得到所需的金融信息。

(1)金融常识:主要介绍我国金融机构的种类、性质、主要职责与业务,以及银行概况等方面的内容。

(2)个人金融业务:包括储蓄存款、银行卡、中间代理业务、现代化金融服务手段、国库券业务、人民币有关知识。

(3)财会业务:包括票据的法律规定、支付结算规定与操作、银行账户管理、新兴电子化服务手段、关于查询冻结扣划存款的有关规定。

(4)计划业务:包括人民币存款利率、贷款利率、存款业务计结息规定、贷款业务计结息规定、现金管理。

(5)信贷业务:包括信贷业务简介、流动资金贷款、固定资产贷款、票据贴现、个人小额质押贷款、个人住房按揭贷款、汽车消费贷款等业务。

(6)外汇业务:包括外汇存款业务、外汇贷款业务、个人外汇买卖、非贸易结算、国际贸易结算等业务。

2.人工咨询

解答客户的各种业务咨询,解决客户有关业务方面的疑难问题,为客户提供金融知识、银行业务规定、财经信息、个人理财分析等方面的咨询服务,听取客户意见和建议,收集金融服务的需求信息。

3.自动服务

(1)查询:自动查询银行卡内人民币、美元、港币、日元等各种存款的发生额和余额,如连接传真机可打印出以上账务情况。

(2)转账:可将银行卡内的存款由活期转为定期、通知存款,到期定期转为活期或定期等各种类型的储蓄存款。也可办理卡与卡之间相互转账。

(3)抵押贷款:自动办理小额消费质押贷款及还贷业务,避免客户因提前支取定期存款而造成的利息损失。

(4)自动缴费:可自动查询或缴纳当月电话费、电费、保险费、传呼费、有线电视费、联通手机费、移动手机费等。

(5)银证转账:可自动完成客户的银行账户和客户在证券公司的保证金账户间的资金划拨,并可查询客户保证金账户的余额。

(6)外汇买卖:可自动查询外币定期存款,进行外币的即时交易或委托交易。

(7)银证通:客户可通过该功能进行股票信息查询,进行股票交易。

(8)开放式基金业务:开通基金账户、认购、申购、赎回、撤销(仅限于申购赎回交易)、更改分红选择。

4.应急服务

如果银行卡不慎遗失或被窃,可办理应急挂失(口头挂失)。客户遇到的紧急情况,可以突破时空限制得到及时处理。

5.客户投诉

受理各类客户服务投诉,并作出认真负责的答复。

第二节 自助银行

自助银行,又称"无人银行"、"自助理财中心"等。简单地讲,"自助银行"是借助科技手段为银行客户提供自助服务的银行机构(self-service banking)。自助银行作为由商业银行提供给客户自行操作的无人值守的营业网点,有效地集成了银行柜台提供的大部分功能,如存款、转账、账务信息查询等。它可以提供除新开户、销户、冻结账户等功能外几乎所有的银行柜台业务,是一个比较完善的银行零售业务系统,可以为客户提供全方位的金融服务。自助银行采用客户自己操作的方式,一方面可以充分尊重客户的意愿,提供优质的"距离式"服务,有效地提高服务品质;另一方面也有效地把柜员从附加值低的机械劳动中解放出来,提高工作效率。总之,自助银行能有效地提高服务质量,增强竞争力,提高客户的满意度,降低运营成本,提高银行形象。

一、自助银行的定义

自助银行指通过计算机控制的金融自助式终端设备(如现金存取款机、外币兑换机、自助式存折补登折机、客户信息打印设备、多媒体信息服务设备、夜间金库、电子保险箱、找零机等)为持卡人提供全天候、24 小时的自助式服务的银行现代化综合应用管理系统。自助银行实现了部分或大部分银行柜面业务由持卡人自己处理。

二、设立自助银行的目的与意义

(一)设立自助银行的目的

银行储蓄网点营业柜台的服务手段滞后,办理手续繁琐,不能提供快捷的服务。所以银行采用了 ATM 自助式取款机,为广大客户提供简单的取款、查询和改密服务，但 ATM 自助式取款机简单功能并未充分满足客户的需要，并未实现真正的 24 小时服务的 ATM，仅仅替代了很少部分的储蓄网点业务。

高新技术的迅猛发展，带动了商业银行电子化、信息化进程，商业银行必须运用信息技术以方便、周到、准确、及时的方式为广大客户提供便捷的服务。因此，建设自助式金融服务，让客户自由方便地选择地点、时间、场所，自己独立完成应由银行柜台完成的业务，以全新的面貌、形象和手段吸引客户，扩大用户群，是商业银行金融电子化发展的目标。

为了方便客户，将银行工作人员从繁重的业务中解脱出来，分流营业高峰时期的柜台业务压力，各家商业银行正逐步推出“金融超市”服务，将存取款、转账、存折补登、对公对私账务的查询、公用信息的查询等业务从银行柜台中分离出来，借助电子化的自助式金融服务设备如自动存取款机、自动补登折机、多媒体查询机等银行客户服务终端，由银行客户自助处理，使银行柜员有更多的时间为客户提供咨询及理财等高级服务。

(二)设立自助银行的意义

自助银行概念的引入，使商业银行在经营理念、经营方式、经营手段、服务水平等方面跃上一个新的台阶。因此，利用高新技术，引入“金融超市”迅速占领市场，降低经营成本，对商业银行具有战略性意义。

1.增强商业银行业务拓展能力

由于自助银行的建设速度和长期投资规模均比开设同等规模的储蓄网点更有优势，并且其扩充、缩小规模的灵活性也很高，利于保护商业银行在建设上的投资。

2.弥补网点不足

对新兴商业银行而言，大力发展自助银行，可以较少的投资、较快的建设周期，扩充营业网点，同时也减少了人力资源的投入，通过高新技术手段参与市场竞争，拥有与大商业银行抗衡的实力。

3.树立银行企业形象

目前自助银行在我国正处于全面兴起的阶段，如果新兴银行成功地开办自助银行业务，势必会在公众和同行中很好地树立自己企业的形象，这对任何一家商业银行来说都具有重要的意义。

4.提高银行业务及管理水平

新兴商业银行在自身业务规模尚未扩大、经营时间尚短的时候，抢先发展自助银行业务，将会使商业银行在金融电子化的过程中获得飞跃性的发展，不但在这一点上能够走在同行的前列，而且也能使商业银行自身的管理水平为适应现代科技手段的进步而大为提高，从而在竞争中处于有利地位。

总之，对商业银行而言，建设自助银行的目的和意义是：提高银行形象，以较少的投资扩展营业网点，方便客户实现 24 小时服务，降低营业成本，减少人力投资，提高营业水平，增加营业收入。

三、自助银行的设备和功能

（一）自助银行设备

自助银行一般配置有以下设备：自动存款机、自动取款机、多媒体自助终端、自动存取款机、全自动保管箱、夜间金库。

（二）自助银行提供的服务功能

1.自动存款机：提供自动存款服务，资金即时入账。

2.自动取款机：提供自动取款、查询余额、缴纳费用及修改密码服务。

3.多媒体自助终端：全方位介绍金融知识和业务信息，并可查询、打印所有账户的历史交易明细，缴纳各种费用，办理卡间转账、卡内转账、外汇买卖、银证转账、质押贷款、国债买卖、提醒服务、打印发票、口头挂失等业务。

4.自动存取款机：它集现金存取款于一身，可以一次取款 20 000 元，一次存入 100 张百元人民币。并且可以办理缴纳费用业务，极大地方便了客户。

5.全自动保管箱：提供自助式保管箱服务，客户存取物品不受时间限制，亦无须银行人员陪同，确保客户隐私。

6.夜间金库：事先办理申请手续，即可 24 小时自由存放现金或物品，系统打印回单，次日由银行清点入账或暂时保管。

第三节　网上银行

一、网上银行的定义与特点

（一）网上银行的定义

网上银行，又称网络银行、虚拟银行，它实际上是商业银行业务在网络上的延伸。网上银行依托迅猛发展的计算机和计算机网络与通信技术，利用渗透到全球每个角落的因特网，把商业银行的业务直接在因特网上推出。这种新式的网上银行包括虚拟个人银行、虚拟企业银行，几乎囊括了现有商业银行的全部业务，代表了整个银行业未来的发展方向。

（二）网上银行的特点

网上银行是指通过 Internet 这一公共资源及使用相关技术实现商业银行与客户之间安全、方便友好联接的虚拟银行。它可为客户提供各种金融服务产品。与传统的银行业务相比，网上银行表现出以下特点：

1.全面实现无纸化交易。以前使用的票据和单据大部分被电子支票、电子汇票和电子收据所代替；原有的纸币被电子货币即电子现金、电子钱包、电子信用卡所代替；原有纸质文件的邮寄变为通过数据通信网进行传送。

2.服务方便、快捷、高效、可靠。网上银行的用户可以享受到方便、快捷、高效和可靠的全方位服务。上网客户可以在家里开立账户，进行收付交易。网上银行实行全天 24 小时、一年 365 天不间断营业。客户可以在任何地方、任何需要的时候使用网上银行的服务，不受时间、地域的限制。银行业务的电子化大大缩短了资金在途时间，提高了资金的利用率和整个社会的经济效益。

3.经营成本低廉。据美国网上银行运作的报告表明，网上银行经营成本只相当于经营收入的 15%～20%，而普通银行的经营成本占收入的 60%；开办一个网上银行所需的成本只有 100 万美元，还可利用电子邮件、讨论组等技术，提供一种全新的真正的双向交流方式。根据统计，在因特网上进行资金清算每笔成本不超过 13 美分，而在银行的个人电脑软件上处理一笔交易的成本则达到 26 美分，电话银行服务的每笔交易成本为 54 美分，而传统银行分理机构的处理成本更高达 108 美元。所以，网上银行业务成本优势显而易见。而且，由于采用了虚拟现实信息处理技术，网上银行可以在保证原有的业务量不降低的前提下，减少营业点网的数量。

4.简单易用。使用网上银行的服务不需要特别的软件，甚至不需要任何专门的培训。只要有一台电脑和调制解调器，有进入因特网的账号，入网后，即可根据网络银行网页的显示，按照提示进入自己所需的业务项目。简洁明快的用户指南，使一般具有因特网基本知识的网民都可以很快掌握网上银行的操作方法。网上 E-mail 通信方式也非常灵活方便，便于客户与商业银行之间以及商业银行内部之间的沟通。

二、网上银行的功能

一般来说，网上银行具有四大功能：

1.访问功能。商业银行员工和客户之间可以通过 E－mail 相互联络。客户可以在他们方便的任何时候——无论营业时间之内，还是商业银行关门之后——向商业银行咨询有关信息，比如股票分析和金融新闻。

2.展示功能。网上银行主页统一了商业银行展示的和被访问的界面。现在全世界大部分银行有了自己的主页,展示内容包括行史、业务范围、服务项目、经营理念等等。

3.综合功能。为客户提供各种服务、信息,并处理客户的报表等。

4.服务功能。客户可以在家里享受商业银行的全方位服务,服务的质量与商业银行客户经理没有差别。商业银行没有了围墙,一步到位地成为跨国银行,世界各地的居民都是网上银行的潜在客户,全世界的人都可以通过因特网向网上银行购买服务。

案例

中国民生银行网上个人银行简介

中国民生银行网上个人银行是中国民生银行推出的全新的金融服务工具,它为客户提供了“3A”式服务,使客户足不出户就能享受到银行专业化、个性化的服务。民生银行网上个人银行作为一种全新的服务方式,是对传统银行服务的延伸,扩大了服务空间,实现了7×24小时的服务,是广大个人客户理财的好帮手!

1.民生银行网上个人银行服务特点

(1)方便

只要客户拥有民生借记卡,无须办理其他任何手续,即可使用。

中国民生银行网站全天候地为客户服务,让客户在任何时候、任何地方都能轻松理财。

(2)安全

采用中国人民银行CFCA作为第三方认证机构,系统安全,方案规范、先进。

系统采用先进的多重加密技术,所有数据均经过加密后在网上传输,让客户放心使用。

客户个人的账户信息、交易信息都不会被他人窃取。

(3)高效

全新的业务处理系统平台使得业务处理更加快捷。

民生银行系统内转账即时完成。

质押贷款即时发放。

(4)全新

在身份认证的基础上,为客户提供了对外支付、个人外汇买卖、小额质押贷款发放等多种服务,使客户享受到网上银行的强大功能。

2.民生银行网上个人银行服务模式

民生网个人银行服务分为普通版、专业版。

目前普通版已经实现的功能包括查询、内部转账、挂失、公共信息服务等；专业版已经实现的功能包括查询、内部转账、对外转账、自助贷款、购买国债、外汇买卖、网上支付、维护设置、公共信息服务等。

(1)普通版

只要拥有民生卡，无需签约即可凭卡号、查询密码登录民生网个人银行普通版，享用民生网的部分服务。

(2)专业版

凡是拥有民生卡或活期一本通的客户，本人携带有效身份证件和卡折原件到民生银行任一网点柜台办理签约手续，填写网银开户申请书，签署网银服务协议书，领取网银证书，生成网银登录密码，客户就可以用客户号、网银登录密码进入民生网个人银行专业版，享用民生网的全部服务。

3.民生银行网上个人银行申请流程(见图 8-1)

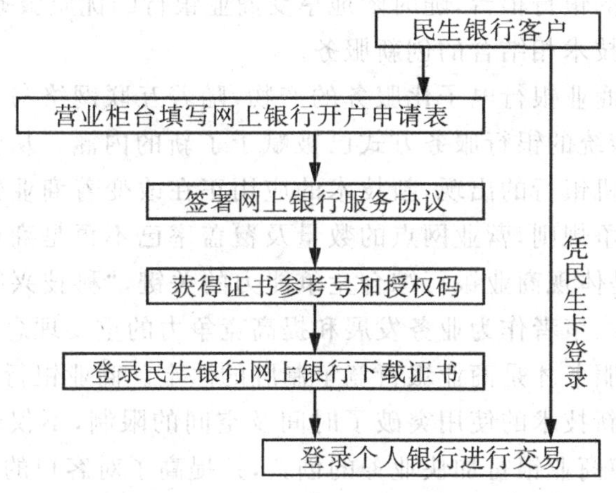

图 8-1 网上个人银行申请流程图

4.民生银行网上个人银行专业版操作使用——登录示例(略)

5.民生银行网上个人银行专业版操作使用——存款查询示例(略)

资料来源：中国民生银行网

第四节 手机银行

一、手机银行

(一)手机银行的定义

手机银行又称移动银行,是利用移动电话办理商业银行相关业务的简称,是商业银行实现电子化服务的一种渠道,是移动通信网络上的一项电子商务服务。手机银行是通过移动通信网络将客户手机连接至银行,实现利用手机界面直接完成各种银行业务的服务系统。客户只需将手机号与银行账户绑定,就能让手机成为一个掌上的银行柜台,随时随地享受商业银行的优质服务,体验现代金融业务与移动通信技术相结合的创新服务。

手机银行是商业银行电子化服务的产物,随着互联网络与移动通信技术发展的方兴未艾,传统的银行服务方式已被赋予了新的内涵。从传统的柜台办理到网上银行及手机银行的出现,新技术的应用正在改变着商业银行决策者的观念与银行业的竞争规则,营业网点的数量及覆盖率已不再是商业银行决策者追求的目标,更不是体现商业银行综合竞争能力的关键,“科技兴行”、“科技立行”已成为商业银行决策者作为业务发展和提高竞争力的重要理念。如何能够给客户提供更方便的服务才是商业银行竞争制胜的法宝。商业银行通过对互联网络与移动通信等高新技术的使用突破了时间及空间的限制,不仅改变着人们对银行的认识,也促使商业银行加快业务的创新,并提高了对客户的服务质量及服务便利性。

有关调查表明:未来几年商业银行传统分支机构数量将大幅减少,自动柜员机(ATM)数量将低幅增长,电话银行服务也将放缓增长速度,而最具生命力及前途的两种新兴服务方式将是网上银行与手机银行。

(二)手机银行的功能

手机银行为客户提供查询、转账汇款、缴费、支付、外汇买卖、银证业务、手机股市、信用卡、公积金、基金查询、本地服务和网上商城等服务。手机银行的功能主要有:

1.查询服务。余额查询、来账查询、公积金明细、交易查询,使客户对自己的财务状况了如指掌。

2.转账汇款。同城或异地，个人或企业，随时随地实现资金划转；手机到手机转账，让客户只需输入对方手机号码和金额即可方便地实现手机银行客户间的转账；约定账户转账为客户着想，帮助客户准确快速实现资金划转；低至三折的汇款手续费，为客户省钱到家。

3.手机缴费。手机费、市话费、水电费、交通罚款、Q币充值……满足客户多种多样的缴费需求，不用再排队。

4.信用卡业务。无论身处何地，信用卡账单信息随手掌控，更让客户不再错过还款时间。

5.投资理财。手机股市、基金查询、银证转账、外汇买卖，让财富在客户手中积聚。

6.网上商城。电子机票、福利彩票等，让客户享受贴身的购物乐趣。

专栏

手机银行给广大消费者带来的益处

1.用户将享受丰富多彩的增值服务。一部手机居然还能干那么多事情？——这是从前的移动用户想都没想过的，也是移动运营商、银行、SP等所始料不及的。然而，手机银行却给多方团体赋予了崭新的角色，让他们又拥有了更加广阔的活动空间，而最大的受益者就要属广大的移动用户了。随着手机银行系统的不断完善和应用服务内容的不断增加，普通的移动用户可以享受到诸如银行账户查询，水、电、煤气费的支付，股票买卖，在线订票，在线订房，移动彩票等层出不穷的移动增值服务。

2.用户将真正享受7×24的无障碍消费体验。有人说，电子商务的蓬勃发展缩短了人们之间的距离，也使地球变小了，因为人们可以坐在家里通过互联网访问世界任何角落的人或机构。然而移动商务时代的到来让电子商务有了“腾飞的翅膀”，即人们不必再坐在家里，而是通过一部手机就可以实现移动炒股、移动彩票、移动购物等，真正实现每周7天、每天24小时跨时间、跨地区的无障碍购物新体验。

（三）手机银行的特点

1.即需即用，贴身服务。手机银行与客户一同步入商业银行的“即需即用”时代，无论何时何地，客户一旦需要，即可拿出手机，立即满足客户投资理财、资金划转、缴费支付等急迫的需求。拥有手机银行即可享用7×24小时贴身服务。

2.功能丰富，交易快捷。手机银行不但囊括有形营业网点提供的基本金融服务，还有手机到手机转账，只需输入对方手机号码和金额即可方便地实现手机银行客户间的资金划转等特色业务，更有手机股市、外汇买卖、银证转账等紧跟市场动向的投资理财服务，使客户随手掌控市场，时时积累财富。

3.技术先进，安全可靠。银行客户拥有手机银行，就拥有了最安全的电子交易渠道，再也不用担心黑客和木马的侵袭。开通手机银行的手机具备客户的身份认证功能，并且对客户做的所有交易全程加密。领先技术、纯净网络、重重保障，高科技为客户的资金安全保驾护航。使用手机银行，更可尽享最私密的金融理财服务。只由客户操控的手机，只对客户展示的手机界面，就如同只为客户开设的银行一般，再也不用顾虑任何人获知客户的财务隐私或理财秘诀。

4.申办快捷，手续简便。客户只需登录一次手机银行或银行网站，简单输入必填的要素，就可成为手机银行客户，享受银行为客户提供的查询、缴费支付等服务；或只需亲临一次营业网点，签约成功后即可享受全面的手机银行服务。

专栏

国外手机银行的发展

世界上率先实现商业性运作的手机银行项目是由东欧的捷克斯洛伐克的一家银行 Expandia Bank 与移动通信运营商 Radiomobile 公司在布拉格地区联合推出的，其 GSM 网络从 1996 年 9 月 31 日开始使用，拥有 315 000 个用户，由德国捷德(G&D)公司提供 SIM 卡技术及安全系统。该手机银行系统从 1998 年 5 月 1 日运行，推出后即吸引了 4 000 多个银行客户，至今该银行系统已由最初支持一家银行业务发展为目前支持多家银行业务。其基于捷德公司的 IC 卡——STARSIM 平台，能运行在一系列的标准化手机上。该手机银行可为客户提供包括账户资料和安全支付在内的大量在线金融服务，功能包括诸如账户结算要求、股票和货币信息、账单支付以及客户服务热线等。如客户申请了这项服务，就将得到一张载有手机银行应用的 STARSIM 卡，凭借这张卡，客户可得到由 Expandia 银行和 Radiomobil 提供的范围广泛的新颖服务。

手机银行服务一经推出就在银行信息电子化水平最高的欧美国家大行其道。美国花旗银行与法国 Gemplus 公司、美国 M1 公司于 1999 年 1 月携手推出了手机银行，客户可以用 GSM 手机银行了解账户余额和支付信息，并利用短信息服务向银行发送文本信息执行交易，客户还可以从花旗银行下载个人化菜单，阅读来自银行的通知和查询金融信息。这种服务方式更加贴近客户，客户可以方便地选择金融交易的时间、地点和方式。据统计 2001 年全法国 90% 以上的银行开通了手机银行业务。

现在更有一种新的手机银行业务正风靡欧洲，它就是手机支付服务。在瑞典，人们可以利用手机拨号购买饮料，买票乘坐公共汽车。由于使用方便且其安全程度高于传统的支付方式(不必向商家提供信用卡号码),所以在瑞典、德国、奥地利和西班牙大受欢迎,该服务目前已推广到英国等国家。手机支付这种新型银行业务前景广阔。

二、我国手机银行的发展

中国加入WTO后,网络银行业务的竞争将是中国银行业面临的最先冲击。手机银行的出现又使中外银行多了一个新的竞争点。

为加快网络金融业的发展,提高金融业的整体竞争力,2000年6月由中国人民银行牵头,与12家商业银行联合共建的中国金融认证中心(CFCA)正式挂牌。2001年4月泰康亚洲(北京)科技有限公司通过与CFCA的连接测试,成为移动领域中首家获CFCA金融权威安全认证的移动电子商务技术提供商。

与国外手机银行的发展相比,我国手机银行起步晚,但发展迅猛。最早的是2000年2月14日,中国银行与中国移动通信集团公司签署了联合开发手机银行服务合作协议,并于2000年5月17日正式在全国范围内先期开通北京、天津、上海、深圳等26个地区手机银行服务。几乎与中国银行同时,中国工商银行与中国移动通信集团公司也于2000年5月17日开通了手机银行系统,并首先在北京、天津、河北、上海、江苏、浙江、福建、江西、山东、广东、重庆、深圳等12个省市分行开通。2000年3月24日,招商银行发布信息,宣布已与广东移动通信有限责任公司深圳公司联合在深圳推出手机银行服务,随后在重庆、北京、武汉、上海等11个城市推出。2000年4月26日,中国光大银行宣布在摩托罗拉公司的支持下推出手机银行服务。2001年广东发展银行中山分行与中山移动通信公司联合推出手机钱包项目。目前国内各家手机银行服务项目的开通基本上都是分期进行的,首期主要以账户查询、存款账户间转账、金融信息查询和临时挂失等信息服务为主。

从目前国内各银行开展的手机银行服务可以看出,国内手机银行的发展还处于起步阶段,大多以提供查账等信息类服务为主,而存在巨大市场需求且能为银行带来收益的交易类服务(移动购物、移动支付等)却不多。这除了银行自身的交易服务和应用功能尚待完善外,实现移动交易的安全加密技术难度大和市场发展涉及的层面多是制约其发展的关键所在。

三、商业银行开展手机银行服务的意义

1.降低银行经营成本,提高赢利能力。据国外金融研究机构调查结果表明:利用手机银行处理每一笔交易的平均成本为0.16美元,大大降低于1.07美元的

传统柜员交易成本(比柜员成本低85%)。按国内目前平均柜台交易成本约为人民币4元进行推算,使用移动交易的成本为0.6元人民币。

2.拓展银行服务方式,增强银行竞争力。手机银行拓展了银行的服务渠道,是继网上银行、电话银行之后又一种方便银行用户使用的服务方式。银行业向来注重利用技术提高服务,发展手机银行已成为各银行提高服务、增强竞争力的一个重要手段,是银行间经营战略的要素之一。

3.延长了银行服务的时间,扩大了银行服务范围。手机银行是将银行业务柜台延伸至手机用户身边,无形地增加了许多业务网点,同时不受营业时间的限制,真正实现了7×24小时全天候服务。

4.方便展开中间服务,增加银行收入。手机银行服务方便和安全,使手机用户更愿意选择通过手机缴纳电话费及水、电、煤气费等。目前,国内已经有一些银行开始尝试提供这种满足用户理财需求的专家建议、投资组合建议等有偿的个人理财服务,并获得了较好的回报。手机银行服务除了能为移动用户提供通知、查询服务外,还是银行开展有偿服务的一个最佳服务方式。手机银行服务有利于银行开展中间业务,增加收益。

5.易于推广银行的金融产品,增加业务量。银行可以随时将新出的金融产品推向用户,通过短信息及时与客户沟通互动,促进交易买卖,有效地提高交易频率,扩大业务量和规模。例如:当记账式国债和新基金推出时,银行在通知用户定期存款到期的同时,提供可转记账式国债、转基金、续存定期、转活期等多种金融产品方便用户选择。

案例

中国建设银行、中国联通共同合作推出了新一代手机银行

1.随身携带的银行——移动理财,创造未来

2004年7月21日中国建设银行、中国联通共同合作推出了新一代手机银行,具有手机理财、手机支付及手机电子商务功能,是国内首个大规模推出的支持在线交易的手机金融服务,具有以下特点:技术先进,安全可靠;一次接入,实时在线;界面友好,直观可视;申办方便,操作简单;功能齐全,理财增值;全国开通,全网漫游。

只要您是中国建设银行的客户,在中国联通CDMA网络覆盖的范围内,您都可以随时随地使用"手机理财+手机支付+手机电子商务"的所有功能,解决您的烦恼,节省您的时间,方便您的生活,满足您的需求,令您引领消费时尚,感受最新消费方式,享受便捷生活!

2.掌上的网上银行——功能齐全,灵活方便

新一代的手机银行拥有以下功能：

(1)查询：提供“账户余额”、“账户明细”、“消费积分”等查询功能，可以进行多账户、多币种的余额、交易明细及消费积分的查询。

(2)转账：提供“本人名下转账”、“转账给他人”的转账功能。

(3)汇款：提供将活期账户资金汇入外地建设银行的活期账户的功能。

(4)银证转账：您可以通过此项功能在手机上实现证券保证金账户与银行账户之间的资金互转。

(5)外汇业务：通过此项功能您可以在手机上随时随地进行外汇买卖和查询交易，包括“行情查询”、“交易查询”、“实时交易”、“委托挂单”、“委托撤单”等功能。

(6)缴费：您可以直接利用手机来办理银行代理的各项缴费业务，如缴纳水费、电费、煤气费、电话费、交通规费等。

(7)支付：由于手机银行支持在线交易，用户可以通过手机来进行购买支付，尤其适合各种远程支付。您可以全面感受全新的远程支付方式，网上交易，手机支付，时尚方便。

(8)同时，您还可以直接通过手机完成电子商务交易的全过程，手机购物、手机交易、选购支付随时完成！

3.申请使用手机银行

(1)您拥有建行实名制的存折或者银行卡。

(2)您拥有一部支持“神奇宝典”功能的 CDMA 手机。

(3)您现在可以通过“神奇宝典”下载“建行手机银行”程序，时尚、方便、快捷、实用的手机银行业务属于您了！

【本章小结】

1.电子银行指通过网络和电子终端为客户提供自助金融服务的虚拟银行。电子银行业务是指商业银行为满足客户的各种金融需求通过电话银行、网上银行、手机银行等渠道为客户提供查询、转账、理财、支付结算等服务的业务。

2.电话银行是商业银行使用计算机电话集成技术，采用电话自动语音和人工座席等服务方式为客户提供金融服务的一种业务系统。客户拨打商业银行开设的全国统一电话银行号码，即可随时随地享受商业银行提供的各种金融服务。

3.电话银行功能有：账户查询，转账服务，自助缴费，银证转账，银证通，外汇买卖，业务咨询，受理投诉，账户挂失，传真服务，外拨服务，委托服务。

4.客户服务中心是指将银行服务从传统的柜台客户接待方式，发展为以计算机技术、网络、通信技术为基础，不受时间、地点、场合限制，超越时空、跨越地域的高效率的现代化银行服务体系，24 小时不间断地向广大客户提供方便、快捷、全方位的信息咨询和理财服务。

5.自助银行指通过计算机控制的金融自助式终端设备(如现金存取款机、外币兑换机、自助式存折补登折机、客户信息打印设备、多媒体信息服务设备、夜间金库、电子保险箱、找零机等)为持卡人提供全天候、24 小时的自助式服务的银行现代化综合应用管理系统，自助银行实现了部分或大部分银行柜面业务由持卡人自己处理。

6.设立自助银行的目的是：以方便、周到、准确、及时的方式为广大客户提供便捷的服务。建设自助式金融服务，让客户自由方便地选择地点、时间、场所，自己独立完成应由银行柜台完成的业务，以全新的面貌、形象和手段吸引客户，扩大用户群，是近年来商业银行金融电子化发展的目标。

7.设立自助银行的意义在于：增强银行业务拓展能力，弥补网点不足，树立银行企业形象，提高银行业务及管理水平。

8.网上银行是指通过 Internet 这一公共资源及使用相关技术实现银行与客户之间安全、方便友好联接的虚拟银行。它可为客户提供各种金融服务产品。与传统的银行业务相比，网上银行具有以下特点：全面实现无纸化交易；服务方便、快捷、高效、可靠；经营成本低廉；简单易用。

9.手机银行是通过移动通信网络将客户手机连接至银行，实现利用手机界面直接完成各种金融理财业务的服务系统。客户只需将手机号与银行账户绑定，就能让手机成为一个掌上的银行柜台，随时随地享受银行优质服务，体验现代金融业务与移动通信技术相结合的创新服务。

【关键名词】

电子银行　电话银行　客户服务中心　网上银行　手机银行

【复习与思考】

1.何谓电子银行？电子银行有哪些服务渠道？

2.何谓电话银行？电话银行有哪些功能？有哪些特点？

3.何谓客户服务中心？有哪些功能？

4.何谓自助银行？设立自助银行有何意义？自助银行有哪些设备与功能？

5.何谓网上银行？网上银行有哪些功能？

6.何谓手机银行？手机银行有哪些功能？

管理篇

GUANLIPIAN

第九章

资本管理

学习目的

▲了解商业银行资本的概念、构成；
▲理解资本在商业银行经营管理中的功能与作用；
▲掌握《巴塞尔协议》关于统一银行资本构成的规定；
▲掌握《巴塞尔协议》关于资本充足率的计算公式；
▲掌握我国商业银行资本充足率的计算方法。

第一节　商业银行资本的构成与功能

一、商业银行资本的含义

在市场经济社会中，任何一个自主经营、自负盈亏的经济实体，都必须拥有一定的资本，银行当然也不例外。在银行的各项资金来源中，资本具有铺底的性质，是银行可独立运用的最可靠、最稳定的资金来源。所以资本是银行经营的基础，国际上通常将资本定义为"银行股东为赚取利润而投入银行的货币和保留在银行中的收益"。

商业银行和其他公司、企业一样，申请开业的首要条件是必须筹足一定数量的资本。但是商业银行资本的概念不同于一般公司、企业的资本概念。就一般公司、企业而言，资本是指所有权与经营权都属于自己的资金，即指拥有的产权（在会计上是指资产累计值与负债累计值的差额），且其资本通常要占其资产总额的50%以上，资本是工商企业维持生产经营的主要物质条件和支撑力量。而商业银行的资本金，占其资产总额比例一般都不到10%，所以银行资产经营主要不是依靠资本来支撑，而是依靠存款和负债。

二、商业银行资本的功能

由于银行是经营货币信用的特殊企业，从而决定了银行资本的主要功能与一般企业不同。具体从经营管理的角度来看，银行资本具有三大基本功能，即营业功能、保护功能和管理功能。

（一）营业功能

首先，资本是银行开业经营的先决条件，没有达到规定的资本金数额是不能注册的。银行要想取得管理当局的营业许可，必须满足一定金额的最低注册资本要求，尤其在申请开业时期，如能拥有相对充裕的资本，有关管理部门就会为该银行开业提供便利。其次，资本为银行开业提供了启动资金。如开业之前，银行建造或租赁营业场所、装备办公用品、雇佣管理者和职员等所需要的资金都只能来自于资本，而不能用负债来解决。随着先进的通信工具的广泛使用，用资本金购置设备的比率将不断上升。再次，资本为银行的扩张和银行新业务的创新提供了资金，使银行得以扩大市场份额。

（二）保护功能

存款是银行赖以存在和发展的基础，银行吸收存款的目的是通过贷款或投资取得盈利，但贷款或投资随时都有风险，一旦贷款或投资收不回来，银行资产就要遭受损失。这时银行首先要用日常收益去抵补，收益不够，则要用资本补偿。当银行资产损失超过银行资本所能承受的限度时，存款人利益就会受到损害，严重时银行将陷入资不抵债的困境，直至破产。所以银行资本是保护存款人利益、承担银行经营风险的保障。充足的银行资本金有助于树立公众对银行的信心，使存款人对存入银行的款项有安全感，使借款人在经济不景气时也有能被满足贷款需求的保障感。

（三）管理功能

管理功能是从银行资本是金融管理当局进行金融监管的重要参数，并进一步成为金融监管当局不可缺少的调控手段和调控风险业务的基础这一角度而言的。

为了实施对国民经济的宏观调控，限制盲目和不正当竞争，维护金融秩序的稳定，各国金融监管当局都对银行资本制定了具体的规定和要求，如新建银行的最低资本额、新设分支机构的最低资本额以及资本与贷款、投资的比率等，以此控制商业银行的经营行为。且银行资本充足与否，也是获得金融监管当局认可与信任的重要因素。

三、影响商业银行资本需要量的因素

任何一家商业银行的经营都离不开资本金，资本金对商业银行的经营具有十分重要的意义，但不同的商业银行经营中的资本量却各有不同。如何确定银行资本的适度，历来是商业银行资本管理的重点。商业银行的资本既不宜过高，也不宜太低。如果银行资本过高，则使财务杠杆比率下降，增加筹资成本，同时也使普通股每股净收益下降；如果银行资本过低，则增加对存款、借款等其他资金来源的需求，使负债的边际成本上升，同时增加银行经营风险，削弱资本对银行的保护功能。所谓的资本充足程度，就是指银行管理当局要求银行在一定的资产规模下必须持有的资本数量。其目的是使银行能承受一定的呆账损失，保证银行的稳健经营和正常的盈利水平。

商业银行所需资本的数量，并非完全可以由主观来决定。在商业银行业务经营与管理的过程中，一系列的因素影响着商业银行资本的需要量。

(一)相关的法律制度规定

各国金融监管当局为了加强控制，确保商业银行的稳健经营，一般都以法律的形式对银行资本需要量做出了具体的规定，如许多国家在银行法或其他法律条文中除了规定银行创办者的资格、开设银行的地域、可否设立分支机构等内容外，还严格规定银行注册资本的最低限额，达不到资本最低限额者，金融部门一般不准予其注册。

(二)经济发展状况

银行资本需要量与一国的经济发展周期有着密切的关系。在经济繁荣时期，经济形势良好，市场活跃，银行资金来源充裕，资金周转顺畅，一般不会发生挤兑现象，同时债务人破产可能性小，银行承担的风险也较小，使得银行持有的资本量相对可以少于其他时期；反之，在经济衰退或萧条时期，因信用危机的存在，银行面临的风险会相对增大，银行就必须保持有较充足的资本金需要量。

(三)银行的资产负债结构

从负债结构看，不同的负债流动性不同，因此需要持有的银行资本储备也不同。一般来说，如果银行的负债总量中流动性较强的活期存款占比较大时，银行必须保持较多数量资本；反之，如果流动性较弱的定期存款占比较大时，则银行资本持有量可相对减少。而这里所谓的资产结构，实际是指银行资产的质量。如果银行资产质量高，资产提供的收益较多，产生亏损可能性小，银行收益足以弥补可能发生的损失，则银行可持有相对较少的资本量；反之，银行的资本需要量就要增大。

(四)银行的信誉

资本的多少是决定一个银行信誉高低的重要因素,但同时,信誉的高低也影响银行应该持有的资本数量。如果银行经营有方、信誉高,则银行资金来源充裕,银行可持有较少量的资本金;反之,银行的资本需要量就要增大。

第二节 《巴塞尔协议》

一、《巴塞尔协议》的主要内容

长期以来,世界各国金融监管当局对商业银行资本构成的规定及计算方法不尽相同,因而界定商业银行资本构成的口径也有所差异。如在美国,美联储及通货总监同意了附属资本的概念,联邦存款保险公司却长期只承认产权资本,而世界大多数国家的商业银行则普遍要求实行双重资本。这种分歧使各国商业银行的资本管理缺少统一依据。因此,为规范国际范围内商业银行资本的管理,保证商业银行业务经营的稳健和国际银行业竞争的公平,国际清算银行成员国(包括美国、英国、法国、德国、意大利、日本、荷兰、比利时、瑞典、瑞士即“十国集团”和卢森堡、加拿大等12国)的中央银行于1988年7月在瑞士召集并发起成立了“巴塞尔银行业务条例和监管委员会”(简称“巴塞尔委员会”),并签署通过了《关于统一国际银行资本衡量和资本标准的协议》(简称《巴塞尔协议》),统一了国际商业银行的资本构成,制定了银行资本充足比例的国际监管条例。

该协议要求各会员国对本国商业银行实施最低资本充足率的监管,并且通过了统一的资本衡量标准、银行资产的风险尺度和具体实施办法。即以资本充足率或资本适宜度来衡量一家银行资本与资产负债规模是否相适应。资本充足率标准作为防止银行过度扩张的防御性措施,对于保护存款人利益及国际间银行业的公平竞争具有重要的意义,被奉为国际金融业的神圣公约。《巴塞尔协议》开始只在巴塞尔协议成员国执行,但很快就得到世界各国的认同,被各国银行作为资本管理重要参考指标。可以说,这一协议是国际银行业监管史上的里程碑,它对各国银行业产生了巨大而深远的影响。

《巴塞尔协议》的内容主要由四部分构成:资本的构成,风险资产权数的规定,标准化比率,过渡期和实施安排。

(一)关于资本定义及构成

《巴塞尔协议》将银行资本分为两大类:一类是核心资本,又称一级资本;另一类是附属资本，又称二级资本。

1.核心资本（一级资本）。核心资本是银行资本中最重要的组成部分，应占银行全部资本的50%以上。这部分资本的价值相对比较稳定，且其对各国银行来说是唯一相同的成分，对银行盈利差别和竞争能力关系极大，是判断资本充足率的基础。核心资本主要由两部分组成：

(1)实收资本。实收资本是指已发行并完全缴足的普通股和永久性非累积优先股，这是永久的股东权益。

(2)公开储备。公开储备是指以公开的形式，通过保留盈余或其他盈余，并反映在资产负债表上的储备。包括股票发行溢价、保留利润、普通准备金和法定准备金的增值等。

2.附属资本（二级资本）。具体包括以下五项内容：

(1)未公开储备，又叫隐蔽储备。是指虽未公开，但已反映在损益账上并为银行监管机构所接受的储备。因其缺乏透明度，许多国家不承认其作为可接受的会计概念，也不承认其为资本的合法成分，所以它不是核心资本的股本成分，在监管机构接受的情况下，它才有资格包括在附属资本之内。

(2)重估储备。重估储备包括：一是包括对记入资产负债表上的银行自身房产的正式重估，称为房产业重估储备；二是指来自于有隐藏价值的资本的名义增值，它是由商业银行持有的有价证券价值上升所造成的，称为证券重估储备。

(3)普通准备金。普通准备金是指为防备未来可能出现的一切损失而设立的，在损失一旦出现时可随时用之弥补的资本。因为它可用来弥补未来的不可确定的任何损失，符合资本的基本特征，故包括在附属资本中。但不包括那些为已确认的损失或为某项资产价值的明显下降而设立的准备金。

(4)混合资本工具。混合资本工具是指既具有一定股本性质又有一定债务性质的资本工具，包括可转换为普通股的债券、长期性的优先股、累积性的优先股等。例如英国的永久性债务工具、美国的强制性可转换债务工具。

(5)次级长期债务资本。次级长期债务资本包括普通的、无担保的初级债券和到期年限5年以上的次级债券资本工具以及不可赎回的优先股。其特点为：一是次级，即债务清偿时不能享有优先清偿权；二是长期，即有严格的期限规定。《巴塞尔协议》规定，次级长期债务资本比例最多不能超过核心资本的50%。

此外，为使资本的计算趋于精确，《巴塞尔协议》还对资本中有些模糊成分应予以扣除作出了规定，包括：①从核心资本中扣除商誉。商誉是一种无形资产，它通常能增加银行的价值，但它又是一种虚拟资本，价值大小比较模糊。②从资本中扣除对从事银行业务和金融活动的附属机构的投资。这一规定的目的是尽量避免银行体系相互交叉控股，导致同一资本来源在一个集团中重复计算的“双重杠杆效应”使银行资本更加空虚和加大银行体系的风险。

(二)关于风险资产权数的规定

风险资产权数的规定分为表内和表外两部分。

1.资产负债表表内的资产风险权数

(1)风险权数为0%的有:①现金;②以本国货币定值并以此通货对中央政府和中央银行融通资金的债权;③对经济合作与发展组织(OECD)国家的中央政府和中央银行的其他债权;④用现金或用OECD国家中央政府债券作担保,或用OECD国家中央政府提供担保的债权。

(2)风险权数为20%的有:①对多边发展银行(国际复兴开发银行、泛美开发银行、亚洲开发银行、非洲开发银行和欧洲投资银行)的债权以及由这类银行提供担保或以这类银行发行的债券作抵押品的债权;②对OECD国家内的注册银行的债权以及由OECD国家内注册银行提供担保的贷款;③对OECD组织内的外国公共部门实体的贷款;④对OECD以外国家注册的银行余期在一年期内的债权和由OECD以外国家的法人银行提供担保的所余期限在一年之内的贷款;⑤对非本国的OECD国家的公共部门机构(不包括中央政府)的债权以及由这些机构提供担保的贷款;⑥托收中的现金款项。

(3)风险权数为50%的有:完全以居住用途的房产作抵押的贷款,这些房产为借款人所占有使用或由他们出租。

(4)风险权数为100%的有:①对私人机构的债权;②对OECD以外的国家法人银行余期在一年期以上的债权;③对OECD以外的国家的中央政府的债权(以本国货币定值并以此通货融通的除外);④对公共部门所属的商业公司的债权;⑤行址、厂房、设备和其他固定资产;⑥不动产和其他投资(包括那些没有综合到资产负债表内的、对其他公司的投资);⑦对其他银行发行的资本工具(从资本中扣除的除外);⑧所有其他的资产。

2.资产负债表表外项目的风险权数

《巴塞尔协议》规定通过确定信用换算系数的方法来计算表外项目风险权数。用信用换算系数乘以资产负债表表内相应项目的风险权数即可得到该表外项目的风险权数。信用换算系数是根据表外信用的规模、信贷风险发生的可能性,以及巴塞尔委员会1988年3月公布的银行资产负债表表外项目管理问题监管透视文件设定的信贷风险的相对程度推算出来的。

(1)信用转换系数为100%的有:①直接信贷的工具,如一般负债保证(包括为贷款和证券提供财务保证的备用信用证)和承兑(包括具有承兑性质的背书);②销售和回购协议以及有追索权的资产销售;③远期资产购买、超远期存款、部分缴付款项的股票和代表一定损失的证券。

(2)信用转换系数为50%的有:①某些与交易相关的或有项目(如履约担保书、投标保证书、认股权证和为某些特别交易而开出的备用信用证);②票据发行融通和循环包销便利;③其他初始期限为一年期以上的承诺(如正式的备用便利和信贷额度)。

(3)信用转换系数为20%的有:短期的有自行清偿能力的、与贸易相关的或有项目(如有优先索偿权的、以装运货物作抵押的跟单信用证)。

(4)信用转换系数为0%的有:类似初始期限为一年以内的,或者是可以在任何时候无条件取消的承诺。

(三)标准化比率

《巴塞尔协议》规定了衡量国际银行业资本充足率的指标,即资本与加权风险资产的比率,要求达到8%,其中核心资本部分至少为4%。《巴塞尔协议》要求在1992年底前各成员国的国际银行都应达到这一标准。

$$\text{核心资本比率}=\frac{\text{核心资本}}{\text{风险资产}}\times 100\%$$

$$=\frac{\text{核心资本}}{\sum(\text{资产}\times\text{风险权数})}\times 100\%\geqslant 4\%$$

$$\text{总风险资本比率}=\frac{\text{核心资本}+\text{附属资本}}{\text{风险资产}}\times 100\%$$

$$=\frac{\text{核心资本}+\text{附属资本}}{\sum(\text{资产}\times\text{风险权数})}\times 100\%\geqslant 8\%$$

(四)过渡期和实施安排

从《巴塞尔协议》提出到1992年底大约有4年半时间,委员会建议采取一个中期目标,即在1990年底之前,签约各国粗具规模的银行都应按统一标准计算资本与风险资产的比率,将该比率至少提高到7.25%;在1992年底前各成员国的国际银行都应达到这一标准。

二、《巴塞尔协议》对资本充足性管理的要求

(一)"分子对策"的要求

"分子对策"是指应尽可能提高银行的资本金总量,优化资本金结构。具体而言即:(1)不断通过发行股票或提高利润留存比率来增加银行自有资本,或通过发行附属债务方式来增加附属资本;(2)由于无论是增加核心资本金,还是增加附属资本金,都会受到各种因素的影响,为此还应适当扩大核心资本金,尽可能获取附属资本金,使商业银行的总资本得到最大限度的增加。

(二)"分母对策"的要求

"分母对策"是指应尽量降低风险资产权重,优化风险资产配置,减少风险资产总额。具体包括:(1)努力降低风险权数较高的资产在总资产中的比重,在资产结构上实现高风险资产向低风险资产的转换;(2)加强表外业务项目的管理,优化风险资产结构。

三、《巴塞尔协议》的发展

1988年通过的《巴塞尔协议》被誉为国际银行监管领域的一个划时代的文件,已成为名副其实的国际银行业竞争规则和国际惯例,在加强银行业监管、防范国际金融风险中发挥了重要作用。但随着世界经济一体化、金融国际化浪潮的涌动,金融领域的竞争尤其是跨国银行间的竞争日趋激烈,金融创新日新月异使银行业务趋于多样化和复杂化,银行经营的国内、国际环境及经营条件发生了巨大变化,银行规避管制的水平和能力也大为提高。这使1988年制定的《巴塞尔协议》难以解决银行实践中出现的诸多新情况、新问题,如:该协议仅涉及银行信用风险的管理,对日益增多的操作风险及经济周期波动等引发的市场风险没有涉及;对银行信息披露及金融当局的监管要求等关系风险管理质量的重要方面也没有进行规范等。

为应对这些挑战,巴塞尔委员会对资本协议进行了长时期、大面积的修改与补充。1996年,巴塞尔委员会对资本协议做了补充,将市场风险纳入资本监管范畴,推出《资本协议关于市场风险的补充规定》。1997年9月推出《有效银行监管的核心原则》,巴塞尔委员会决定全面修改协议。1999年6月,巴塞尔委员会提出了《新巴塞尔资本协议》草案第一稿,2001年1月在广泛征求意见的基础上又推出了草案第二稿。2003年4月底公布了第三稿,新协议于2006年底在“十国集团”开始实施。

与1988年资本协议相比,新资本协议的内容更加广泛、更加复杂,它摒弃了以往一刀切式的资本监管方式,提出了计算资本充足率的几种不同方法,供各国选择;除最低资本充足率8%的数量规定以外,新协议提出了监管部门监督检查和信息披露两方面要求,从而构成了新资本协议的三大支柱。

(一)第一支柱:最低资本规定

第一支柱力图使银行的资本要求与银行面临的风险紧密联系在一起。在各种风险中,新资本协议集中考虑了信用风险、市场风险和操作风险。

市场风险是指商业银行在市场交易中由利率、汇率变化带来损失的可能性,操作风险是指由不完善或有问题的内部程序、员工和信息科技系统以及外部事件所造成的商业银行损失的可能性。确定最低资本比率的分母项是由三部分组成的:信用风险的加权资产与市场风险和操作风险所需资本的各12.5倍之和。最低资本要求是新资本协议的重点。资本充足率的计算公式为:

$$资本比率 = \frac{核心资本+附属资本}{信用风险加权资产+(市场风险资本+操作风险资本)\times 12.5} \times 100\% \geqslant 8\%$$

$$核心资本比率 = \frac{核心资本}{信用风险加权资产+(市场风险资本+操作风险资本)\times 12.5} \times 100\% \geqslant 4\%$$

(二)第二支柱:外部监管

第二支柱强调,为了保证单个银行的资本充足,监管当局应发挥重要的作用。外部监管的目的是确保各家银行建立起有效的内部程序,借以评估银行在认真分析风险的基础上设定的资本充足率,并对银行是否妥善处理了不同风险的关系进行监督。监管机构对银行的评估可采取现场检查、场外评估和与管理层讨论沟通等方式。为了提高监管评估的效率,要提高银行透明度和会计标准。

(三)第三支柱:市场约束

第三支柱希望通过市场来约束银行,保证银行持有合理水平的资本。通过提高银行风险披露及风险控制的质量,加强其他市场参与者了解银行风险状况的能力。如果投资者、客户甚至其他银行可以获得有关银行风险管理的信息,那么他们可以更好地进行有关银行的业务与投资,从而使管理者有更强的积极性加强风险管理。

第三节　商业银行资本金的筹集

一、商业银行资本的内部筹集

在现有银行资本不足的情况下,银行首先应通过内部筹集。商业银行资本的内部筹集一般采取增加各种准备金和收益留存的方法。

(一)增加各种准备金

由于各国金融监管当局对商业银行准备金的提取往往有上限的规定,有的国家还规定准备金仅能打折后计入资本总额,同时提取过多的准备金会影响商业银行的利润总额,因而,获取留存盈余是商业银行内部筹集资本的主要手段。

(二)收益留存

商业银行的税后利润在支付优先股股息后,便在留存盈余和普通股之间进行分配。这样,留存盈余与股东股息就有一种相互制约、互相影响的关系。在税后利润一定的情况下,保留多少的盈余实际上是商业银行分红政策的选择问题。

银行资本内部筹集的优点在于：

1.不必依靠公开市场筹集资金，可免去发行成本因而总成本较低；

2.不会使股东控制权削弱，避免了股东所有权的稀释和所持有股票收益的稀释（如果银行发行新股票，新股东将与老股东分享未来收益）。

银行资本内部筹集的缺点在于，其筹集资本的数量在很大程度上受到银行本身的限制：

1.政府当局对银行适度资本金规模的限制。当资本比率要求降低时可以用较少的未分配利润支持更多的资产增长；相反，当资本比率要求提高时，同样的未分配利润规模只能支持较小的资产增长。

2.银行所能获得的净利润规模的限制。当银行的盈利水平提高时，可以提留的未分配利润就会相应增加，从而支持更高的资产增长速度。

3.受到银行股利分配政策的影响。近年来，银行收益下降，银行为了稳定股东的投资，开始提高股利分配比例，这样做的结果是银行依赖内部融资的可能性变得越来越小了。

二、商业银行资本的外部筹集

当银行通过内部筹集仍不能够满足其资本需求时，银行将通过外部筹资充实资本金，以达到支持银行资产增长的目的。商业银行资本的外部筹集可采用发行普通股、发行优先股、发行资本票据和债券以及股票与债券互换的办法。

（一）发行普通股

普通股是商业银行资本的基本形式，它是一种主权证明。银行在刚组建时往往通过发行普通股筹集资金，当资本金不足时，也可以向社会公众增发股票。

商业银行以普通股筹集资本的优点在于：

1.没有固定的股息负担，银行具有主动权和较大的灵活性。由于普通股的收益随银行经营状况而变，而不是事先规定的，因而商业银行资本的管理有较大的灵活性。

2.没有固定的偿还期。与其他资金来源相比，普通股提供的资金通常归商业银行永久使用，不需向股东偿还本金，其稳定性较强。

3.一家银行的普通股数量越多，债权人的保障程度就越高，银行的信誉也就越好，有利于银行筹资。

4.对股东来讲，拥有普通股既可以控制银行，又可参与分红，而且在通货膨胀期间投资不易贬值，这对投资者会产生较大吸引力，从而也有利于银行筹集资本。

商业银行通过发行普通股筹资有以下缺点：

1.影响原股东的控制权。增发普通股会削弱原有股东对银行的控制权，具有稀释作用。

2.影响股票的收益。因为增加的资本不会迅速带来收益，但股票数量却是迅速增加的，因此单位股票的收益在短期内会下降。

3.发行成本高。世界各国普通股票的发行都受到有关当局较严格的限制，需要履行的手续很多，因而提高了发行成本。

4.资本成本高。由于普通股东承担的风险较大，银行支付给普通股的股息一般要高于优先股和债券，使资本成本率较高。

(二)发行优先股

商业银行以优先股形式筹集资本，有以下优点：

1.不削弱普通股股东的控制权。利用优先股既可筹集资金、增加资本，又可避免由于股东参与决策而分散对银行的控制权。

2.由于只按固定的比率向优先股支付股息，商业银行不必向其支付红利，优先股的融资成本是事先确定的。

3.普通股股东可获得杠杆作用效益。与附属债务相似，优先股股息固定。在优先股股本的运用收益高于优先股股本的股息的情况下，银行收益的增加额会主要用于增加普通股股息，使普通股收益就有较大的增加幅度。这种情况即是说，即使银行收益只有较小的增长，但普通股收益都会有较大的增长。

商业银行以优先股形式筹集资本有以下缺点：

1.较一般负债成本较高。优先股股息一般比债券利息高，因而增加资本成本。

2.没有税收的优惠。和利息支付不同，优先股股息在计算公司所得税时不能扣除，是在税后支付股息。

3.优先股过多会降低银行信誉。优先股不是主权资本而有借入资本性质，因此对债权人保障程度不高。一家银行优先股比例过高，其信誉会被削弱。

(三)发行资本票据和债券

债务资本是20世纪70年代起被西方发达国家的银行广泛使用的一种外源资本。发行资本票据和债券筹资的优点在于：

1.由于债务的利息可以从银行税前收益中支出，而不必缴纳所得税，因此，尽管长期债务的利息看上去比发行股票的成本高，但考虑税收因素后，长期债务反而更便宜。

2.在通过投资银行发行股票或债券时，通常发行股票的成本要比发行债券的成本高一些。

3.可用资金多、筹资成本低。一般而言，附属债务不缴纳存款准备金，不参加存款保险，且其支出的利息，银行可在税前作费用处理，从而使银行的资金成本相对降低。

4.发行资本票据和债券可以强化财务杠杆效应。由于债务利息固定（有时也有利率可浮动的债务，但相对利率较低），债权人一般不能随银行利润增加而增加利息收入，因此可使银行获得财务杠杆效应。

通过发行资本票据和债券筹集资本，也有它的缺点：

1.债务资本不是永久性资本，它有一定的期限，到期必须支付。如果到期银行不能支付本金和利息必然会影响银行的商业形象，甚至可能导致银行破产。

2.债务资本不同于股东权益，它对增强公众信心的能力不如权益资本，抵御风险的能力自然也不如权益资本。通过发行债务筹集的资金不能用于弥补亏损，因此在银行资本的计量中，核心资本自然不包括资本票据和债券。

第四节 《巴塞尔协议》在我国的实施

结合《巴塞尔协议》精神，并针对我国商业银行基本情况，1997 年中国人民银行对商业银行资本充足性管理做出明确的规定。2003 年我国银行业监督管理委员会（简称银监会）成立，为提高资本监管水平，改变“现行监管法规一直未对资本不足银行规定明确的监管措施”的情况，缩小我国资本监管制度与国际标准的差距，银监会参照巴塞尔新资本协议对现行的资本规定进行了修改，强调在满足最低资本监管要求的同时，银行还应该重视改善风险管理。2004 年 3 月 1 日正式实施了适合我国国情的资本管理制度——《商业银行资本充足率管理办法》（以下简称《办法》）。

一、我国商业银行资本的构成

《办法》规定我国商业银行资本构成分为核心资本和附属资本两大类。

（一）核心资本

核心资本包括实收资本或普通股、资本公积、盈余公积、未分配利润和少数股权。

1.实收资本。实收资本是指投资者按照章程或合同、协议的约定，实际投入商业银行的资本。

我国商业银行实收资本的来源与我国各商业银行形成的途径有密切的联

系。四大国有商业银行的实收资本，其来源有两项：一是国家财政拨入的信贷基金，主要是指原由财政拨付给人民银行，随专业银行分设划分给各专业银行的；二是银行自我积累的资金，主要是未分配利润转入的资本金。其他股份制商业银行的实收资本，主要是由普通股所构成，普通股的持有者有地方政府、国有商业银行和企业。公开发行股票上市的商业银行，其实收资本还包括个人投资入股的资本。

2.资本公积。资本公积是指银行在筹集资本金过程中，投资者缴付的出资额超出注册资本部分、法定资产重估增值及接受捐赠的资产等原因所增加的资本。资本公积金可按法定程序转增资本金。股份制商业银行的资本公积是股票发行溢价收入。

3.盈余公积。盈余公积是指银行按规定每年从税后利润中提取的，商业银行自我发展的一种积累。包括：法定盈余公积金（按税后利润10%提取，累计达到注册资本的50%时不再提取）可用于弥补亏损或转增资本金，但转增时，以转增后银行的法定盈余公积金不少于注册资本的25%为限；任意盈余公积金，可按银行章程或股东会议的决议提取和使用。

4.未分配利润。未分配利润是历年进行利润分配后剩余部分的累积额。

5.少数股权。在合并报表时，包括在核心资本中的非全资子公司中的少数股权，是指子公司净经营成果和净资产中不以任何直接或间接方式归属于母银行的部分。

(二)附属资本

附属资本包括重估储备、一般准备、优先股、可转换债券和长期次级债务。

1.重估储备。商业银行经国家有关部门批准，对固定资产进行重估时，固定资产公允价值与账面价值之间的正差额为重估储备。

2.一般准备。一般准备是根据全部贷款余额一定比例计提的，用于弥补尚未识别的可能性损失的准备。

3.优先股。商业银行发行的，给予投资者在收益分配、剩余资产分配等方面优先权利的股票。

4.可转换债券。商业银行依照法定程序发行的、在一定期限内依据约定条件可以转换成商业银行普通股的债券。计入附属资本的可转换债券必须符合以下条件：(1)债券持有人对银行的索偿权位于存款人及其他普通债权人之后，并不以银行的资产为抵押或质押；(2)债券不可由持有者主动回售，未经银监会事先同意，发行人不准赎回。

5.长期次级债务。长期次级债务是指原始期限最少在五年以上的次级债务。经银监会认可，商业银行发行的普通的、无担保的、不以银行资产为抵押或质押的长期次级债务工具可列入附属资本，在距到期日前最后五年，其可计入附属资本的数量每年累计折扣20%。如一笔十年期的次级债券，第六年计入附属资本的数量为100%，第七年为80%，第八年为60%，第九年为40%，第十年为20%。

商业银行的附属资本不得超过核心资本的100%；计入附属资本的长期次级债务不得超过核心资本的50%。

二、我国商业银行资产风险权重的规定

《办法》对信用风险提出了资本要求，在确定各类资产的风险权重方面采取了更加审慎的态度。具体见表9-1、表9-2、表9-3。

表9-1 表内资产风险权重表

项 目	权重(%)
a.现金类资产	
aa.库存现金	0
ac.存放人民银行款项	0
b.对中央政府和中央银行的债权	
ba.对我国中央政府的债权	0
bb.对中国人民银行的债权	0
bc.对评级为AA－及以上国家和地区政府和中央银行的债权	0
bd.对评级为AA－以下国家和地区政府和中央银行的债权	100
c.对公用企业的债权(不包括下属的商业性公司)	
ca.对评级为AA－及以上国家和地区政府投资的公用企业的债权	50
cb.对评级为AA－以下国家和地区政府投资的公用企业的债权	100
cc.对我国中央政府投资的公用企业的债权	50
cd.对其他公用企业的债权	100
d.对我国金融机构的债权	
da.对我国政策性银行的债权	0
db.对我国中央政府投资的金融资产管理公司的债权	
dba金融资产管理公司为收购国有银行不良贷款而定向发行的债券	0
dbb.对金融资产管理公司的其他债权	100
dc.对我国商业银行的债权	
dca.原始期限四个月以内(含四个月)	0

续表

项　　目	权重(%)
dcb.原始期限四个月以上	20
e.对在其他国家或地区注册金融机构的债权	
ea.对评级为 AA－及以上国家或地区注册的商业银行或证券公司的债权	20
eb.对评级为 AA－以下国家或地区注册的商业银行或证券公司的债权	100
ec.对多边开发银行的债权	0
ed.对其他金融机构的债权	100
f.对企业和个人的债权	
fa.对个人住房抵押贷款	50
fb.对企业和个人的其他债权	100
g.其他资产	100

表 9-2　表外项目的信用转换系数

项　　目	信用转换系数(%)
等同于贷款的授信业务	100
与某些交易相关的或有负债	50
与贸易相关的短期或有负债	20
承诺	
原始期限不足 1 年的承诺	0
原始期限超过 1 年但可随时无条件撤销的承诺	0
其他承诺	50
信用风险仍在银行的资产销售与购买协议	100

说明:表 9-2 中,

1.等同于贷款的授信业务,包括一般负债担保、远期票据承兑和具有承兑性质的背书。

2.与某些交易相关的或有负债,包括投标保函、履约保函、预付保函、预留金保函等。

3.与贸易相关的短期或有负债,主要指有优先索偿权的装运货物作抵押的跟单信用证。

4.承诺中原始期限不足 1 年或可随时无条件撤销的承诺,包括商业银行的授信意向。

5.信用风险仍在银行的资产销售与购买协议,包括资产回购协议和有追索权的资产销售。

汇率、利率及其他衍生产品合约,主要包括互换、期权、期货和贵金属交易。这些合约按现期风险暴露法计算风险资产。利率和汇率合约的风险资产由两部分组成:一部分是按市价计算出的重置成本,另一部分由账面的名义本金乘以固定系数获得。不同剩余期限的固定系数如表9-3。

表9-3 汇率、利率及其他衍生产品合约的风险资产

单位:%

项目剩余期限	利率	汇率与黄金	黄金以外的贵金属
不超过1年	0.0	1.0	7.0
1年以上,不超过5年	0.5	5.0	7.0
5年以上	1.5	7.5	8.0

三、资本充足率计算

商业银行资本充足率的计算应建立在充分计提贷款损失准备等各项损失准备的基础之上。计算公式为:

$$资本充足率=\frac{资本-扣除项}{风险加权资产+12.5倍的市场风险资本}\times100\%\geqslant8\%$$

$$核心资本充足率=\frac{核心资本-核心资本扣除项}{风险加权资产+12.5倍的市场风险资本}\times100\%\geqslant4\%$$

商业银行计算资本充足率时,应从资本中扣除以下项目:

(1)商誉;

(2)商业银行对未并表金融机构的资本投资;

(3)商业银行对非自用不动产和企业的资本投资。

商业银行计算核心资本充足率时,应从核心资本中扣除以下项目:

(1)商誉;

(2)商业银行对未并表金融机构资本投资的50%;

(3)商业银行对非自用不动产和企业资本投资的50%。

四、我国商业银行附属资本的筹集

依据新巴塞尔协议,商业银行可通过补充一级资本、二级资本来扩充资本金:其中一级资本包括股本金、公开储备等;二级资本包括非公开储备、资产重估准备、普通贷款损失准备金、混合资本工具、次级定期债务。具体到我国,银监会规定的商业银行资本包括核心资本和附属资本:其中核心资本包括实收资本或普通股、资本公积、盈余公积、未分配利润和少数股权;附属资本包括重估储备、一般准备、优先股、可转换债券和长期次级债务。由于我国商业银行的核心资本充足率普遍在4%以上,符合新巴塞尔协议的标准,因此,我国商业银行面临的共同问题是如何补充附属资本,为此,银监会推出两种工具:次级债券和混合资本债券。

(一)商业银行发行次级债券

为了规范商业银行发行次级债券行为,维护投资者的合法权益,促进商业银行资产负债结构的改善和自我发展能力的提高,中国人民银行和中国银行业监督管理委员会于2004年共同制定并颁发了《商业银行次级债券发行管理办法》。

1.商业银行次级债券的定义

商业银行次级债券是指商业银行发行的、本金和利息的清偿顺序列于商业银行其他负债之后而先于商业银行股权资本的债券。经中国银行业监督管理委员会批准,次级债券可以计入附属资本。

2.商业银行发行次级债券的意义

(1)拓宽债券市场发行者范围,增加我国债券市场投资品种,为投资者提供更多选择

从债券市场方面看,我国债券市场发行主体单一在很大程度上限制了债券市场功能的发挥。市场上企业债(包括金融债)的数量太少。而在国际成熟的债券市场上,私人部门发行的债券数量大大超过政府部门发行的债券数量,其中商业银行是非常活跃的发行者。允许商业银行发行债券,使债券市场的发行主体范围扩大,可以进一步有效地分散风险,促进债券市场的健康发展。

对金融市场来说,次级债券发行的最大意义还在于有利于形成合理的投资品种结构。目前我国债券品种过少,无法形成平滑的收益率曲线。商业银行次级债券的风险较国债和政策性金融债高,但比高收益债和一般的企业债低,其收益也介于二者之间,是一个标准的中间品种,为我国债券市场的不同风险一收益配比的投资品种填补了空白。

根据国际上的经验,次级债券的投资需求大部分来自机构投资者。而目前在我国各类非银行金融机构投资渠道有限的情况下,商业银行次级债券显然提供了一个有吸引力的选择。中国中国人民银行和银监会规定商业银行次级债券的发行对象是银行间债券市场的全体投资者,包括商业银行、保险公司、其他非银行金融机构及企业,也使次级债券拥有了比较广泛的投资基础。

(2)加强外部市场约束,促进商业银行稳健经营

商业银行次级债券不仅提供了一个联结发行人与投资人的有效投资工具,同时也为银行监管机构提供了控制商业银行风险的市场信号。从对商业银行的直接市场约束方面看,投资者通过判断商业银行风险的大小来决定次级债券的价格,以此影响到商业银行的筹资成本,进而影响商业银行的经营行为。从间接市场约束方面看,个人、机构或政府监管部门可以通过观察商业银行次级债券的二级市场价格来监测商业银行风险的大小,并采取措施。例如,个人与机构投资者可以减少对商业银行的次级债券投资,限制其信贷供给;政府监管部门可以通过检查,限制商业银行业务经营活动或者提高资本金要求等等。而这些措施都可以促使商业银行更加稳健地经营。

3.我国商业银行发行次级债券的有关规定

(1)次级债券的发行方式

次级债券可在全国银行间债券市场公开发行或私募发行。

商业银行发行次级定期债券应遵循中国银行业监督管理委员会发布的相关规定。

(2)次级债券的发行原则

次级债券的发行遵循公开、公平、公正、诚信的原则,并充分披露有关信息和提示次级债券投资风险。

(3)次级债券的发行条件

a.商业银行公开发行次级债券应具备以下条件:

实行贷款五级分类,贷款五级分类偏差小;

核心资本充足率不低于5%;

贷款损失准备计提充足;

具有良好的公司治理结构与机制;

最近三年没有重大违法、违规行为。

b.商业银行以私募方式发行次级债券或募集次级定期债务应符合以下条件:

实行贷款五级分类,贷款五级分类偏差小;

核心资本充足率不低于4%;

贷款损失准备计提充足;

具有良好的公司治理结构与机制;

最近三年没有重大违法、违规行为。

(4)次级债券发行的一般程序

发行人先选择发行的主承销商;召开项目启动会议;主承销商起草发债说明书、债券信托书和承销协议;准备评级材料并递送评级机构;以公募方式发行次

级债的发行人向证券监督管理委员会呈报发债说明书并正式注册；由主承销商组建承销团；发布发债说明书；发行人、承销团成员和部分投资者召开交流会，进行路演；发行并定价。

在次级债券的发行中，发债说明书是次级债券发行的重要发行文件。一般来说，发债说明书主要分为两部分：第一部分是发行摘要，第二部分是对发行有关方面和事项的具体描述。在第一部分中，对所发次级债券有关情况进行简要介绍，主要包括：债券主要要素（发行人、债券面值、期限、数量、是否赎回和利息支付等）、债券担保、债券清偿顺序、债券评级、适用法律、托管机构、上市安排、发行资金用途、税收规定等。第二部分则分别对券发行进行具体描述，主要包括：债券风险因素揭示、发行人情况介绍、发行人财务数据指标、发行人对财务结果的分析、公司董事会及高管人员介绍、本期债券条款介绍（包括债券契约的主要内容）、发行资金用途、融资后资产负债情况、债券承销和发行方式、有关税收问题、本次债券发行的有关机构、债券发行备查资料等。

(5)次级债券发行中有关中介机构及其职责

在次级债的发行和后续管理中，各种专业中介机构发挥着重要作用。

a.主承销商：分析发行人的财务需求；负责债券品种设计、路演推销、核查发债说明书；协调次级债的发行募集及后续服务；在债券发行后提供交易平台增强产品流动性，降低发行银行的融资成本。

b.发行人和承销团律师：负责起草各项债券发行法律文件。

c.信用评级机构：对债券进行评级，帮助投资者充分了解次级债券的信用级别，实现风险和收益的合理匹配。

d.会计师事务所：对发行人的财务状况进行审计，提高发行人财务信息披露的准确性和公正性。

e.委托人：代表债权人的利益监督发行人与委托人签订的债券发行契约条款的执行。委托人一般是商业银行，在美国主要是纽约银行、摩根大通和第一银行。由于债券持有人一般比较分散，在与发行人交涉时处于弱势地位，委托人作为专业机构能够使债权人与发行人谈判时地位对等。

f.兑付代理人：多数情况下由委托人兼任，负责向投资者代理支付债券利息和本金。

g.托管人：提供债权登记和债券交易的清算。

(二)商业银行发行混合资本债券

2005 年 12 月，银监会下发《关于商业银行发行混合资本债券补充附属资本有关问题的通知》，允许符合条件的商业银行发行混合资本债券，这些银行在满足若干规定的条件下可以将混合资本债券计入附属资本。2006 年 9 月，中国人民银行发布第11号公告，对商业银行在银行间市场发行混合资本债券行为作出具体规范。之后不久兴业银行即按照监管规范在全国银行间市场成功发行首支混合资本债券，发行总额40亿元，期限15年，经银监会批准发行人10年后可赎回。

1.混合资本债券的定义

混合资本债券是针对《巴塞尔协议》对于混合(债务、股权)资本工具的要求而设计的一种债券，商业银行发行混合资本债券所募资金可计入银行附属资本。与商业银行发行次级债相比，混合资本债券具有较高的资本属性，当银行倒闭或清算时，其清偿顺序列于次级债之后，先于股权资本。

2.混合资本债券的特征

混合资本债券首先具有传统债券的偿还性、安全性、收益性和非参与性等特征，但是从它的设计条款分析，又呈现出其特有的资本属性。

(1)期限：都选择了10年以上的定期或永久。

(2)利息递延：当出现资本金不足、经营亏损、未能支付普通股股息等规定情形时，发行人可以延期支付利息，但必须在派发股息前付清。

(3)暂停索偿权和吸收损失：债券到期日，若发行人资不抵债、经营亏损或无力支付，则发行人有权选择延期支付本金和利息而不构成违约。这与利息递延共同成为混合资本工具的最本质特征。

(4)偿还次序：低于或等同于长期次级债务。

(5)息票加码与提前赎回条款：债务条款中常常规定在一定期限(一般至少5年)后发行人可以选择提前赎回，但需经监管机关批准。如不赎回，则债券利率按约定上升。

我国银监会《关于商业银行发行混合资本债券补充附属资本有关问题的通知》规定：

(1)债券期限在15年以上(含15年)，发行之日起10年内不得赎回。10年后银行可以具有一次赎回权，但行使赎回权需得到银监会批准；若10年后银行未行使赎回权，可以适当提高债券的利率，但提高利率的次数不能超过一次。

(2)当核心资本充足率低于4%时，银行可以延期支付利息；若同时盈余公积与未分配利润之和为负且最近12个月内未支付普通股现金股利，银行必须延期支付利息。递延的利息将根据本期债券的利率计算。在不满足延期支付利息的条件时，银行应立即支付欠息及欠息产生的利息。

(3)债券到期时，若银行无力支付索偿权在本债券之前的银行债务，或支付本债券将导致无力支付索偿权在本债券之前的银行债务，可以延期支付本债券的本金和利息。

(4)当银行倒闭或清算时，本债券清偿顺序列于商业银行发行的长期次级债之后，先于商业银行股权资本。

3.商业银行发行混合资本债券的有关规定

(1)经银监会认可，符合以上特征的混合资本债券可列入商业银行的附属资本。重估储备、一般准备、可转换债券、长期次级债务和混合资本债券等附属资本总额不得超过商业银行核心资本的100%，其中长期次级债务不得超过商业银行核心资本的50%。

(2)商业银行若未行使混合资本债券的赎回权，在债券距到期日前最后5年，其可计入附属资本的数量每年累计折扣20%。

(3)商业银行可根据自身情况，决定是否发行混合资本债券作为附属资本。

(4)商业银行发行混合资本债券应符合以下条件：

a.实行贷款五级分类，贷款五级分类偏差小；

b.核心资本充足率不低于4%；

c.贷款损失准备计提充足；

d.具有良好的公司治理结构与机制；

e.最近三年没有重大违法、违规行为。

(5)商业银行发行混合资本债券，须向银监会提出申请，并提交以下申请资料：

a.混合资本债券发行申请报告；

b.国家授权投资机构出具的发行核准证明或股东大会通过的专项决议；

c.混合资本债券发行可行性研究报告；

d.发行人近三年经审计的财务报表及附注；

e.发行章程、公告；

f.募集说明书；

g.承销协议、承销团协议；

h.混合资本债券信用评级报告及跟踪评级安排的说明；

i.发行人律师出具的法律意见书。

(6)混合资本债券在银行间市场发行和交易应接受中国人民银行的监督管理。

(7)商业银行混合资本债券不得由银行或第三方提供担保。

(8)商业银行提前赎回混合资本债券，延期支付利息，或债券到期时延期支付债券本金和应付利息时，须事先得到银监会批准。

(9)商业银行持有的其他银行发行的混合资本债券与长期次级债券之和不得超过其核心资本的20%。

【本章小结】

1.商业银行资本金是银行股东为赚取利润而投入银行的货币和保留在银行中的收益。资本金代表投资者对商业银行的所有权。商业银行资本具有营业功能、保护功能和管理功能。

2.为了保证银行的安全与国际银行业的公平竞争，1988 年 7 月国际清算银行正式发表了一个统一的国际银行资本充足率标准协议，全称为《关于统一国际银行资本衡量和资本标准的协议》，简称为《巴塞尔协议》。该协议将资本分为核心资本和附属资本，同时还规定了衡量国际银行业资本充足率的指标。

3.与 1988 年资本协议相比，新资本协议的内容更加广泛、更加复杂，它摒弃了以往一刀切式的资本监管方式，提出了计算资本充足率的几种不同方法，供各国选择；除最低资本充足率 8%的数量规定以外，新协议提出了监管部门监督检查和信息披露两方面要求，从而构成了新资本协议的三大支柱。

4.商业银行次级债券是指商业银行发行的，本金和利息的清偿顺序列于商业银行其他负债之后而先于商业银行股权资本的债券。经中国银行业监督管理委员会批准，次级债券可以计入附属资本。

5.混合资本债券是针对《巴塞尔协议》对于混合（债务、股权）资本工具的要求而设计的一种债券。混合资本债券具有较高的资本属性，当银行倒闭或清算时，其清偿顺序列于次级债之后，先于股权资本。

【关键名词】

资本金　核心资本金　附属资本金　资本盈余　一般准备　优先股　可转换债券　长期次级债务

【复习与思考】

1.银行的资本对银行的经营有什么意义？

2.《巴塞尔协议》对银行资本构成是如何规定的？

3.银行资本金的需要量主要与哪些因素相关？

4.新资本协议的三大支柱是什么？

5.我国对银行资本构成是如何规定的？

6.商业银行资本的筹措渠道有哪些？

第十章 商业银行资产负债管理

学习目的

▲了解商业银行资产负债管理理论的产生与发展；
▲了解商业银行资产管理理论、负债管理理论的主要观点及其优缺点；
▲理解商业银行资产负债管理理论原则；
▲掌握商业银行资产负债管理方法；
▲了解我国商业银行资产负债管理制度主要内容；
▲掌握我国商业银行资产负债比例指标体系计算方法；
▲掌握我国商业银行现行资产负债风险监管制度主要内容。

第一节 商业银行资产负债管理理论

商业银行经营管理实践离不开经营管理理论的指导，随着各个历史时期经营条件的变化，西方商业银行经营管理理论在不断变化和创新的过程中大致经历了三个阶段，即资产管理阶段、负债管理阶段和资产负债综合管理阶段。

一、资产管理理论

资产管理理论的核心是商业银行将经营管理的重点放在资产方面，通过对银行资产结构的合理分配来协调、维持资产流动性，实现银行经营目标。这一理论在商业银行发展史上流行了相当长的时期，因为早期的商业银行资金来源主要是波动性较大的活期存款，且工商企业对银行的资金需求也较单一、数量也有限，保证支付是当时商业银行主要的经营目标。资产管理理论先后经历了商业贷款理论、资产转移理论及预期收入理论等几个阶段。

(一)商业贷款理论

商业贷款理论是最早的资产管理理论。该理论的主要观点是：商业银行的存款主要是活期存款，波动性较大，所以银行贷款应集中在短期自偿性贷款，即基于有真实商品交易为基础的商业行为而能自动清偿的贷款，这种贷款可以随贸易额的增减变化自动伸缩，对货币及信用有自动调节的功能。因为这种理论强调贷款的自动清偿，可称其为自动清偿理论；同时该理论注重发放流动资金贷款必须以真实商品交易为基础，以商业票据作抵押，所以又可称其为真实票据论。

商业贷款理论对推动商业银行尤其是早期商业银行稳健经营有十分重要的意义。该理论强调银行贷款以真实商品交易为基础，且期限也短，从而极大地降低了商业银行的经营风险。但是，随着社会经济的不断发展，该理论的缺点也很明显：

1.企业规模发展后对银行贷款需求发生了变化，有短期的，也有长期的，有流动贷款，也有生产性、消费性贷款等，很明显，商业贷款理论不适应企业贷款需求变化；

2.即使是活期存款也有一个稳定的余额，小部分可以用于长期性贷款并不会影响商业银行的流动性；

3.银行贷款能否及时偿还的关键是企业生产是否正常，在经济繁荣、企业生产正常时，期限长的贷款企业也能归还，给银行带来较高回报，在经济萧条、企业生产不景气时，期限短的贷款企业也无法及时偿还。

(二)资产转移理论

资产转移理论产生于20世纪20年代末，它是一种关于如何保持银行流动性的理论。该理论主要观点是：商业银行能否保持流动性，关键在于其资产能否在金融市场上不受损失地及时变现，即银行的资金应当用于购买可以立即出售的资产，这类资产一般要具备如下条件：(1)期限短；(2)信誉好；(3)流通性强。因此，政府发行的短期国债便是商业银行投资的首选对象。

资产转移理论为商业银行应如何实现流动性提供了一种新的积极的方法。该理论使商业银行的资产业务由单纯的现金、短期贷款向证券投资方向发展。但是，我们看到该理论也有不足之处，即商业银行所持有的短期证券能否及时变现取决于金融市场状况及中央银行货币政策，如果变现不了，流动性风险便不可避免。客观地分析，小银行因规模小为维持其足够的流动性较多地持有短期证券是适当的，而大银行因其规模大，筹集资金的能力强，不一定非靠持有大量短期证券来维持流动性。

(三)预期收入理论

预期收入理论产生于20世纪40年代后期,它是一种关于资产投向选择的理论。该理论主要观点是:只要借款人有可靠的预期收入,贷款偿还就有保障,即商业银行发放贷款的条件是借款人能否取得预期收入,如果能,贷款期限长一些也没有关系,如果不能,即使短期贷款也不能发放,银行可以根据借款人未来收益实现来安排贷款期限、方式、金额。根据这一理论,商业银行不仅可以投资短期证券、短期贷款,还可以投资于分期偿还中长期设备贷款及不动产抵押贷款。

该理论使商业银行贷款业务范围发生了实质性变化,只要贷款项目能获得预期收入,商业银行都可以涉足,这就大大促进了经济的发展,同时也提高了商业银行在金融业中的地位。当然,该理论也存在不足,即"预期收入"难以测定,特别是针对较长期限贷款其预期收入能否实现受很多因素影响,商业银行自身难以控制,这必将增加银行的经营风险。

二、负债管理理论

负债管理理论兴起于20世纪60年代,是一种关于银行流动性的理论。该理论的主要观点是:商业银行经营管理的重点应当放在负债方面,即最大限度地筹集资金方面,通过负债规模的扩大及结构的调整来实现银行流动性目标,而不必过多保持流动性资产,应将大量的资金用于高收益的资产,即流动性靠负债,收益性靠最大限度地用好资金。在这一理论指导下,商业银行创新了大量新型的存款工具,如1961年美国花旗银行发行的大面额可转让定期存单(CD),同时,也使得商业银行由原来被动型负债即存款向主动型负债即向外借款发展,如美国商业银行"联邦基金借贷"、"贴现窗口"等。

负债管理理论的出现给商业银行的经营管理带来了全新的观念,打破了传统商业银行把经营管理的重点放在资产上的做法,对全面改善商业银行经营管理有重大现实意义。其一,商业银行可以用负债的办法保持银行流动性需要,使盈利性与流动性之间的矛盾大大缓解,提高了商业银行的盈利水平;其二,负债管理使商业银行规模扩张成为可能,提高了竞争能力;其三,负债管理理论造就了一大批富有进取精神的银行家。

负债管理理论的缺点有以下几点:一是使商业银行经营更被动地依赖金融市场状况。通过负债来协调盈利性与流动性之间的矛盾,无论是使用存款工具还是向金融市场借款都受制于金融市场总体资金供求状况,如在某一时期资金吃紧,商业银行负债无非两种结果:其一,筹集不到所需资金,银行流动性受到威胁;其二,被迫以高于市场利率的代价筹资,最终影响银行盈利,甚至出现亏损。二是不利于商业银行稳健经营。负债管理重负债增加,轻资产质量管理,盲目扩大资产业务,给银行留下隐患,特别是高成本资金迫使银行寻求高收益项目,而高收益往往伴随着高风险,使银行资产总体风险水平提高。三是有可能进一步加剧商业银行流动性风险。过分依赖负债来提供流动性,可能忽视资产与负债的对应关系,"短借长贷"现象不可避免,金融市场稍有风吹草动,就可能使银行陷入流动性困境中。

三、资产负债综合管理理论

资产负债综合管理理论产生于20世纪70年代中后期,该理论并不是对资产管理、负债管理理论的否定,而是吸收了前两种管理理论的合理内涵,并对其进行了发展和深化。资产负债综合管理理论认为,商业银行单靠资金管理或单靠负债管理都难以达到流动性、安全性、盈利性的均衡。银行应对资产负债两方面业务进行全方位、多层次的管理,保证资产负债结构调整的及时性、灵活性,以此保证流动性供给能力。

20世纪70年代末,市场利率大幅上升,使得负债管理在负债成本提高和经营风险增加等方面的缺陷越来越明显,单纯的负债管理已经不能满足银行经营管理的需要。这一时期各国金融管制放松,使得银行吸收存款的压力减小,因此,商业银行由单纯偏重资产或负债管理转向资产负债综合管理。

资产负债综合管理理论既吸收了资产管理理论和负债管理理论的精华,又克服了其缺陷,从资产、负债平衡的角度去协调银行安全性、流动性、盈利性之间的矛盾,使银行经营管理更为科学。

商业银行进行资产负债综合管理应遵循以下几个原则:

1.规模对称。即资产与负债总量应相适应。也就是以资金供给制约资金需求,通俗来说即"以存定贷"。

2.资产分散。即商业银行资产在种类及投向上适当分散,以降低风险。

3.结构对称。即商业银行资产与负债期限应相对应。避免"短期资金长期运用"或"长期资金短期运用",当然,短期资金中稳定余额部分也可用于长期资产。

4.目标互补。即商业银行流动性、盈利性、安全性三个目标统一协调。"三性"目标矛盾不是绝对的,"三性"目标之间可以相互补充,如某一时期盈利性下降,可以通过提高流动性来弥补。

第二节　商业银行资产负债管理方法

一、资金总库法

资金总库法，又称资金汇集法，或者资金集中法。这一方法的基本操作程序是：由银行将来自各种渠道的资金集中起来，形成一个“资金池”或称作资金总库，将“资金池”中的资金视为同质的单一来源，然后将其按照资产流动性的大小进行梯次分配。

资金总库法的基本思路如图 10-1 所示。

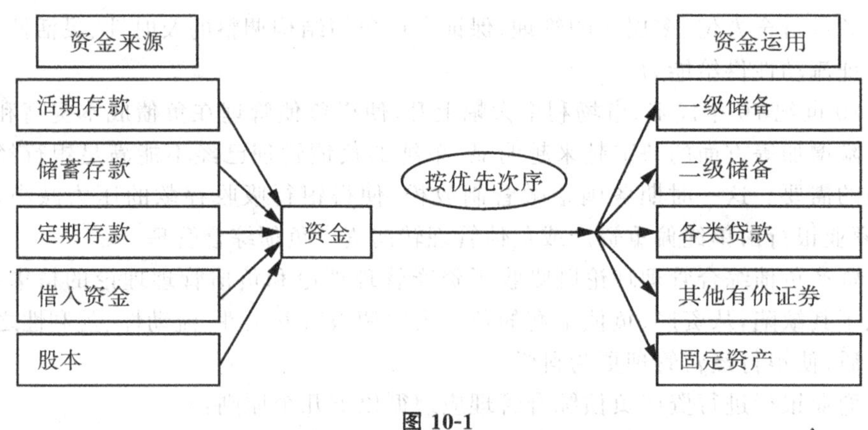

图 10-1

资金总库法按照流动性高低分配资产，具体步骤如下：

1.一级储备

一级储备包括库存现金、在中央银行的存款、同业存款等。一级储备主要用来满足法定存款准备金需求、日常营业中的付款和支票清算需求，以及意外提存和意外贷款的需求等，所以，一级储备处于高度优先的地位。但是一级储备的盈利性很差，因此，银行应尽量将一级储备数额压缩到最小限度之内。

2.二级储备

二级储备由短期公开债券组成，主要包括短期国库券、地方政府债券、金融债券等安全性较高、流动性和市场性较强的证券。二级储备主要用来满足可兑现的现金需求和其他现金需求（如未预料到的存款提取和贷款需求）。虽然二级储备的流动性较一级储备弱，但它也具有较强的变现能力，而且二级储备具有一级储备所缺乏的盈利性，所以，银行也比较乐意拥有。

3.各类贷款

贷款在资金运用中占据着首要地位。在资金总库法中，一级储备和二级储备共同为商业银行提供了资金的流动性，银行在将部分资金用于一级储备和二级储备之后，资金池中的剩余资金就可用于盈利性资产的分配了，对各类贷款资金的分配是银行主要的盈利活动。但资金总库法没有把贷款结构视为影响资金流动性的因素，所以贷款结构不在其管理范围之内。

4.其他有价证券

在满足了客户贷款需求以后，剩余的资金就可以用于各种投资。如投资于高品质的各类长期证券，这不仅仅是出于银行追求盈利的需要，更可能是为了改善银行的资产组合状况，如分散地区、行业风险等。此外，即将到期的证券也是二级储备的一个重要来源。

资金总库法的缺点是不管资金的不同特征，在资产分配时只服从于银行的经营重点和管理目标，即在保证资产流动性的前提下再考虑其盈利性。由于流动性与盈利性是相互矛盾的，所以这种做法相应降低了银行的盈利水平。虽然资金总库法为商业银行在资产负债管理中提供了一个把资金配置到各项资产中去的一般规则和优先顺序，但是它并没有提出解决流动性与盈利性矛盾的具体方法。

二、资金转换法

资金转换法又称资金配置法。这种理论认为，资产的流动性和分配的数量与获得的资金来源有关。也就是按照不同资金来源的流动性和法定准备金的要求，决定资产的分配方法和分配比例，建立资产项目与负债项目的对应关系，把各种资金来源按照周转速度和法定准备金的要求，分别按不同的比重分配到不同的资产形式中去。

资金转换法的基本思路如图 10-2 所示。

由于活期存款的法定准备金要求最高，周转速度最快，因而主要分配于一级储备和二级储备，少量用于短期贷款。

储蓄存款和定期存款稳定性较好，资金周转速度较慢，主要用于二级储备、贷款及长期证券投资。

股本的流动性最小，资金周转速度为零，主要用于发放长期贷款及公开市场长期证券投资。

资金分配法的优点是：减少了投资于高流动性资产的数量，相应增加了投资于长期资产的资金规模，从而提高了银行的盈利水平。它通过流动性和资金周

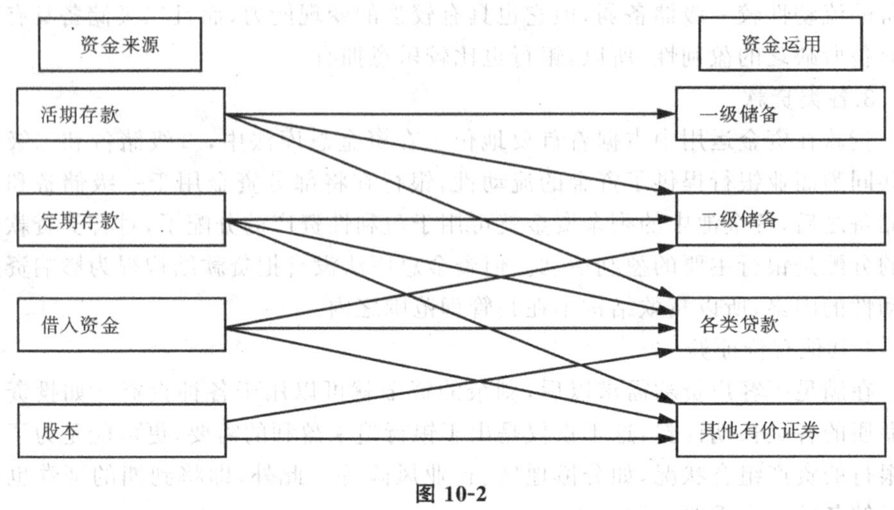

图 10-2

转速度两个尺度将资产和负债有机地联系起来，使两者在规模和结构上保持一致，相对于资金总库法有了很大的改进。其缺点在于：由于它把资金周转率而不是把存款变化的实际情况作为流动性的依据，造成了高流动性需求而影响了银行收益；此外，它将资产和负债视为互不联系的独立个体，将流动性的取得完全局限于负债方面，将资金运用的项目全部作为完全不流动的资产，这在实践上也束缚了商业银行经营的主动性。

三、线性规划法

线性规划法是在管理理论和数学方法、计算机技术在银行管理中的应用的基础上产生的，该方法是求得在一定约束条件下，目标函数值最大(小)化的一种方法。

线性规划法的主要内容是：首先建立目标函数，然后确定制约银行资产分配的限制因素作为约束条件，最后求出目标函数达到最大的一组解，作为银行进行资金配置的最佳状态。

线性规划法的具体步骤如下：

1.建立目标函数。确定某一时期资产管理的目标，依据目标把不同的可选择资产汇集起来，建立一个目标函数。

2.确定约束条件。约束条件是约束目标变量取值范围的一组线性不等式，它代表了银行开展业务的内、外不制约因素。这些制约因素主要包括：(1)可贷资金总量限制；(2)风险性限制；(3)贷款需求限制；(4)其他限制。

3.求解线性规划模型。例如：一家银行的负债总额为 2 500 万元，可用于贷款(X_1)和购买短期证券(X_2)。设贷款收益率为12%,证券收益率为8%,不考虑成本。又设银行管理人员确定的流动性标准是短期证券须占贷款的25%以上。利用线性规划法测算此银行资产负债的优化配置。

首先,确定目标函数及约束条件。

如设定目标为利息收入最大化,则目标函数为:

$\max R=0.12X_1+0.08X_2$

约束条件:

(1)总量约束条件:$X_1+X_2\leqslant 2\,500$ 万元

(2)流动性限制:$X_2\geqslant 0.25X_1$

(3)非负限制条件:$X_1\geqslant 0$ 与 $X_2\geqslant 0$

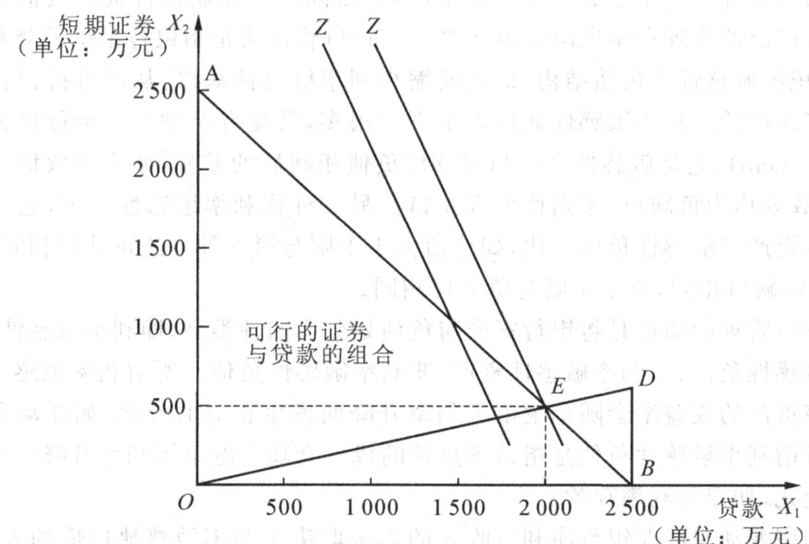

第一个约束条件 $X_1+X_2\leqslant 2\,500$ 万元,表明银行的贷款与短期证券的组合受资金来源总量的制约,可行的资产选择必须在 AB 线或其下;

第二个约束条件表明用来作为二级储备的短期证券必须等于或大于总贷款的25%,以符合流动性标准,如果贷款为1 000万元,证券投资应为250万元;

第三个约束条件 $X_1\geqslant 0$ 与 $X_2\geqslant 0$ 表明,贷款与短期证券不可能为负数。在第一约束条件下,按此比例扩大资产组合数量,经多次验证,可以得出符合第二、第三两个条件的最佳资产组合为贷款2 000万元,短期证券500万元,即可行的最佳组合在 OE 线上。

E 点位于 OE 线与 AB 线的交点,即 E 点完全满足了三个约束条件,并使得利润最大化。E 点被称为最佳资产组合点,在这一点上,资产总额为2 500万

元，其中贷款 2 000 万元，短期证券投资 500 万元。目标函数为：

$$R=2\ 000\times0.12+500\times0.08=280（万元）$$

线性规划方法是一种规范化定量分析方法，它使银行资产负债管理得到了量化，较前两种管理方法更具有科学性和可操作性。但是从实践看，现实的情况更为复杂，比如目标函数的多样性、资产配置在结构上的复杂性、目标变量系数以及约束条件等的变动性，都使得线性规划模型变得更为复杂。

四、缺口管理法

（一）缺口管理的含义

缺口管理法产生于 20 世纪 70 年代，是目前西方商业银行资产负债管理运用最为广泛的管理利率风险的方法之一。缺口管理法是指银行根据预测利率的变化，积极调整资产负债结构，扩大或缩小利率敏感性缺口，从而维持银行收益的稳定或增长。利率敏感性缺口表示方法很多，常见有两种。一种称资金缺口（Dollar Gap），它是敏感性资产与敏感性负债相减后的差额，如为正数称为正缺口，负数则称为负缺口，零则称为零缺口。另一种称利率敏感性比率，它是利率敏感性资产与敏感性负债之比，如比值大于 1 则与第一种方法正缺口相同，等于 1 则与零缺口相同，小于 1 则与负缺口相同。

缺口管理的前提是将银行资产与负债划分为四种类型，即利率敏感性资产、利率敏感性负债、非利率敏感性资产、非利率敏感性负债。所谓利率敏感性资产是指该资产的收益率会随金融市场利率升降而发生相应的变化，如浮动利率贷款。所谓利率敏感性负债是指该项负债的成本会随金融市场利率升降而发生相应的变化，如浮动利率存款。

利率变动对商业银行净利息收入的影响取决于利率敏感缺口值的大小，即为正缺口、零缺口还是负缺口。其相互关系可用表 10-1 反映。

表 10-1　缺口管理变动表

敏感性比值	缺口值	利率变动	净利息收入	风险状况（有或无）
＞1	正	上升	上升	无
＞1	正	下降	下降	有
＜1	负	上升	下降	有
＜1	负	下降	上升	无
＝1	零	上升	不变	无
＝1	零	下降	不变	无

(二)缺口管理方法

缺口管理法一般有两种类型,一种为保守型,另一种为进取型,两种方法都有其优点和缺点。

1.保守型

保守型管理法指商业银行管理者为避免利率升降给银行带来净利息损失而尽力保持敏感性资产与敏感性负债相匹配,即缺口值接近零或敏感性比值接近1。但在银行具体实践中要想保持零缺口是非常困难的,因为商业银行资产负债的安排受很多因素的影响,资产负债的调整也大多取决于金融市场的总体状况,银行管理者很难按此目标进行操作。

2.进取型

进取型管理方法是指商业银行管理者根据预测的利率升降情况积极调整资产负债结构,扩大或缩小利率敏感性缺口,从而获得更高的收益。该方法关键是要对利率走势进行准确预测,否则风险必将更大。如预测利率上升,则要扩大正缺口值,缩小负缺口值;反之,则要缩小正缺口值,扩大负缺口值。

20 世纪 80 年代以来,随着金融自由化和一体化趋势的发展,利率变动越来越受到多种因素的影响,现实也表明近二十几年来利率变动频繁且方向也难以测定,进取型管理方法可能给银行带来更大的风险,因此,在利率难以准确把握的情况下,选用保守型管理法是较明智的选择。

第三节 我国商业银行资产负债管理

一、我国商业银行资产负债管理制度的建立

(一)我国商业银行实行资产负债管理的简要回顾

我国商业银行实行资产负债管理经历了以下几个发展阶段:

第一阶段是 1978 年以前。这一阶段人民银行扮演双重角色,既是国家金融管理机关,又是办理具体银行业务的国家专业银行,人民银行与当时的计划经济相适应采用计划指标等一系列行政手段对基层行进行逐级考核,还不能称作银行的资产负债管理,只能称作与信贷资金供给制相适应的计划管理办法。

第二阶段是 1978 年到 1992 年。自 1978 年以来,随着我国经济体制改革的全面展开和全方位的对外开放,我国的金融管理体制也发生了根本变化,农业银

行等专业银行从人民银行分设出来，特别是在中共中央提出专业银行要坚持企业化改革之后，专业银行的资金管理模式由原来的统收统支、统存统贷改为自求平衡、自担风险，银行经营逐步向企业化发展，在资产负债管理方面做了大量有益的探索，工商银行提出存贷分离并于1988年开始资产负债管理的试点，1989年深圳特区人民银行颁发了《深圳经济特区信贷资金比例管理暂行规定》，此后深圳几家专业银行均制订了比例管理办法，1990年建设银行也提出比例管理的试点，1992年农业银行也颁发了《试点行资产负债比例管理试行办法》。由于此时的专业银行仍然具有明显的商业银行与政策性银行的双重性质，自然不可能像真正的商业银行那样进行资产负债管理。从80年代后期开始，我国陆续建立了一批股份制、区域性商业银行，如中国交通银行、福建兴业银行等，这些银行产权上实行股份制，机构按经济区域设立，业务实行综合经营，资金自求平衡，经营目标是流动性、安全性、盈利性协调统一，中国交通银行在建行之初便建立了与国际惯例相近的资产负债管理体系，收到较明显效果，这为以后全面推行资产负债管理奠定了基础。

第三阶段是1992年至2004年。中国共产党十四大以后，明确了我国金融体制改革的目标是要建立以中央银行为领导、国有商业银行为主体、多种金融机构并存的金融组织体系。1994年2月人民银行颁布了《资产负债比例管理暂行规定》，四大国有专业银行相继建立了符合本行实际的“比例管理实施细则”，并报人民银行批准实施，1995年颁布了《商业银行法》进一步规定商业银行必须严格执行人民银行规定的各项比例，初步形成了适合我国商业银行资产负债管理的框架性文件。此外，以交通银行为代表的9家区域性商业银行，其资产负债比例管理经几年的实践也取得了明显的成效，人民银行将原来“限额下资产负债比例管理”改为“以风险管理为基础的资产负债比例管理”，标志着我国商业银行实行的资产负债管理制度——比例管理办法正逐步走向成熟，但因受多种因素影响，离国际先进水平仍有相当的差距。

第四阶段是2005年至今。2005年12月31日，中国银行业监督管理委员会印发《商业银行风险监管核心指标（试行）》文件，制定了商业银行风险监管核心指标，指标自2006年1月1日起试行。

二、我国商业银行资产负债管理制度

（一）我国商业银行资产负债比例管理制度

1.比例管理制度建立

自1994年人民银行正式颁布《资产负债比例管理暂行办法》之后，我国商业银行资产负债管理全面推行了比例管理办法，比例管理是通过事先设定一系列

指标来约束商业银行资产负债经营行为，以达到自求平衡、自我发展、自我约束、自担风险目标的一种资产负债管理手段。如前所述，资产负债管理是商业银行一项综合管理制度，而当前我国商业银行实行的资产负债比例管理只能是资产负债管理手段之一，资产负债管理还包含资金、利润、成本等项内容的管理，因此，严格讲“资产负债比例管理”与国际上通行的“资产负债管理制度”有一定的区别，比例管理是中央银行控制商业银行的一种手段，当然其标准与商业银行自身目标是一致的。比例管理更侧重商业银行经营中“三性”中的安全性与流动性，但对商业银行来讲安全性与流动性是基础，最终目标应是盈利性，因此我国商业银行在推行比例管理的同时还应制定一系列符合本行实际的增加盈利的措施来充实资产负债管理内容。

2.比例管理指标体系

(1)资本充足率

资本总额与加权风险资产总额的比例不得低于8%，其中核心资本不得低于4%，附属资本不得超过核心资本的100%。计算公式是：

$$\frac{\text{资本总额月末平均余额}}{\text{加权风险资产月末平均余额}} \geqslant 8\%$$

$$\frac{\text{核心资本月末平均余额}}{\text{加权风险资产月末平均余额}} \geqslant 4\%$$

(2)存贷款比例

各项贷款余额与各项存款余额之比不超过75%。

对实行余额考核的商业银行的计算公式是：

$$\frac{\text{各项贷款旬末平均余额}}{\text{各项存款旬末平均余额}} \leqslant 75\%$$

对实行增量考核的商业银行(国有独资商业银行)的计算公式是：

$$\frac{\text{各项贷款旬末平均增加额}}{\text{各项存款旬末平均增加额}} \leqslant 75\%$$

(3)中长期贷款比例

一年期以上(含一年期)中长期贷款与一年期以上存款之比不得超过120%。计算公式是：

$$\frac{\text{余期一年以上(含一年期)中长期贷款月末平均余额}}{\text{余期一年以上(含一年期)存款月末平均余额}} \leqslant 120\%$$

(4)资产流动性比例

流动性资产与流动性负债之比不得低于25%。计算公式是：

$$\frac{\text{流动性资产旬末平均余额}}{\text{流动性负债旬末平均余额}} \geqslant 25\%$$

公式中：流动性资产指一个月（含一个月）可变现的资产，包括库存现金、存放人民银行存款、存放同业、国库券、一个月内到期的同业净拆出款、一个月内到期的银行承兑汇票、其他经人民银行核准的证券；流动性负债是指一个月内（含一个月）到期的存款、同业净拆入款。

(5)备付金比例

在人民银行备付金存款和库存现金与各项存款之比不得低于5%～7%，具体比例由人民银行根据各行情况核定。

(6)单个贷款比例

对同一借款客户的贷款总额与银行资本总额的比例不得超过10%。计算公式是：

$$\frac{\text{对同一借款客户贷款余额}}{\text{各项资本总额}} \leqslant 10\%$$

同一借款户指任何一个自然人或法人。

对最大十家客户发放的贷款总额不得超过银行资本总额的50%。计算公式是：

$$\frac{\text{对最大十家客户发放的贷款总额}}{\text{各项资本总额}} \leqslant 50\%$$

(7)拆借资金比例

拆入资金余额不得超过各项存款余额的4%；拆出资金余额不得超过各项存款（扣除法定存款准备金、联行占款）余额的8%。计算公式是：

$$\frac{\text{拆入资金旬末平均余额}}{\text{各项存款旬末平均余额}} \leqslant 4\%$$

$$\frac{\text{拆出资金旬末平均余额}}{\text{（各项存款－存款准备金－联行占款）旬末平均余额}} \leqslant 8\%$$

(8)对股东贷款比例

向股东提供贷款总额不得超过该股东已缴交股金的100%，贷款条件不得优于其他客户的同类贷款。计算公式是：

$$\frac{\text{对股东贷款总额}}{\text{该股东已缴纳股金总额}} \leqslant 100\%$$

公式中股东是指对银行股本或资本金出资的单位或个人。

(9)贷款质量指标

逾期贷款余额与各项贷款余额之比不得超过 8%，呆滞贷款不得超过 5%，呆账贷款不得超过 2%。计算公式是：

$$\frac{\text{逾期贷款月末平均余额}}{\text{各项贷款月末平均余额}}\leqslant 8\%$$

$$\frac{\text{呆滞贷款月末平均余额}}{\text{各项贷款月末平均余额}}\leqslant 5\%$$

$$\frac{\text{呆账贷款月末平均余额}}{\text{各项贷款月末平均余额}}\leqslant 2\%$$

以上九大项考核指标是我国商业银行实行的最基本的比例管理指标，其中，存贷比例按月考核，资本充足率按半年考核，其余指标一般按旬或按月监控、按季考核。多数商业银行在执行比例管理指标时相应制订了一些补充指标，如安全性指标中制订了信用贷款比例不得超过新增贷款 20%，资金损失比例不得超过全部资产的 5‰；盈利性指标中制订了负债成本比率、实收利息比率、资本回报率等等。1998 年人民银行颁发了《贷款风险分类指导原则》，要求商业银行以贷款风险为基础对贷款进行分类，改变了原先的贷款分类法，将贷款分为正常、关注、次级、可疑、损失五种贷款，显然，改变了贷款分类方法后，贷款质量考核指标也应作相应的改革。

1995 年 5 月 10 日，第八届全国人民代表大会常务委员会第十三次会议通过了《中华人民共和国商业银行法》，2003 年 12 月 27 日第十届全国人民代表大会常务委员会第六次会议作出《关于修改〈中华人民共和国商业银行法〉的决定》，修正后的《中华人民共和国商业银行法》第 39 条规定，商业银行贷款应当遵守下列资产负债比例管理的规定：①资本充足率不得低于 8%；②贷款余额与存款余额的比例不得超过 75%；③流动性资产余额与流动性负债余额的比例不得低于 25%；④对同一借款人的贷款余额与商业银行资本余额的比例不得超过 10%。

(二)我国现行商业银行资产负债风险监管制度

2005 年 12 月 31 日，为加强对商业银行风险的识别、评价和预警，有效防范金融风险，根据《中华人民共和国银行业监督管理法》、《中华人民共和国商业银行法》和《中华人民共和国外资金融机构管理条例》等法律法规，中国银行业监督管理委员会印发《商业银行风险监管核心指标(试行)》文件，制定了商业银行风险监管核心指标，指标自 2006 年 1 月 1 日起试行。商业银行风险监管核心指标分为三个层次，即风险水平、风险迁徙和风险抵补。

1.风险水平类指标

风险水平类指标包括流动性风险指标、信用风险指标、市场风险指标和操作风险指标,以时点数据为基础,属于静态指标。

(1)流动性风险指标衡量商业银行流动性状况及其波动性,包括流动性比例、核心负债比例和流动性缺口率,按照本币和外币分别计算。

a.流动性比例为流动性资产余额与流动性负债余额之比,衡量商业银行流动性的总体水平,不应低于25%。

b.核心负债比例为核心负债与负债总额之比,不应低于60%。

c.流动性缺口率为90天内表内外流动性缺口与90天内到期表内外流动性资产之比,不应低于-10%。

(2)信用风险指标包括不良资产率、单一集团客户授信集中度、全部关联度三类指标。

a.不良资产率为不良资产与资产总额之比,不应高于4%。该项指标为一级指标,包括不良贷款率一个二级指标。不良贷款率为不良贷款与贷款总额之比,不应高于5%。

b.单一集团客户授信集中度为最大一家集团客户授信总额与资本净额之比,不应高于15%。该项指标为一级指标,包括单一客户贷款集中度一个二级指标。单一客户贷款集中度为最大一家客户贷款总额与资本净额之比,不应高于10%。

c.全部关联度为全部关联授信与资本净额之比,不应高于50%。

(3)市场风险指标衡量商业银行因汇率和利率变化而面临的风险,包括累计外汇敞口头寸比例和利率风险敏感度。

a.累计外汇敞口头寸比例为累计外汇敞口头寸与资本净额之比,不应高于20%。具备条件的商业银行可同时采用其他方法(比如在险价值法和基本点现值法)计量外汇风险。

b.利率风险敏感度为利率上升200个基点对银行净值的影响与资本净额之比,指标值将在相关政策出台后根据风险监管实际需要另行制定。

(4)操作风险指标衡量由于内部程序不完善、操作人员差错或舞弊以及外部事件造成的风险,表示为操作风险损失率,即操作造成的损失与前三期净利息收入加上非利息收入平均值之比。

2.风险迁徙类指标

风险迁徙类指标衡量商业银行风险变化的程度,表示资产质量从前期到本期变化的比率,属于动态指标。风险迁徙类指标包括正常贷款迁徙率和不良贷款迁徙率。

(1)正常贷款迁徙率为正常贷款中变为不良贷款的金额与正常贷款之比,正常贷款包括正常类和关注类贷款。该项指标为一级指标,包括正常类贷款迁徙率和关注类贷款迁徙率两个二级指标。正常类贷款迁徙率为正常类贷款中变为后四类贷款的金额与正常类贷款之比,关注类贷款迁徙率为关注类贷款中变为不良贷款的金额与关注类贷款之比。

(2)不良贷款迁徙率包括次级类贷款迁徙率和可疑类贷款迁徙率。次级类贷款迁徙率为次级类贷款中变为可疑类贷款和损失类贷款的金额与次级类贷款之比,可疑类贷款迁徙率为可疑类贷款中变为损失类贷款的金额与可疑类贷款之比。

3.风险抵补类指标

风险抵补类指标衡量商业银行抵补风险损失的能力,包括盈利能力、准备金充足程度和资本充足程度三个方面。

(1)盈利能力指标包括成本收入比、资产利润率和资本利润率。成本收入比为营业费用加折旧与营业收入之比,不应高于45%;资产利润率为税后净利润与平均资产总额之比,不应低于0.6%;资本利润率为税后净利润与平均净资产之比,不应低于11%。

(2)准备金充足程度指标包括资产损失准备充足率和贷款损失准备充足率。资产损失准备充足率为一级指标,为信用风险资产实际计提准备与应提准备之比,不应低于100%;贷款损失准备充足率为贷款实际计提准备与应提准备之比,不应低于100%,属二级指标。

(3)资本充足程度指标包括核心资本充足率和资本充足率。核心资本充足率为核心资本与风险加权资产之比,不应低于4%;资本充足率为核心资本加附属资本与风险加权资产之比,不应低于8%。

专栏

流动性风险监管指标(节选)

第三十七条　流动性风险监管指标包括流动性覆盖率、净稳定资金比例、流动性比例、流动性匹配率和优质流动性资产充足率。

资产规模不小于2 000亿元人民币的商业银行应当持续达到流动性覆盖率、净稳定资金比例、流动性比例和流动性匹配率的最低监管标准。

资产规模小于2 000亿元人民币的商业银行应当持续达到优质流动性资产充足率、流动性比例和流动性匹配率的最低监管标准。

第三十八条　流动性覆盖率监管指标旨在确保商业银行具有充足的合格优质流动性资产,能够在规定的流动性压力情景下,通过变现这些资产满足未来至少30天的流动性需求。

流动性覆盖率的计算公式为:

流动性覆盖率＝合格优质流动性资产÷未来30天现金净流出量

流动性覆盖率的最低监管标准为不低于100％。除本办法第六十条第二款规定的情形外，流动性覆盖率应当不低于最低监管标准。

第三十九条　净稳定资金比例监管指标旨在确保商业银行具有充足的稳定资金来源，以满足各类资产和表外风险敞口对稳定资金的需求。

净稳定资金比例的计算公式为：

净稳定资金比例＝可用的稳定资金÷所需的稳定资金

净稳定资金比例的最低监管标准为不低于100％。

第四十条　流动性比例的计算公式为：

流动性比例＝流动性资产余额÷流动性负债余额

流动性比例的最低监管标准为不低于25％。

第四十一条　流动性匹配率监管指标衡量商业银行主要资产与负债的期限配置结构，旨在引导商业银行合理配置长期稳定负债、高流动性或短期资产，避免过度依赖短期资金支持长期业务发展，提高流动性风险抵御能力。

流动性匹配率的计算公式为：

流动性匹配率＝加权资金来源÷加权资金运用

流动性匹配率的最低监管标准为不低于100％。

第四十二条　优质流动性资产充足率监管指标旨在确保商业银行保持充足的、无变现障碍的优质流动性资产，在压力情况下，银行可通过变现这些资产来满足未来30天内的流动性需求。

优质流动性资产充足率的计算公式为：

优质流动性资产充足率＝优质流动性资产÷短期现金净流出

优质流动性资产充足率的最低监管标准为不低于100％。除本办法第六十条第二款规定的情形外，优质流动性资产充足率应当不低于最低监管标准。

第四十三条　商业银行应当在法人和集团层面，分别计算未并表和并表的流动性风险监管指标，并表范围按照银行业监督管理机构关于商业银行资本监管的相关规定执行。

在计算并表流动性覆盖率时，若集团内部存在跨境或跨机构的流动性转移限制，相关附属机构满足自身流动性覆盖率最低监管标准之外的合格优质流动性资产，不能计入集团的合格优质流动性资产。

资料来源：中国银保监会发布《商业银行流动性风险管理办法》

【本章小结】

1.资产管理理论的核心是商业银行将经营管理的重点放在资产方面，通过对银行资产结构的合理分配来协调、维持资产流动性，实现银行经营目标。资产管理理论先后经历了商业贷款理论、资产转移理论及预期收入理论等几个阶段。

2.负债管理理论的主要观点是：商业银行经营管理的重点应当放在负债方面，通过负债规模的扩大及结构的调整来实现银行流动性目标，而不必过多保持流动性资产，应将大量的资金用于高收益的资产，即流动性靠负债，收益性靠最大限度地用好资金。

3.资产负债综合管理理论是对商业银行资产与负债进行全面管理的一种理论。该理论主要观点是：商业银行应当从资产与负债的结合上来保证银行的安全性、流动性和盈利性，通过有效管理资产与负债，着力解决资产与负债规模对称、利率对称、期限结构对称的问题。

4.缺口管理法是指银行根据对利率变化的预测，积极调整资产负债结构，扩大或缩小利率敏感性缺口，从而维持银行收益的稳定或增长。缺口管理法一般有两种类型，一种为保守型，另一种为进取型。保守型管理法指商业银行管理者为避免利率升降给银行带来净利息损失而尽力保持敏感性资产与敏感性负债相匹配，即缺口值接近零或敏感性比值接近1。进取型管理方法是指商业银行管理者根据预测的利率升降情况积极调整资产负债结构，扩大或缩小利率敏感性缺口，从而获得更高的收益。

5.资产负债比例管理是通过事先设定一系列指标来约束商业银行资产负债经营行为，以达到自求平衡、自我发展、自我约束、自担风险目标的一种资产负债管理手段。

6.《中华人民共和国商业银行法》规定商业银行贷款，应当遵守下列资产负债比例管理的规定：(1)资本充足率不得低于8%；(2)贷款余额与存款余额的比例不得超过75%；(3)流动性资产余额与流动性负债余额的比例不得低于25%；(4)对同一借款人的贷款余额与商业银行资本余额的比例不得超过10%。

7.商业银行风险监管核心指标分为三个层次，即风险水平、风险迁徙和风险抵补指标。

【关键名词】

规模对称　资产分散　结构对称　目标互补　资金缺口　利率敏感性比率　比例管理　流动性资产　流动性负债

【复习与思考】

1.商业贷款理论、资产转移理论及预期收入理论的主要观点是什么？

2.负债管理理论的主要观点是什么？有什么优点与缺点？

3.商业银行资产负债综合管理应遵循什么原则？

4.资金集中法与资产分配法是如何配置资金的？

5.缺口管理法中进取型管理方法如何操作？

6.《中华人民共和国商业银行法》规定商业银行贷款应当遵守哪些资产负债比例管理的规定？

7.中国银行业监督管理委员会制定了哪些指标对商业银行流动性风险、信用风险、市场风险和操作风险进行监管？具体要求有哪些？

第十一章
商业银行风险管理

学习目的

▲了解商业银行风险的概念、特征；
▲了解商业银行风险的来源、分类；
▲了解商业银行风险管理步骤；
▲掌握商业银行风险处理的方法；
▲了解商业银行贷款风险分类的概念、意义；
▲掌握商业银行贷款风险分类的程序与分类方法。

第一节　商业银行风险管理概述

一、商业银行风险的概念和特征

(一)商业银行风险的概念

银行在经营资产的过程中,会遇到各种各样的风险,这主要是基于以下两点:其一,银行主要依靠负债经营,自有资本的比例很小,一般都不及资产总额的10%,因而抗风险的实力也小得多;其二,银行经营的"商品"是货币,货币是国民经济的综合变量,受许多复杂因素的影响,最易产生变化,这种变化既难预测,也难驾驭。风险问题既体现在银行全部资产负债的总体经营上,也体现在每项资产负债的个别业务上。防范风险,减少资产负债的损失,是商业银行风险管理的主要内容。

商业银行风险是指商业银行在经营中由于各种不确定因素的存在而招致经济损失的可能性。商业银行风险管理是指商业银行通过风险识别、风险估计、风险处理等方法，预防、回避、分散或转移经营中的风险，从而减少或避免经济损失，保证经营资金安全的行为。

这里商业银行风险管理有两方面的含义：

(1)在收益一定条件下的风险最小化；

(2)在风险一定条件下的收益最大化。

商业银行的风险管理贯穿于其经营的全过程，由于商业银行处于不断变化的市场环境中，所以其风险管理也是动态的。商业银行对其风险管理工作必须进行连续的再评价，对工作效果进行不断的监督和检查。

(二)商业银行风险的特征

与一般企业相比，商业银行风险的特征主要表现在以下几个方面：

1.商业银行产生的风险所造成的损失大、涉及面广。银行经营的商品是货币，货币渗透到社会经济生活的每个角落及人们生活的方方面面，使银行业成为国民经济的神经中枢和社会经济的调节机构。如果银行遭受损失，则不仅仅银行自身倒闭，还会波及众多的经济主体，产生一系列的连锁反应，造成企业生产难以为继，相互间债务难以清偿以及债权债务关系的混乱，进而引起整个社会经济关系的混乱。可见银行风险所带来的损失和影响的波及面远远超过一般企业的风险。

2.商业银行是社会各经济主体风险的集散地。商业银行是吞吐社会资金的重要机构，它经营的货币资金是连接各经济主体的纽带。如果借款企业破产倒闭，商业银行不仅不能实现盈利，连本金的安全也难以保证，导致其资金来源和资金运用出现问题，使其经营目标难以实现。也就是说，社会经济主体的行为以及宏观经济环境的变化对企业经营状况的影响，最终都会传递给商业银行。可见正是由于商业银行经营方面的特殊性使社会经济生活中的各种风险都最终指向商业银行，使商业银行成为风险的集散地。

3.信用中介和信用创造使商业银行面临较大的流动性风险。银行业的经营方式是信用，即主要通过借贷方式来获利。一方面，商业银行以债务人身份向社会筹集资金，以自身的信用向存款人保证存款的安全无损；另一方面，商业银行以债权人身份用其大部分负债向需要资金的人发放贷款，以借款人的信用来保证贷款的安全无损。如果借款人遭受损失，不能按期归还本息，就使信用风险成为现实。而商业银行在承担坏账损失的同时，还必须按时履约保证存款人的提现要求，权利和义务的不对称，就使流动性风险加大。商业银行除信用中介职能外，信用创造是其重要职能之一，在部分准备制度下，商业银行创造了数倍于原始存款的存款货币。存款货币创造的结果不仅扩大了商业银行的资金规模，同时也扩大了商业银行的负债规模，支付义务的发生概率相对增大。商业银行信用创造的规模越大，则其流动性风险也越大。

通过以上分析可见，商业银行在经营过程中所面临的风险要大于一般企业，其风险损失造成的影响也大于其他行业。因此，现代商业银行都把风险管理放在重要位置，力求把风险带来的损失降到最小范围，以实现盈利的最大化。

二、商业银行风险的来源及其分类

（一）商业银行风险的来源

商业银行风险的产生与其所处的风险环境紧密相关，是风险环境综合作用的结果。商业银行由于经营对象、经营方式的特殊性决定了其在社会经济中的特殊地位，即成为国家宏观经济活动及微观经济活动的连接核心和纽带，是反映国家宏观经济活动的晴雨表。

随着经济全球化和国际经济一体化的推进，各国金融管制的放松和现代化先进技术的广泛运用，金融自由化、国际化的趋势使银行也与国际政治经济的关系愈加紧密。商业银行在经营中不仅要面对国内国际经济等宏观环境，而且要面对同业竞争、利率、汇率等微观风险环境。

1.宏观环境因素

宏观环境因素主要是指来自国内、国际政治经济环境的因素，主要包括如下几个方面：

(1)国家经济政策

在市场经济条件下，政府干预经济的必要性已为大多数国家所接受。政府通过适当的宏观经济政策对经济发展进行规划和引导，克服市场经济自身存在的盲目性、滞后性，是市场经济发展的内在要求之一。而国家经济政策的制定和实施将不可避免地引起经济活动中投资总量、投资结构、行业分布、外汇流动等的变化，这些变化直接影响到相关产业的经营状况和发展前景，这些行业的企业又将这些影响间接传递给商业银行，影响商业银行经营所追求的盈利性、流动性、安全性经营目标的实现。结果形成了在国家经济政策变动的情况下，企业的兴衰决定了商业银行经营环境的优劣。这里，国家经济政策的变动显然将成为商业银行经营风险产生的原因之一。

(2)宏观经济形势

经济与金融密不可分，经济状况的好坏左右着金融形势的发展。宏观经济在其发展过程中具有周期性波动的特点，在经济周期的不同阶段，商业银行面临的风险程度也不同。当经济处于复苏和繁荣阶段时，企业资金需求大、生产效益好，商业银行经营会出现存贷两旺的局面，资金周转快、效益高、风险低；当经济处于萧条和危机阶段时，企业效益差，商业银行就会由于贷款客户的效益不佳而背上沉重的包袱，资金周转慢、效益低、风险增加。商业银行经营中的风险在繁荣时期被掩盖，呈潜伏状态，在经济衰退时期就集中爆发出来。在经济衰退时，更能清楚地看出一家商业银行的风险管理水平。

(3)国家宏观金融政策

国家宏观金融政策一般是指货币金融当局或中央银行所制定的货币政策。货币政策的制定和实施，决定着货币供应量的变化，同时会导致利率、汇率和物价水平的相应变化，进而引起社会财富分布、社会资产结构、信用可供量以及公众预期心理的变化，从而影响商业银行客户的行为取向。如果货币供应量失控，导致物价上涨，极可能出现挤兑风潮，严重威胁商业银行的经营安全。如果实际利率提高，则将直接增大商业银行的经营成本，减少商业银行效益；如果利率降低，虽可降低筹资成本，但贷款收益可能减少，甚至还可能导致挤提存款，将资金移到证券市场。

(4)金融监管状况

在现代经济社会中，以银行业为主体的金融体系日益成为国民经济的神经中枢和社会经济的调节机构。金融业一旦发生损失，其涉及面之广、危害之大是其他行业所无法比拟的，这就要求金融监管当局对金融体系实施有效监管以控制和减少商业银行风险的发生，维持经济的持续稳定发展。金融监管的方式、力度和效果是决定商业银行经营的主要风险因素之一。如果一国金融监管体系健全、措施得力，则会增加国内外对本国商业银行的信心和依赖程度。同时，由于监管得力，也可将商业银行经营中的风险消灭在萌芽状态或减轻风险造成的损失；反之，则容易导致商业银行业无序竞争和短期行为，使商业银行经营风险加大。

(5)国际经济环境

当前国际经济日趋一体化，各国之间的经济、贸易、资金往来更加密切，国际银行业务迅速发展，商业银行业务向国际的延伸必然使国际经济环境成为商业银行经营风险的重要因素之一。借款国的政治经济状况是构成其借款安全性的重要因素。20 世纪 80 年代的国际债务危机、90 年代墨西哥金融危机、英国巴林银行风波、东南亚金融危机等事件对国际经济造成的冲击及其波及面，使各国商业银行在开展国际业务时，不得不重视对国际经济环境的考察、分析和预测。

2.微观环境因素

商业银行的经营既受到来自宏观因素的影响，又受到来自微观因素的影响，我们把商业银行所处的市场环境和商业银行内部状况称为微观环境。造成银行经营风险的微观环境因素主要有：

(1)同业竞争

为了适应经济发展的需要，金融业的体系和结构也日趋完善，金融机构的种类和数量相应增加。近20年来，许多国家普遍放松了金融管制，原来的行业分工和地域被打破，证券业、信托业、保险业与银行业的业务交叉与渗透愈加显著，金融监管逐渐由分业管制走向合业管制，银行业受到来自国内外银行业、证券业、信托业和保险业的挑战。为了增强综合竞争能力，银行业也主动涉足其他金融业务，于是，银行业所承担的风险也由原来单一的存贷风险扩大到多种风险。虽然我国对金融业的监管采取分业管理模式，但来自银行业内部的竞争也同样会给各个银行带来竞争风险，如相互间对存款、客户及市场占有份额的竞争等。

(2)利率

利率是货币资金借贷的价格。商业银行是经营货币资金借贷行为的特殊企业，主要业务是吸收存款筹集资金从而发放贷款，存贷利差是其利润的决定性因素。所以，利率的任何微小变化都直接影响商业银行筹资成本的高低和收益的大小。商业银行的利率升降主要取决于两大因素：一是市场利率，它是随资金供求关系的变化而变化的；二是中央银行的基准利率，它是随中央银行执行政策的需要而作相应调整的。这两方面都不是商业银行所能直接左右的。当利率变化时，存贷款在期限和总量上的实际结构往往导致成本和收益之间并非同比例变化，风险便产生了。

(3)汇率

汇率是两种不同货币之间的兑换比价。因国际外汇市场上各种货币的供求状况是不断变化的，所以，汇率总是处于波动之中。随着金融自由化、国际化的发展，商业银行的业务迅速向国际拓展，经营对象也由一种货币为主转向多种货币并重。与此同时，以西方国家为代表的许多国家于1973年以后纷纷放弃了固定汇率制，实行浮动汇率制，汇率波动更加剧烈，这给商业银行带来了更大的风险。汇率的变动直接影响着银行资产的市场价值和流动性，影响商业银行筹集外汇的成本和贷款收益。汇率的时间差、地区差、币种结构、期限结构都是银行所要面临的汇率风险。

(4)商业银行业务在产业和地区上的分布

在经济发展的不同时间，不同产业和不同地区的发展状况是不平衡的。商业银行的业务活动难免受各种条件制约而显得在某些行业、某些地区相对集中。如果商业银行的业务活动过分集中在某一产业或某一地区，就意味着商业银行的经营成果严重依赖于该行业或该地区的经济状况。风险来源过于集中，则一旦该产业或该地区经济不景气，商业银行经营将出现严重困难。

(5)金融创新

金融创新是指在金融制度的某些空隙允许的范围内对金融活动领域的拓展,以及对金融工具按盈利性、流动性、安全性要求所进行的不断的排列组合。20 世纪 80 年代以来,商业银行为了增强综合竞争能力、规避风险、实行资产保值增值并扩大收益,纷纷开展金融创新活动,积极发展表外业务,如:开展外汇期货、期权交易、利率调换、担保承诺等业务。金融创新的结果,一方面使商业银行在一定程度上达到增加收入、分散和规避风险的目的,另一方面也使商业银行面对的风险界面扩大了。如担保和承诺,商业银行在未来需承担信贷风险;又如期货交易,如果商业银行预测失误则会遭受重大损失。英国巴林银行因操作金融衍生商品(日经指数期货)不当,遭受 10 亿美元损失直至破产,便是金融创新风险灾害的例证。

(6)商业银行内部管理制度

商业银行内部管理制度完善与否,决定着商业银行经营行为的规范程度和质量。完善的内部管理制度能有效地避免、防范和控制风险;相反,如果内部管理制度不健全、管理松懈、教育不力,导致从业人员纪律观念淡薄、操作不合规、缺乏敬业精神,则贪污、欺诈、蒙骗、越权行事等现象得不到制止和纠正,发展下去会给商业银行带来重大损失。

此外,商业银行经营中还会面临不可预测和难以控制的自然风险环境,比如火灾、抢劫、通信故障、电脑病毒等,这些都会给商业银行带来不同程度的风险损失。

(二)商业银行风险的分类

为了便于对商业银行所面临的风险进行多角度的观察和研究,从而加强风险管理,我们分别按不同的标准把商业银行风险划分为若干类。

1.信用风险

信用风险又称违约风险,指借款者不能按照合同要求偿还贷款本息而导致银行遭受损失的可能性。不同的借款者,由于其经营产品的种类、所处的环境和管理能力等存在诸多差异,影响其还债能力的因素亦各不相同。一般情况下,信用风险主要来自客户信用状况。这种风险的产生,主要有两种原因:一是由于银行信贷员在发放贷款前对客户的信用状况缺乏认真细致的调查与分析;二是发放贷款后客户经营状况的恶化。第二种原因通过银行在贷款过程中的检查与监督,一般来说,可以预料,但如遇突发事故,银行亦无能为力。导致银行风险的主要原因是第一种。所以,为降低信用风险招致银行资产的损失,在发放贷款前必须对借款者进行信用分析与评价。随着银行业务的多样化,与贷款类似的信用业务如贴现、透支、信用证、担保等业务中所涉及的风险也属于信用风险。这是商业银行面临的主要风险。

2.流动性风险

流动性风险是指商业银行掌握的可用于即时支付的流动性资产不足以满足存款提现的要求,从而使商业银行丧失清偿能力的可能性。银行作为信用中介,资产的流动性是其信誉的根本,流动性风险对银行经营乃至生存发展都尤为重要,应给予高度重视。

3.利率风险(市场风险)

利率风险是指在市场利率波动时,由于商业银行的资产和负债的期限结构不平衡、形式不协调引起的利率收入和支出变动不一致而给商业银行带来损失的可能性。利率风险是现代商业银行面临的基本风险。

4.汇率风险(市场风险)

汇率风险又称外汇风险,是指由于汇率的波动而使商业银行资产蒙受损失或丧失预期收益的可能性。无论商业银行发放的是何种外币贷款,只要收回的外币发生贬值,信贷资产都要遭受损失。西方的商业银行,尤其是大的商业银行,几乎都在欧洲货币市场上开展业务。我国商业银行也在不同程度上开展了外汇业务,随着金融体制改革的不断深化,我国商业银行业务中外汇业务量也将不断增加,从而对外汇风险的研究也显得越来越重要。

5.投资风险

投资风险是指商业银行进行投资业务(如证券投资、动产和不动产投资等)时,由于投资对象市场价值的波动而蒙受损失的可能性。投资风险取决于商品市场、证券市场等多种行情的变动。如银行投资于某种股票,若该股票的价格上升,银行因此可获利。反之则亏损。投资行为本身就是一种存在风险的活动,银行投资意味着银行主动承担风险,同时还可以实现资产多样化,增强资产的流动性,分散总风险。随着银行业务的扩大,银行投资风险成为银行的一种重要风险。

6.国家风险

国家风险即国家信用风险,是指由于借款国政治、经济、社会环境的变化使该国不能按约偿还债务本息的可能性。国际银行业务的扩大,使国家风险问题日益突出。国家风险形成以后,银行的催收能力十分有限,而且国家风险还有连锁效应,即一国债务危机会涉及其他国家偿还外债的能力,甚至引发全球性的金融危机。

7.竞争风险

竞争风险是指金融业激烈的同业竞争造成商业银行客户流失,市场占有份额下降、银行利差缩小从而增大银行总风险,威胁银行安全的可能性。

8.经营风险

经营风险是指商业银行在日常业务经营中由于各种自然灾害、意外事故导致的损失的可能性。如火灾、银行遭劫、通信线路故障、计算机失灵、日常工作差错等。这些风险的发生概率一般可以准确地估计,通过保险和加强管理来防范和处理。

9.资本风险

资本风险是指由于商业银行的资本量过小,不能抵补一定时期经营亏损而影响银行正常营运的可能性。银行资本量的大小,不仅是银行实力的标志,也是扩大银行资产规模的基础,还是抵补银行亏损的最后防线。如果资本量过小,将失去客户的信赖,容易引起挤提风潮,或不得不收缩资产规模。

10.法律风险

法律风险是指商业银行在提供银行业务过程中,因无法满足或违反法律要求,导致合同不能履行、发生争议诉讼或其他法律纠纷,从而给银行带来经济损失的可能性。根据《巴塞尔新资本协议》和其他有关文件以及我国有关法律、法规的规定,我国商业银行法律风险内容包括:操作性法律风险与环境法律风险。操作性法律风险主要表现为:(1)合同可能依法撤销或者确认无效;(2)合同可能被依法变更,且变更的结果不利于银行;(3)因违约、侵权或者其他事由被提起诉讼或者申请仲裁,依法可能承担赔偿责任;(4)知识产权受到侵犯;(5)业务活动违反法律、法规等的规定,依法可能承担行政责任或者刑事责任。环境法律风险主要表现为下列可能对银行的业务活动产生不利影响的外部法律事件:(1)有关法律、法规等的制定、修改或者废止;(2)有关国家机关依法作出的法律解释;(3)最高人民法院作出的判决;(4)海外分支机构所在的国家或者地区法律制度不完善。

11.操作风险

操作风险是指由不完善或有问题的内部程序、员工和信息科技系统,以及外部事件所造成商业银行损失的可能性。操作风险已经和市场风险、信用风险并列为商业银行需要面对的主要风险。与其他风险相比,操作风险主要具有以下一些特点:(1)人为因素。因为操作风险主要来源于企业的日常营运,人为因素在引发操作风险的因素中占有直接的、重要的地位。如果说市场风险来自于金融产品价格的波动,信用风险来自于借款者偿还能力的变化,那么绝大多数的操作风险则更多可以归因于有意或无意的、来自企业内部或外部的人为操作失误。在Basel银行监管委员会定义的7种操作风险损失事件类型中,有6种直接与人为操作有关。(2)发生频率低,但损失大。操作风险具有发生频率很低,但是一旦发生就会造成极大的损失,甚至危及银行的存亡的特点。例如,1992—1995

年间，巴林银行交易员里森的错误交易以及在出现损失后继续隐瞒，最终给巴林银行带来 86 000 万英镑的损失，致使其破产。1995 年，华夏银行 3 名职员非法拆借 3.4 亿多元的贷款，致使华夏银行 2 亿多元资金无法收回。

12.声誉风险

声誉风险是指由商业银行经营、管理及其他行为或外部事件导致利益相关方对商业银行负面评价的风险。

如果一家银行由于某种原因，出现了声誉危机，不管这种声誉危机的真实性如何，在这家银行储蓄的储户得到消息，通常会认为他们的血汗钱有可能被银行给赔掉了，储户的反应通常非常简单干脆：尽快把自己的钱取回来。如果众多的储户一拥而上挤兑，这家银行就会出现支付危机导致银行关门。银行关门势必拖垮许多相关的企业。同时，由于银行之间存在着各种业务联系，一家银行出现的挤兑风潮可能很快就会影响到其他金融机构。结果，金融风暴的冲击一波连着一波，最终酿成一场社会风暴。

《巴塞尔协议》将声誉风险列为商业银行必须妥善管理的八大类风险之一。根据普华永道新的调查，134 家银行的高级风险管理人员表示，总体上声誉风险是他们所面临的最大的风险。

第二节　商业银行风险管理步骤

一、商业银行风险管理步骤

(一)商业银行风险的识别

风险识别就是指商业银行对宏观、微观环境中潜伏的各种可能给银行带来损失的因素进行系统归类分析，从而识别出风险因素的操作过程。这是风险管理的第一步，也是最重要的一步。因为只有将风险识别出来以后，才可能进行具体的风险分析、评价，才能采取有针对性的控制措施。如果连存在的风险都没有识别出来，就根本谈不上有效的管理。常用的风险识别的方法有以下几种：

1.财务报表分析法

在商业银行的经营管理中，最直接最方便的风险识别工具就是银行的财务报表，对银行自身的财务报表进行分析是风险管理者实行财务分析的重要内容。通过综合系统的财务报表分析即比率分析、比较分析、共同比分析、趋势分析、特定分析等，可以获得各种风险指标，评估银行过去的绩效，衡量目前的财务和经营状况，并预测未来发展趋势，找出可能影响银行未来经营的风险因素。

2.德尔菲方法

这种方法又称为专家意见法，是美国著名的咨询机构兰德公司于20世纪50年代初发明的。当时美国空军委托该公司研究一个典型的风险识别课题：若苏联对美国发动核袭击，其袭击的目标会选择在什么地方？后果会怎样？由于这种课题很难用数学模型描述，很难进行计算，因此兰德公司采用专家意见法。出于保密目的，以古希腊阿波罗神殿所在地德尔菲命名，表示集中众人智慧预测准确的意见。后来该方法被广泛推广运用于各种风险辨识和决策过程中。在对商业银行面临的风险进行识别时，特别是涉及原因比较复杂、影响比较重大而又无法用分析的方法加以辨识的风险时，德尔菲方法是一种十分有效的方法。运用德尔菲方法辨识经济风险一般采用以下程序：

(1)由商业银行风险管理人员制定出一种调查方案，确定调查内容；

(2)聘请若干名专家，由风险管理人员用调查表的方法向他们提问，并同时提供商业银行经营状况的有关资料；

(3)专家们调查所列问题并参考有关资料背靠背地提出自己的意见；

(4)风险管理人员汇集整理专家们的意见，把这些不同意见及其理由反馈给每位专家，让他们第二次提出意见；

(5)多次反复使意见逐步收敛，由风险管理人员决定在某一点停止反复，最后得到基本趋于一致的结果。

德尔菲方法具有三个特点：

(1)在调查过程中发表意见的专家相互匿名，避免公开发表意见时各种心理因素对专家们的影响；

(2)对各种反应进行统计处理，使各意见相互启迪，集思广益，从而比较容易得出正确的评价，即对经济风险的估计。

3.故障树

故障树是分析问题时广泛使用的一种方法。它利用图解的形式将大的故障分解成各种小故障，或是对产生故障的原因进行分解。由于分解后的图形呈树枝形状，分解的次数越多，则树枝就越多，因此形象地称之为“故障树”。这种方法能够迅速地发现存在的问题，几乎可以运用于任何领域。在对经济风险进行识别时，故障树也是十分有效的，这个时候的故障树实际上可看成是经济风险树，它能将经济主体所面临的主要经济风险分解为许多细小的风险，当然也可以将产生经济风险的原因一层一层地进行分解，从而排除无关的因素，准确找出对商业银行真正产生影响的风险及原因。

4.筛选——监测——诊断方法

筛选——监测——诊断方法的一般过程分为筛选、监测、诊断三个紧密相连的环节。

(1)筛选。这是指风险分析人员对商业银行内部和外部的各种潜在的危险因素进行分类,确定哪些因素明显会引起风险,哪些因素需要进一步研究,哪些因素明显并不重要。通过筛选过程,从而使管理者排除干扰,将注意力集中在一些可能产生重大经济风险的因素上。

(2)监测过程。监测过程指的是依据某种重大经济风险及其后果对该经济风险的过程、产品、现象或个人进行观测、记录和分析的变化过程。当筛选结果提出以后,必须对这些结果进行观测、记录和分析,掌握这些结果的活动范围和变动趋势。

(3)诊断。这是指根据企业的风险症状或其后果与可能的起因关系进行评价和判断,找出可疑的起因并进行仔细检查。只有对商业银行面临的经济风险进行正确的诊断,才能真正达到对经济风险进行辨识的目的。

(二)商业银行风险估计

商业银行风险估计包括两方面的内容:第一是估计风险发生的可能性,第二是估计风险发生后所导致的损失程度。任何一笔贷款或投资项目都有一定的风险性,完全没有风险的项目或贷款不会带来多少收益。商业银行经营的艺术就在于把安全性、盈利性、流动性有效地统一起来。对于某一投资项目,运用统计资料和以往的经验,估算出风险发生的可能性,即损失发生的概率,然后估计风险一旦发生,项目损失的严重程度。根据以上两方面的数据,就可以计算出风险成本,从而做出科学的决策。风险估计是风险管理和经营决策的基础。风险估计方法有:

1.缺口分析方法

缺口分析是衡量利率变动对银行当期收益的影响的一种方法。具体而言,就是将银行的所有生息资产和付息负债按照重新定价的期限划分到不同的时间段(如1个月以下,1~3个月,3个月~1年,1~5年,5年以上等)。在每个时间段内,将利率敏感性资产减去利率敏感性负债,再加上表外业务头寸,就得到该时间段内的重新定价“缺口”。以该缺口乘以假定的利率变动,即得出这一利率变动对净利息收入变动的大致影响。当某一时段内的负债大于资产(包括表外业务头寸)时,就产生了负缺口,即负债敏感型缺口,此时市场利率上升会导致银行的净利息收入下降。相反,当某一时段内的资产(包括表外业务头寸)大于负债时,就产生了正缺口,即资产敏感型缺口,此时市场利率下降会导致银行的净利息收入下降。缺口分析中假定的利率变动可以通过多种方式来确定,如根据历史经验确定、根据银行管理层的判断确定和模拟潜在的未来利率变动等方式。

缺口分析是对利率变动进行敏感性分析的方法之一，是银行业较早采用的利率风险计量方法。因为其计算简便、清晰易懂，目前仍然被广泛使用。但是，缺口分析也存在一定的局限性。第一，缺口分析假定同一时间段内的所有头寸到期时间或重新定价时间相同，因此忽略了同一时段内不同头寸的到期时间或利率重新定价期限的差异。在同一时间段内的加总程度越高，对计量结果精确性的影响就越大。第二，缺口分析只考虑了由重新定价期限的不同而带来的利率风险，即重新定价风险，未考虑当利率水平变化时，因各种金融产品基准利率的调整幅度不同而带来的利率风险，即基准风险。同时，缺口分析也未考虑因利率环境改变而引起的支付时间的变化，即忽略了与期权有关的头寸在收入敏感性方面的差异。第三，非利息收入和费用是银行当期收益的重要来源，但大多数缺口分析未能反映利率变动对非利息收入和费用的影响。第四，缺口分析主要衡量利率变动对银行当期收益的影响，未考虑利率变动对银行经济价值的影响，所以只能反映利率变动的短期影响。因此，缺口分析只是一种初级的、粗略的利率风险计量方法。

2.久期分析方法

久期分析也称为持续期分析或期限弹性分析，是衡量利率变动对银行经济价值影响的一种方法。具体而言，就是对各时段的缺口赋予相应的敏感性权重，得到加权缺口，然后对所有时段的加权缺口进行汇总，以此估算某一给定的小幅(通常小于1%)利率变动可能会对银行经济价值产生的影响(用经济价值变动的百分比表示)。各个时段的敏感性权重通常是由假定的利率变动乘以该时段头寸的假定平均久期来确定的。一般而言，金融工具的到期日或距下一次重新定价日的时间越长，并且在到期日之前支付的金额越小，则久期的绝对值越高，表明利率变动将会对银行的经济价值产生较大的影响。久期分析也是对利率变动进行敏感性分析的方法之一。

银行可以对以上的标准久期分析法进行演变，如可以不采用对每一时段头寸使用平均久期的做法，而是通过计算每项资产、负债和表外头寸的精确久期来计量市场利率变化所产生的影响，从而消除加总头寸/现金流量时可能产生的误差。另外，银行还可以采用有效久期分析法，即对不同的时段运用不同的权重，根据在特定的利率变化情况下，假想金融工具市场价值的实际百分比变化，来设计各时段风险权重，从而更好地反映市场利率的显著变动所导致的价格的非线性变化。

与缺口分析相比较，久期分析是一种更为先进的利率风险计量方法。缺口分析侧重于计量利率变动对银行短期收益的影响，而久期分析则能计量利率风险对银行经济价值的影响，即估算利率变动对所有头寸的未来现金流现值的潜在影响，从而能够对利率变动的长期影响进行评估，更为准确地估算利率风险对银行的影响。但是，久期分析仍然存在一定的局限性。第一，如果在计算敏感性权重时对每一时段使用平均久期，即采用标准久期分析法，久期分析仍然只能反映重新定价风险，不能反映基准风险，以及因利率和支付时间的不同而导致的头寸的实际利率敏感性差异，也不能很好地反映期权性风险。第二，对于利率的大幅变动（大于1%），由于头寸价格的变化与利率的变动无法近似为线性关系，因此，久期分析的结果就不再准确。

3.外汇敞口分析方法

外汇敞口分析是衡量汇率变动对银行当期收益的影响的一种方法。外汇敞口主要来源于银行表内外业务中的货币错配。当在某一时段内，银行某一币种的多头头寸与空头头寸不一致时，所产生的差额就形成了外汇敞口。在存在外汇敞口的情况下，汇率变动可能会给银行的当期收益或经济价值带来损失，从而形成汇率风险。在进行敞口分析时，银行应当分析单一币种的外汇敞口，以及各币种敞口折成报告货币并加总轧差后形成的外汇总敞口。对单一币种的外汇敞口，银行应当分析即期外汇敞口、远期外汇敞口和即期、远期加总轧差后的外汇敞口。银行还应当对交易业务和非交易业务形成的外汇敞口加以区分。对因存在外汇敞口而产生的汇率风险，银行通常采用套期保值和限额管理等方式进行控制。外汇敞口限额包括对单一币种的外汇敞口限额和外汇总敞口限额。外汇敞口分析是银行业较早采用的汇率风险计量方法，具有计算简便、清晰易懂的优点。但是，外汇敞口分析也存在一定的局限性，主要是忽略了各币种汇率变动的相关性，难以揭示由于各币种汇率变动的相关性所带来的汇率风险。

4.敏感性分析方法

敏感性分析是指在保持其他条件不变的前提下，研究单个市场风险要素（利率、汇率、股票价格和商品价格）的变化可能会对金融工具或资产组合的收益或经济价值产生的影响。例如，缺口分析可用于衡量银行当期收益对利率变动的敏感性；久期分析可用于衡量银行经济价值对利率变动的敏感性。巴塞尔委员会在 2004 年发布的《利率风险管理与监管原则》中，要求银行评估标准利率冲击（如利率上升或下降 200 个基点）对银行经济价值的影响，也是一种利率敏感性分析方法，目的是使监管当局能够根据标准利率冲击的评估结果，评价银行的内部计量系统是否能充分反映其实际利率风险水平及其资本充足程度，并对不同机构所承担的利率风险进行比较。如果在标准利率冲击下，银行经济价值的下降幅度超过一级资本、二级资本之和的 20%，监管机构就必须关注其资本充足状况，必要时还应要求银行降低风险水平和/或增加资本。

敏感性分析计算简单且便于理解，在市场风险分析中得到了广泛应用。但是敏感性分析也存在一定的局限性，主要表现在对于较复杂的金融工具或资产组合，无法计量其收益或经济价值相对市场风险要素的非线性变化。因此，在使用敏感性分析时要注意其适用范围，并在必要时辅以其他的市场风险分析方法。

5.情景分析方法

与敏感性分析对单一因素进行分析不同，情景分析是一种多因素分析方法，结合设定的各种可能情景的发生概率，研究多种因素同时作用时可能产生的影响。在情景分析过程中要注意考虑各种头寸的相关关系和相互作用。情景分析中所用的情景通常包括基准情景、最好的情景和最坏的情景。情景可以人为设定（如直接使用历史上发生过的情景），也可以从对市场风险要素历史数据变动的统计分析中得到，或通过运行描述在特定情况下市场风险要素变动的随机过程得到。如银行可以分析利率、汇率同时发生变化时可能会对其市场风险水平产生的影响，也可以分析在发生历史上出现过的政治、经济事件或金融危机以及一些假设事件时，其市场风险状况可能发生的变化。

6.风险价值方法

风险价值是指在一定的持有期和给定的置信水平下，利率、汇率等市场风险要素发生变化时可能对某项资金头寸、资产组合或机构造成的潜在最大损失。例如，在持有期为 1 天、置信水平为 99%的情况下，若所计算的风险价值为 1 万美元，则表明该银行的资产组合在 1 天中的损失有 99%的可能性不会超过 1 万美元。风险价值通常是由银行的市场风险内部定量管理模型来估算的。目前常用的风险价值模型技术主要有三种：方差—协方差法（Variance-Covariance Method）、历史模拟法（Historical Simulation Method）和蒙特卡洛法（Monte Carlo Simulation Method）。现在，风险价值已成为计量市场风险的主要指标，也是银行采用内部模型计算市场风险资本要求的主要依据。

市场风险内部模型的技术方法、假设前提和参数设置可以有多种选择，在进行内部风险管理时，银行通常都根据本行的发展战略、风险管理目标和业务复杂程度自行设定。只是对于市场风险监管资本的计算，巴塞尔委员会和大多数监管当局做出了一些统一规定，目的是使不同银行所计算的市场风险监管资本具有一致性和可比性，同时从审慎监管的角度出发，对一些参数，如持有期做出了相对保守的规定。巴塞尔委员会在 1996 年的《资本协议市场风险补充规定》中对市场风险内部模型主要提出了以下定量要求：置信水平采用 99%的单尾置信区间；持有期为 10 个营业日；市场风险要素价格的历史观测期至少为一年；至少每三个月更新一次数据。但是，在模型技术方面，巴塞尔委员会和各国监管当局均未做出硬性要求，允许银行自行选择三种常用模型技术中的任何一种。即使是对 VaR 模型参数设置做出的定量规定，也仅限于在计算市场风险监管资本时遵循，商业银行实施内部风险管理完全可以选用不同的参数值。如巴塞尔委员会要求计算监管资本应采用99%的置信水平，而不少银行在内部管理时却选用95%、97.5%的置信水平。此外，考虑到市场风险内部模型本身存在的一些缺陷，巴塞尔委员会要求在计算市场风险监管资本时，必须将计算出来的风险价值乘以一个乘数因子(multiplication factor)，使所得出的资本数额足以抵御市场发生不利变化可能对银行造成的损失。乘数因子一般由各国监管当局根据其对银行风险管理体系质量的评估自行确定，巴塞尔委员会规定该值不得低于3。

目前，市场风险内部模型已成为市场风险的主要计量方法。与缺口分析、久期分析等传统的市场风险计量方法相比，市场风险内部模型的主要优点是可以将不同业务、不同类别的市场风险用一个确切的数值(VaR 值)表示出来，是一种能在不同业务和风险类别之间进行比较和汇总的市场风险计量方法，而且将隐性风险显性化之后，有利于进行风险的监测、管理和控制。同时，由于风险价值具有高度的概括性，简明易懂，也适宜董事会和高级管理层了解本行市场风险的总体水平。但是，市场风险内部模型法也存在一定的局限性。第一，市场风险内部模型计算的风险水平高度概括，不能反映资产组合的构成及其对价格波动的敏感性，因此对具体的风险管理过程作用有限，需要辅之以敏感性分析、情景分析等非统计类方法。第二，市场风险内部模型方法未涵盖价格剧烈波动等可能会对银行造成重大损失的突发性小概率事件，因此需要采用压力测试对其进行补充。第三，大多数市场风险内部模型只能计量交易业务中的市场风险，不能计量非交易业务中的市场风险。因此，使用市场风险内部模型的银行应当充分认识其局限性，恰当理解和运用模型的计算结果。

(三)商业银行风险评价

风险评价是指在取得风险估计结果的基础上，研究该风险的性质、分析该风险的影响、寻求风险对策的行为。

风险评价方法在很大程度上取决于管理者的主观因素。不同的管理者，对同样货币金额的风险，有不同的评价方法。这是因为，相同的损失，对不同地位、不同处境的法人具有不同的效用。

所谓效用，是指利益或收益存在于主体心目中的满足欲望或需要的能力。例如，一项投资盈亏概率各50%，盈利可赚100万元，亏损要损失20万元。对于一个资本只有20万元的企业来说，50%的可能性要损失20万元的风险是不能接受的。因为这意味着进行这项投资会有50%的可能造成企业破产。但是，对于一个资本有2 000万元的企业来说，这种投资是有利可图的。因为可能获得的盈利远远大于可能出现的亏损。若形成规模，每笔投资净盈利应为：100×

50%－20×50%＝40(万元)，因此，对该企业而言，根据上述考虑，这种风险是可以接受的。

主观因素决定着决策者对待风险的态度，而其态度不外乎三种情况：(1)拒绝风险，放弃盈利机会；(2)承担风险，追求利润；(3)合理地规范其所能承受风险的程度，不因高盈利而冒大风险，也不因小风险而放弃盈利机会。显然，后者的态度是积极稳健的。

常见的风险评估方法有：概率统计方法、概率分布方法、概率树和损失模拟方法。

(四)商业银行风险的处理

商业银行风险处理是指针对不同类型、不同概率和规模的风险，采取相应的措施或方法，使风险损失对银行经营的影响降至最低程度。由于风险处理的方法多，它们之间存在着一定的替换关系，因此要正确地选择和确定处理风险的方法，风险管理者必须对不同方法各自的特点和作用有一个全面的了解。风险处理的方法主要有以下几种：

1.规避风险

规避风险是指银行在经营过程中，拒绝或退出有风险的经营活动。比如，为达到回避风险的目的，银行往往只搞抵押贷款而不搞信用放款，只搞短期流动资金贷款而不搞固定资金贷款，这样极易使银行业务日渐萎缩，所以虽然这种方法简单而安全，但它仍属于一种消极的预防措施。正因为如此，这种方法不列为常规风险管理方法，只作为特殊环境下的应急手段。

2.预防风险

预防策略又称准备策略，指对风险设置多层预防线的办法。银行抵御风险的最终防线是保持充足的自有资本金。但银行自有资本毕竟很小，单靠自有资本防范风险往往力不从心。因此，银行抵御风险的主要措施是在资产份额中保持一定的准备金。作为预防策略的另一个组成部分，还有常见的专项准备：贷款坏账准备金和资本损失准备金。

3.分散风险

分散风险是指银行通过实现资产结构的多样化尽可能选择多样的、彼此相关数小的资产进行搭配，使高风险资产的风险向低风险资产扩散，以降低整个资产组合的风险程度。

4.转移风险

转移风险是指银行通过一定的途径将风险转移给他人，通常通过某些合法交易方式和业务手段来转移。最常见的一是实行信贷风险保险制度，以保障贷款银行因借款企业不能履行偿还义务而面临风险时，由保险公司负责赔偿；二是实行企业风险保险制度,即贷款银行要求借款企业根据本身的实际情况参加保险,将属于保险责任范围的意外转移给保险公司赔付;三是通过一些外汇交易方式,如对冲交易、期货交易和期权交易将风险转移给第三者。

第三节　商业银行贷款风险分类

一、商业银行贷款风险分类概述

(一)商业银行贷款风险与贷款风险分类

1.商业银行贷款风险的含义

商业银行贷款风险是指造成贷款损失或不利的可能性。数量上的可能性表现为贷款能否全部收回,时间上表现为能否按期收回。商业银行作为经营货币信用业务的特殊企业,本身就是高风险行业,承担风险是商业银行不可避免的事,如果一家商业银行以避免一切风险作为经营的原则,那么这家商业银行将无生意可做,也无收益可言。但是,如果承担太多风险,或者不知道风险的存在,或知道风险存在却不知道程度有多大,都是危险的。

信贷资金安全地投放出去,又安全地收回来,这是信贷资金良性循环的表现。但是,信贷资金运动过程中,总会由于这样或那样的原因,使得贷款不能按期、如数收回,这种可能性,就是我们通常所说的贷款风险,因此,贷款风险存在是客观的,我们分析贷款风险的目的,就在于如何将这种损失的可能性降至最低,保障商业银行信贷资产的安全。

从信贷资金运动来看,贷款的发放与收回存在着一个时间间隔,在这一段时间里,借款人在经营过程中由于多种无法事先预料的不确定性因素,可能会造成经营失败,造成经营风险,这些风险又通过信贷资金运动传导到商业银行,使商业银行不能按期收回贷款或收不回贷款,因此,我们说商业银行信贷资金风险主要来源于客户的经营过程。

贷款风险是由于一些不确定性因素造成信贷资金损失的一种可能性,这种可能性在信贷资金运动过程中不一定会成为现实,因此,贷款风险并不等于贷款损失。贷款损失是商业银行贷款资金运动结果的一种表现,只有在贷款到期无法收回的后果出现后,才是真正意义上的损失。贷款风险有转变为贷款损失的可能性,但没有必然性,只有认识这一点,才能正确地对待风险、处置风险。在对

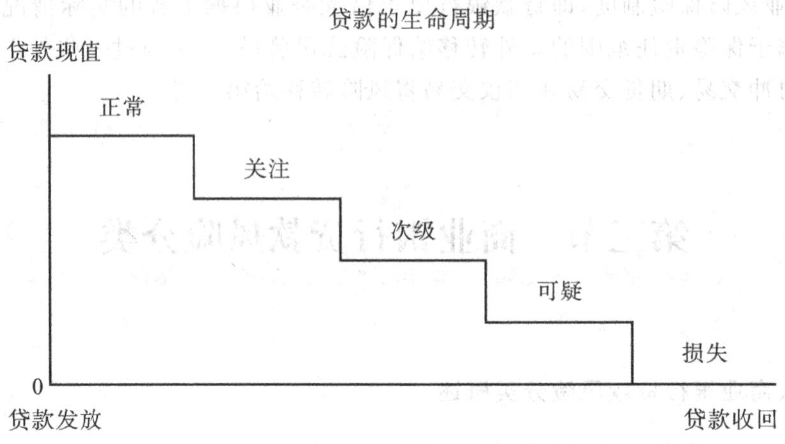

图 11-1　贷款生命周期图

待风险这一问题上，不重视风险的预测和防范，乱发贷款不行，但太害怕风险变成损失，于是患得患失采取消极的态度不发贷款也不行。因此，商业银行经营者要对信贷活动中出现的风险有一个清醒的认识。要懂得如何衡量风险、分析风险、预防风险、降低风险，掌握一套控制风险的手段。

2.商业银行贷款风险分类

贷款风险分类是指商业银行的信贷分析人员和管理人员或监管当局的检查人员，综合能获得的全部信息，并运用最佳判断，根据贷款风险程度对贷款质量作出评价。贷款风险分类不但包括结果也包括过程。

贷款风险分类就是把信贷资产划分为不同类别。从微观上来看，贷款如何分类，分几类，是商业银行信贷风险管理的一项重要工作。商业银行自身要生存和发展，要实现稳健经营，客观上就要求商业银行根据审慎的原则和风险管理的需要，定期对信贷资产进行审查，并将审查结果分门别类，这种做法就是贷款分类。从宏观上来看，贷款分类的档次与标准是衡量贷款内在风险的一种价值尺度，它是一种公共商品，由政府提供才具有权威性和广泛的可接受性。因此，要求监管当局制定和发布统一的贷款分类标准，作为衡量贷款内在风险的统一价值尺度。

中国人民银行在比较研究各国在信贷资产分类方法做法的基础上，结合我国国情，制定了《贷款风险分类指导原则(试行)》，于 1998 年 4 月 21 日下发执行。

按照《贷款风险分类指导原则》的要求，评估商业银行贷款质量，采取以风险为基础的分类方法，贷款分类标准如下：

(1)正常:借款人能够履行合同,有充分把握按时足额偿还本息。

(2)关注:尽管借款人目前有能力偿还贷款本息,但存在一些可能对偿还产生不利影响的因素。

(3)次级:借款人的还款能力出现了明显的问题,依靠其正常经营收入已无法保证足额偿还本息。

(4)可疑:借款人无法足额偿还本息,即使执行抵押和担保,也肯定要造成一部分损失。

(5)损失:在采取所有可能的措施和一切必要的法律程序之后,本息仍然无法收回,或只能收回极小部分。

前两类属于正常贷款,后三类合称不良贷款。

(二)贷款风险分类的必要性与分类的意义

1.贷款风险分类的必要性

(1)贷款的特性要求对贷款资产进行分类。要了解为什么要对贷款分类,首先要明白贷款的特性。贷款的特性表现在以下三个方面:一是贷款具有内在风险。从商业银行角度来讲,存款到期要支付,而贷款到期不一定能全部收回。也就是说贷款从发放之日起,就面临着倒账风险。而商业银行的资产负债表反映的信息,却不能完全反映贷款的真实价值或者贷款的内在风险,因此,必须通过贷款分类,了解每笔贷款内在风险及真实价值。二是贷款无法按市场价格定值。由于贷款本身没有市场,也就没有市场价格,而从商业银行信贷管理角度来讲,又必须了解贷款的真实价值有多少。三是贷款信息的不对称。借款人比商业银行更了解自己所处的市场环境、财务状况及还款意愿。商业银行不可能消除这种信息的不对称,但是可以通过贷款分类减少信息不对称所带来的危害。

(2)贷款分类是商业银行稳健经营的需要。商业银行具有与生俱来的风险,商业银行要在风险中生存、发展,必须稳健经营,商业银行要稳健经营不仅要化解已经发生的风险,而且还要及时识别和弥补那些确实存在但尚未实现的风险,即内在风险。贷款分类就能帮助我们识别贷款的内在风险。同时在贷款分类的过程中,我们可以发现信贷管理、内部控制等方面存在的问题,有利于提高商业银行信贷管理水平。

(3)贷款分类是监管当局对商业银行监管的需要。监管当局对金融机构实行有效的监管,必须通过非现场检查,对金融机构的信贷资产进行连续监控,并通过现场检查独立对金融机构信贷资产质量进行评价,这些都离不开统一的贷款分类标准。

(4)统一的贷款分类标准是利用外部审计师力量进行金融监管的需要。外部审计师是帮助金融机构防范金融风险的一个不可缺少的外部社会力量，统一规范的贷款分类方法，才能保证外部审计师在信贷资产质量和专项审计及全面常规审计方面的工作质量。

(5)统一贷款分类标准是利用市场机制处理有问题金融机构的必要条件。当一家金融机构出现问题面临重组，需要被收购或兼并的时候，潜在的投资者需要了解该机构的净值，为此要对投资对象进行清产核实，这样，就需要一个统一价值尺度来进行。

2.贷款风险分类的意义

采用贷款风险分类法，不仅在于通过分类获得贷款质量的数据，而且对商业银行信贷管理提出了更高要求，因此，贷款风险分类法的推行有助于培养健康的信贷文化，从而有助于在我国建立规范的商业银行信贷管理制度。

(1)风险分类法可以克服因信息不对称对商业银行信息管理所造成的影响。借款人对自己还款能力的了解超过商业银行，具体经办的信贷员对贷款的了解也超过其他部门和高层管理者。而这两者都有隐瞒贷款信息的动机。风险分类法要求信贷员、信贷管理者、高层管理人员全面、动态、准确地了解与贷款有关的全部定性和定量信息，并建立管理信息系统，使贷款信息分类结果得到及时共享和反馈。这样就可消除信息不对称对信贷管理造成的危害。

(2)风险分类法有助于扭转信贷管理中的落后行为。风险法产生的结果不直接来源于会计数据，不能简单地从账本和电脑中获得，而是要通过综合分析和各种财务非财务因素信息，通过规范、标准的程序产生，因此可以扭转信贷管理中过于重视客户背景，以信用评级代替分类结果等落后行为。

(3)风险分类法将主营收入作为第一还款来源，改变了过去过于重视利润而忽视现金流量经营思维方法，向国际惯例靠拢。

(4)风险分类法覆盖了从贷款发放到从账面消失的整个生命周期，有助于从流量上减少不良贷款的发生。

(5)风险法提供了统一信贷分析框架和信贷语言，帮助信贷分析人员和检查人员透过各种繁杂的表面现象，发现影响贷款质量最直接、最本质的问题。

(6)风险法有助于克服信贷管理中的道德危害，分清不良贷款质量恶化的原因和责任，帮助商业银行认识自身信贷管理中存在的问题。

(7)风险法提供了一种自然选择机制，有助于从制度上提高从业人员的素质。风险法的知识含量很高，要求信贷人员必须具备起码的专业知识。有了风险法的硬性专业标准，就为优胜劣汰的用人机制提供了一种可参考的依据。

二、贷款风险分类的程序

(一)阅读信贷档案

信贷档案是商业银行发放、管理、收回贷款这一完整过程的真实记录,信贷档案应至少包含以下六个方面内容:

1.客户基本情况。包括:借款人的名称,地址,企业类型及所处行业,业务经营范围及主营业务;组织结构,业主和高级管理人员的情况及其附属机构的情况;借款人的经营历史,信誉评级,以及保证人的基本情况。

2.借款人和保证人的财务信息。包括:借款人的资产负债表,利润表,现金流量表,外部审计师报告,借款人的其他财务信息;保证人资产负债表,损益表,外部审计师报告和其他财务信息。

3.重要文件。包括:借款人贷款申请;商业银行信贷调查报告和审批文件,包括长期贷款的可行性报告,上级行的立项文件、批准文件;贷款合同,贷款额度或授信书;贷款担保的法律文件,包括贷款合同,保证书,抵押品评估报告,财产所有权证等;借款人还款计划或还款承诺。

4.往来信函。包括信贷员走访考察记录,备忘录。

5.借款人还款记录和商业银行催款通知。

6.贷款检查报告。包括定期、不定期信贷分析报告,内审报告。

(二)审查贷款的基本情况

1.贷款目的

贷款合同上最初的用途与实际贷款用途是否一致,是判断贷款正常与否的基本标志,贷款一旦被挪用,就意味着产生更大的风险。

2.还款来源

还款时合同约定的还款来源是什么?目前偿还贷款的资金是什么?在贷款分类中,分析人员应判断借款人约定的还款来源是否合理,风险程度是高还是低。

3.资产转换周期

资产转换周期是商业银行信贷资金由金融资本转化为实物资本,再由实物资本转换为金融资本的过程。资产转换周期的长短是商业银行确定贷款期限的主要依据。因此一家管理有方的商业银行在审批贷款过程中,往往非常重视对贷款对象资产转换周期的研究。

4.还款记录

还款记录对于贷款分类的确定具有特殊作用,一方面还款记录直截了当地告诉我们贷款是在正常还本付息还是发生严重的拖欠或被部分注销;贷款是否经历过重组;本息逾期的时间;是否已挂账停息,以及应收未收利息累积额。这些信息基本上能够帮助我们很快地对贷款作出基本判断。另一方面,还款记录还是判断借款人还款意愿的重要依据。

（三）确定还款的可能性

1.财务分析

在贷款分类中，借款人经营状况是影响其偿还可能性的基本因素，因此财务状况的好坏是评估借款人偿还能力的关键。通过财务分析，可以评价企业资本收益率能力，评价企业财务稳健性，是否具有流动性，是否具有清偿债务能力，企业未来的发展前景如何，从而对贷款分类作出较准确的判断。

2.现金流量分析

贷款风险分类，主要考虑借款人的内在风险程度，即贷款偿还可能性，这主要取决于借款人的还款能力。还款能力的主要标志是借款人现金流量是否充足。

3.评估抵押和担保

通过财务分析和现金流量分析，我们对企业第一还款来源有了清楚的认识，当借款人财务状况出现变化时，就要分析抵押和担保状况，抵押和担保作为第二还款来源能够降低商业银行的受损程度，但不能改变借款人的信用状况。

4.非财务因素分析

除了上述财务因素和抵押担保状况对还款可能性会产生很大影响外，其他的一些非财务因素如行业环境、企业管理、还款意愿、商业银行信贷管理等因素都会对还款能力产生影响，通过对非财务因素进行分析，能够帮助信贷分析人员进一步判断贷款偿还可能性，使贷款分类结果更加准确。

5.综合分析

确定还款可能性时，最主要的是对影响还款可能性的所有因素进行综合分析。其分析的思路如下：

借款人目前的财务状况怎样？现金流量是否充分？是否有能力还款？借款人过去的经营业绩和记录如何？是否具有还款意愿？借款人目前和潜在的问题是什么？对贷款的偿还会有什么影响？借款人未来的经营状况会是怎样？如何偿还贷款？

五类贷款的主要特征见表11-1。

表 11-1 五类贷款的主要特征

贷款类别	主要特征
正常	借款人有能力履行承诺，并且对贷款的本金和利息进行全额偿还，没有有问题的贷款。
关注	1.借款人净现金流量减少；
	2.借款人销售收入、经营利润在下降，或净值开始减少，或出现流动性不足的征兆；
	3.借款人的一些关键财务指标低于行业平均水平或有较大下降；
	4.借款人经营管理有较严重问题，借款人未按规定用途使用贷款；
	5.借款人的还款意愿差，不与商业银行积极合作；
	6.贷款的抵押品、质押品价值下降；
	7.商业银行对抵押品失去控制；
	8.商业银行对贷款缺乏有效的监督。
次级	1.借款人支付出现困难，并且难以按市场条件获得新的资金；
	2.借款人不能偿还对其他债权人的债务；
	3.借款人内部管理问题未解决，妨碍债务的及时足额清偿；
	4.借款人采取隐瞒事实等不正当手段套取贷款。
可疑	1.借款人处于停产、半停产状态；
	2.固定资产贷款项目处于停缓状态；
	3.借款人已资不抵债；
	4.商业银行已诉诸法律来收回贷款；
	5.贷款经过了重组，仍然逾期，或仍然不能正常归还本息，还款状况没有得到明显改善。
损失	1.借款人无力偿还，抵押品价值低于贷款额；
	2.抵押品价值不确定；
	3.借款人已彻底停止经营活动；
	4.固定资产贷款项目时间很长，复工无望。

注：这里对各类特征只是作了提示性的归纳。在实际贷款的发放过程中，影响某些贷款偿还的特征可能远比此处列举的复杂。

在最后作出判断时，关键是抓住每个类别的核心定义，它集中体现了每个类别的还款保证程度，从而反映了贷款的内在风险。从上述可以看出各类贷款风险的程度和损失呈现出逐步递增或恶化的趋势。

(四)确定分类结果

根据上述还款可能性分析,依据《贷款风险分类指导原则》分类的标准及定义写出风险评级的理由,确定分类结果。

(五)信贷讨论

信贷讨论是指检查人员就被查行贷款管理情况与其信贷管理人员或信贷人员进行的讨论,目的是进一步获得有用信息,并将贷款分类评级结果与被查行内部的分类结果进行比较,从而找出两者之间的差异,以及两者之间是否能够转化,以完成对贷款的综合评级。

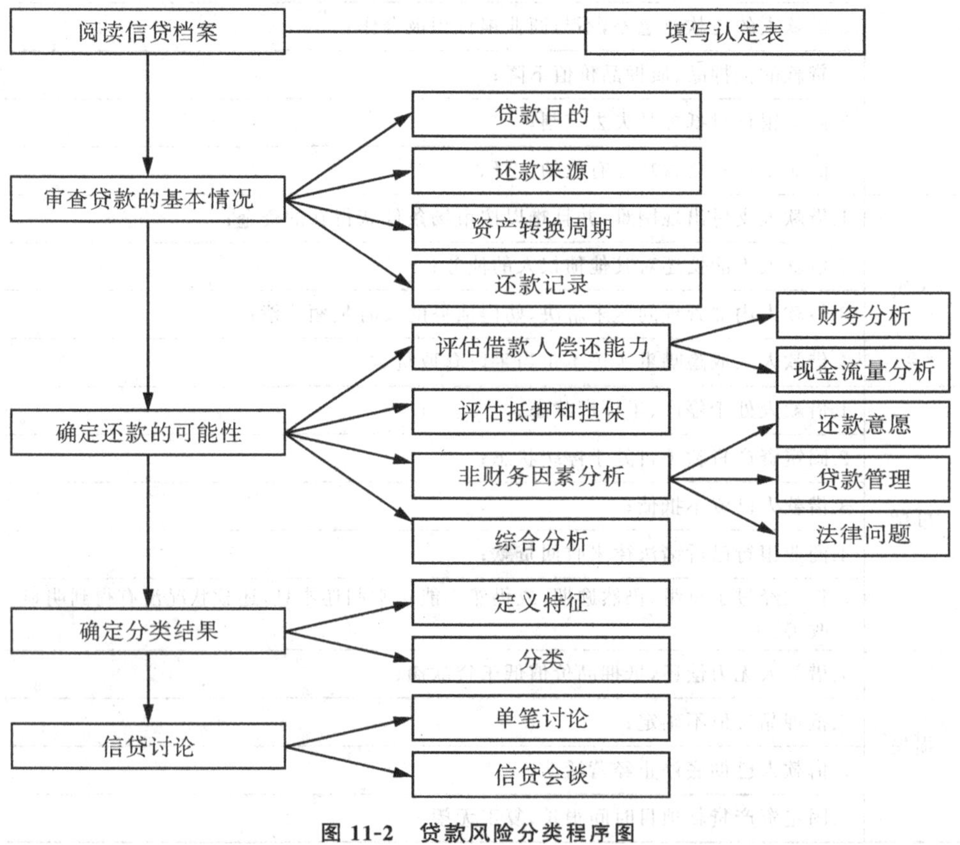

图 11-2 贷款风险分类程序图

三、贷款风险分类的方法

贷款风险分类的主要方法有借款人财务分析方法、现金流量分析方法、担保分析方法、非财务因素分析方法、有关借款人财务分析方法(参考贷款部分)。以下主要介绍现金流量分析、担保分析、非财务因素分析在贷款风险分类中的运用。

(一)现金流量分析

1.现金流量分析的目的

通过财务分析,我们已经对企业的资产负债状况、财务状况、经营管理情况、偿债能力和利润情况有了详细的了解,但是,财务分析不能直接说明企业是否有现金、是否能还债。而企业的现金流量表却能告诉我们企业借款的原因和还款的来源,因此,对企业现金流量分析就成了信用分析的重要一环,

现金流量分析的目的是取得和了解企业现金收入及其来源,现金支出及其用途,以及企业投资和筹资活动方面的信息。现金流量分析侧重分析以下情况:

(1)企业未来产生净现金流量的能力;

(2)企业偿还债务及支付股利的能力;

(3)企业净收益与营业活动所产生的净现金流量发生差异的原因;

(4)现金和非现金投资和筹资活动对财务状况的影响。

现金流量分析最大的优点是可弥补通货膨胀对财务报表分析的偏差,直接以现时购买力来衡量企业资源的侵蚀程度,且容易为报表使用者理解。

2.现金流量分析在贷款风险分类中的运用

评价借款人偿还能力大小,除了财务分析以外,还有一个重要的方面就是对借款企业现金流量的分析。一个企业盈利能力大小对其偿还贷款有重要的影响,利润是偿还贷款的来源,但不能直接偿还贷款,偿还贷款最可靠的来源是现金。虽然一般情况来讲盈利企业比亏损企业偿还贷款的可能性大,但有时也会出现一家盈利企业因没有现金偿还贷款而面临清算,而一家亏损企业却因为有现金还款而继续经营,也就是说盈利与还款虽然有密切联系但还是有一定差别的。因此,除了对借款企业进行财务分析之外,还要对其现金流量进行分析,将两者结合起来评估借款企业的还款能力。

现金流量如同维持企业生存的血液,企业现金流量分析对企业财务状况来讲至关重要,而且现金流量分析最大的优点是可弥补通货膨胀对财务报表分析的偏差。它直接以现时购买力来衡量企业资源被侵蚀程度,它容易被报表使用者所理解。

在贷款风险分类中运用现金流量分析,主要分三个方面来看:一是借款人能否还款;二是借款人如果能还款,还款的来源是什么,其来源是否稳定;三是如果借款企业不能还款,是因为哪一种活动现金流量减少所造成的,借款企业经营存在着什么问题。现金流量分析的步骤如下:

(1)根据不同借款人确定分析的起点和重点

不同的行业或处于资产转换循环不同阶段的企业，现金流量的特点是不同的。以制造企业为例，在开发新产品或引进生产线时，借款人不仅没有销售，而且要为购进设备、原材料、招募员工而支付大量现金，所以经营活动现金流量是负的，投资活动现金流量也是负的，全部靠外部融资。随着产品上市，开始有销售收入，但是为了扩大销售量和市场份额，要给购买者一定折扣，给客户更长的信用优惠期，垫支较多的应收账款；另一方面，由于与原材料供应商未建立长久的业务关系，还要购买更多的存货防止经营中断，且不能获得自发性的融资。这一阶段销售所得现金不足以支付销售所付现金，经营活动现金流量仍为负。企业仍然要增加资本投资来扩大再生产，投资活动现金净流量仍然为负，所以借款人仍需外部融资支持。当产品处于成熟阶段，借款人市场份额趋于稳定时，现金流量开始变化，经营活动现金净流量稳定上升，除折旧外，投资活动不需现金支出，此时，企业不仅没有外部融资要求，而且会出现现金净流量开始偿还开发期和成长期的贷款。在产品衰退期，销售下降，借款人经营活动现金净流量减少甚至为负，靠出售投资维持生产，投资活动现金净流量为正，由于偿还到期贷款而使筹资活动的现金净流量为负值。如果是流通企业或服务性企业，其现金流量的构成与上述企业会有较大差异，比如投资现金支出比例小，在不同的阶段现金流量都相对稳定。

由于不同行业或企业处于资产转换循环不同的阶段的现金流量特点是不同的，因此，在分析的时候就要确定不同的分析起点和重点。以上述制造企业为例，在产品开发期就不需要考虑经营活动现金流量，而要重点关注融资活动现金流入，分析其融资目的、融资规模、期限结构是否合理，是否与生产经营规模相适应，以此判断借款人未来还款的可能性大小。同时分析投资活动的现金流出是否满足资本循环的需要，能否有效地支持生产经营循环。产品上市后，要关注经营投资是否合理，借款人是否最大限度减少应收账款和存货，扩大应付账款，同时分析资本循环引起的融资活动现金流出是不是在借款人充分利用现有设备后发生的。在产品成熟期，分析的重点就是经营活动是否最大限度地产生了现金。另外，考察借款企业融资活动的现金流出是否合理，是否过多地分配股利而影响了偿还贷款。

(2)考察借款人经营管理状况对现金流量的影响

借款人的经营管理直接影响其现金流量，而现金流量反过来也会影响经营管理。分析借款人经营管理与现金流量的关系，不仅有助于从总体上把握其现金流量和还款能力，而且有助于判断其持续发展潜力，或发现经营管理中存在的问题。

从销售方面来看，考察借款人在行业中的市场份额如何，其营销手段如何，是否为顾客提供了比同行业其他企业更短的信用，有助于我们对其现金流量、还款能力和贷款档次与同行业其他借款人比较。要注意分析借款人销售是在增长还是下降，是加速还是平稳增长或下降，借款人如何根据外部因素的变化调整销售战略，销售增长引起的融资需求对现金流量和还款能力有何影响，现金不足或剩余时，借款人是怎样调整销售的。

从费用方面主要是要看借款人成本控制是否有效，它对企业利润率的影响如何，融资成本是否低于其利润，销售环节是否合理，销售费用是上升还是下降，人员配置是否合理，是否管理人员多过生产人员。

从经营循环方面要看借款企业应收账款如何变化，其周转率在上升还是下降，存货是否合理，借款人如何融资来满足营运投资需要，营运投资对借款人盈利能力和现金流量产生什么影响。

从资本循环角度，则要看借款人如何根据客观经济环境的变化调整其厂房、设备等长期资产的投资，借款人经营活动产生的现金在扣除折旧后能否还款，折旧是否用于维修和重置固定资产，资本循环是否与经营循环相适应，其现金支出是否能带来相应的现金流入。

(3)根据现金流量判断借款人的还款能力

首先要从总量上分析，得出借款人还款能力大小的初步结论。

如果未来现金净流量为正数，借款人能够偿还贷款。因为现金净流量为正数意味着三种活动产生的现金收入足以支付三种活动所需的现金支出，而偿还贷款属于融资活动现金流出的一部分，所以，这种情况下借款人能够偿还贷款。

如果现金净流量为负值，并不意味着借款人不能还款，现金净流量为负值意味着现金流入小于现金流出总量，因为偿还贷款只是现金流出的一部分，所以当现金净流量为负值时，借款人能否还款需进一步分析。

其次要从结构和流出顺序分析，判断借款人能否还款和还款来源。

借款企业在正常经营情况下，经营活动的现金流入首先要满足经营活动现金流出的需要，如支付应付账款，购货付现，支付工资、销售费用、管理费用、利息，缴纳税金等，而不能先用于还款。

当经营活动现金净流量大于零，净利润大于零时，需要分配股利。当投资活动净现金流量大于零，经营活动产生的现金在分配股利后偿还贷款；如果不足，可用投资活动的剩余现金补足；仍然不足，则需借新还旧。如果投资活动净现金流量为负数，经营活动产生的现金分配股利后，首先要弥补投资活动的现金需求，然后再偿还贷款。这时的借款来源要么是经营活动，要么是融资活动。

当经营活动净流量为正数，净利润为负数时，借款人不需分配股利，而可以直接还款或弥补经营活动现金不足。

当经营活动现金净流量小于零,净利润小于零时,如果投资活动现金净流量大于零,那么首先要弥补经营活动现金流出,然后才能还款,不足时就需要融资,这时的还款要么是投资活动,要么是融资活动。如果投资活动现金净流量小于零,那么借款人必须融资来弥补经营活动和投资活动的现金流出,这时的还款来源只能是融资活动。

当经营活动现金净流量小于零,净利润大于零时,借款人处境更严峻,因为他还要面临分配股利。

(4)确定贷款分类档次

在不考虑其他因素条件下:

如果借款人用经营活动产生的现金还款,而且现金流量稳定,那么贷款属于正常类。

如果借款人用经营活动产生的现金还款,但现金流量在减少,那么贷款档次为关注。

如果借款人不能用经营活动产生的现金还款,而要通过出售投资或减少投资支出甚至对外融资还款,那么贷款档次至少为次级。

如果对外融资产生的现金流入仍不足以还款,那么贷款档次至少为可疑。

如果出售无形资产、固定资产产生的现金,甚至转让股利所得现金都不足以还款,那么贷款档次应为损失。

(二)担保分析

贷款担保是指商业银行为提高贷款偿还的可能性,降低商业银行资金损失的风险,由借款人或第三人对贷款本身的偿还提供的一种保证。商业银行在贷款业务经营中,风险是客观存在的,为了尽量避免或减少贷款风险,商业银行除了对借款人严格审查外,还必须采取防范风险的预防措施,贷款担保就是防范风险最有效的形式。贷款担保可分为信用担保和物权担保两大类。商业银行在贷款业务设定担保纯属一种防御性措施,但是贷款担保并不是可有可无的,贷款担保为商业银行提供了一个可以影响或控制的潜在还款来源,从而最终增加了贷款偿还的可能性。贷款担保作为偿还贷款的第二还款来源,在一定条件下会变成现实的还款来源。贷款担保虽然不是可有可无的,但也不是万能的,在贷款业务中不能过分地依赖它。因为担保不能取代借款人信用状况,只是一种保证手段,取得担保并不一定能保证贷款的如数偿还,即使再好的抵押品也不会将一笔贷款生意由坏变好。相反,一旦商业银行不得不行使抵押权和质权,向保证人追索贷款,所花费的成本和精力将会使一笔贷款由盈利变为亏损,或者造成更大的损失。因为抵押物、质物在处分时具有处置风险,当你不得不拍卖、出售或转让某种物品和权利时,变现是有困难的,即使变现,这种被迫出售也会使资产价值降低。

在贷款风险分类中进行担保分析，核心就是判断贷款担保对还款能力的影响，发现贷款管理中存在的问题。

1.抵押和质押的分析

在检查贷款质量，对贷款进行分类时，检查人员对抵押物进行独立分析，审查抵押物是否为商业银行所拥有，是否可识别，是否有合适的市场，以及其价值是否能够保证贷款的全部清偿。

通过抵押变现来偿还贷款，往往是不得已的手段，检查人员需要重点审查商业银行是否集中于对借款人财务状况的监测，发现企业经营中存在的问题，而在必要时再考虑处置抵押物来还款。对抵押的分析和评估主要包括以下几个方面的内容：

(1)商业银行对抵押物的占有和控制情况。因为商业银行对抵押物占有权及其控制程度，直接影响商业银行的第二还款来源，从控制风险的程度来讲，商业银行应取得第一抵押权，抵押必须是合法、有效的，并且要对抵押物实行有效的管理和控制。

(2)抵押物的流动性。抵押物的流动性即变现能力大小，在借款人失去了第一还款来源后，它将直接影响到贷款本息的及时偿还和偿还程度。抵押物稳定，流动性强，商业银行贷款安全保障程度就高，反之，则小。

(3)抵押物的价值及变现价值。在发放抵押贷款时商业银行应掌握抵押物的价值，发放贷款后要对其价值不断进行检查，不要因为抵押物价值下降而使贷款安全保障程度下降。从控制风险的角度来讲，商业银行应对抵押物价值的评估持谨慎和保守的态度。抵押物变现价值及抵押物出售时能够实现的价值取决于抵押物的品质、抵押物的保险、抵押物的损耗、变现原因、变现时的经济状况、市场情况等多种因素，同时贷款种类、贷款期限、变现所花费的时间和费用都对变现价值有影响。

(4)抵押率确定是否合理。贷款到期时借款人无力偿还贷款，需用处理抵押物来清偿贷款本息，这时抵押物的处理价款能否足够清偿贷款就取决于抵押率的确定是否妥当。抵押率的确定受抵押物类型、流动性、市场条件、贷款期限、通货膨胀、抵押物估价等多种因素影响，且这些因素都是不确定的，因此要视具体情况而定。抵押率的高低也反映了商业银行对抵押贷款风险所持的态度。

质押的分析与抵押分析十分相似，在检查质押的有效性时应着重注意质物与贷款种类是否相适应，质物和质押行为是否符合法律规定，质物是否已投保并受到良好的维护，对质物的估价是否合理等。

2.保证的分析

贷款保证的目的是为借款人按约、足额偿还贷款提供支持，在对贷款保证分析时，主要关心的是保证的有效性。

(1)保证人的资格审查。我国《担保法》第7条对保证人资格有明确的规定，只有符合资格的保证人，才有签署保证的权力，商业银行的利益才能受到法律的保护。

(2)评估保证人的财务实力。保证人的财务实力是保证人履约的基础，仅有履约的愿望而无财务实力的保证人，并不能真正履行保证责任。由于影响保证人偿债能力的因素和影响借款人偿债能力的因素基本一致，因而对保证人财务实力的分析与对借款人偿债能力分析方法相同。

(3)评估保证人的保证意愿。在考察保证人保证意愿时着重考察保证人履约记录，在以往保证中表现的保证能力。

(4)考察保证人的履约经济动机及其与借款人的关系。在贷款中充当保证人的都是与借款人有密切联系的关系人如股东、合伙人、母公司或有业务往来的公司，两者之间往往存在着不同程度的经济利益关系，因此要了解保证人对贷款的关心程度和履约的经济动机是什么。

担保是影响贷款质量的重要风险因素，在贷款分类中对担保贷款进行分类时首先要看第一还款来源，然后判断贷款担保在多大程度上增加了还款能力。

如果抵押物价值开始下降，商业银行对抵押物失去控制，保证人财务出现问题，虽然目前对借款人还款能力没有太大影响，但这些因素如果继续存在，将可能影响贷款归还，那么贷款应为“关注”类。

如果必须通过履行担保还款，只要抵押物变现或保证人财务实力能够归还贷款本息，那么这些贷款应划为“次级”类。

如果以担保来还款，贷款本息仍然无法足额偿还，以致一定会发生一部分损失，那么贷款应为“可疑”类。

另外，对于担保贷款，如果能确定贷款某一部分极可能得到偿还，而其他部分的偿还前景不确定，可对该笔贷款使用拆分法，这样能更准确地反映贷款损失程度。在实际操作中，如果是以足额现金、国库券作为质押的贷款，等同有充分的还款保证，归入“正常”类，这是一种特例。

(三)非财务因素分析

借款人的行业风险因素、经营风险因素、管理风险因素、自然社会因素，以及借款人的还款意愿、商业银行信贷管理等非财务因素均对贷款偿还的可能性产生影响。因此，为了更加全面、动态地分析贷款遭受风险的程度大小，对贷款质量进行准确的评价，除了对借款企业进行财务分析、现金流量分析之外，还要分析非财务因素对还款可能性的影响。这里我们主要对经营风险、还款意愿和商业银行信贷管理因素进行分析。

对借款人经营风险的分析，主要从借款企业供、产、销三个环节进行。在采购环节，重点分析原材料价格风险、购物渠道风险、购买量的风险；在生产环节，重点分析生产的连续性、生产技术更新的敏感性、抵御灾难的能力、环保因素、劳资关系；在销售环节，主要考虑企业的销售范围、促销能力、销售的灵活性等因素。

对借款人还款意愿的分析可以从借款人以往的信用记录、还款记录、结算记录等方面去分析。

对商业银行信贷管理的分析是从商业银行（债权人）这一方面考察商业银行信贷管理对贷款偿还的影响。贷款不归还，有的是因为商业银行贷款发放违反有关法律、法规，因此得不到法律的有效保护；有的是因为违反内部信贷规定和操作规程在贷款发放初期就留有隐患；有的是因为商业银行缺乏有效的贷款监督机制，影响贷款的及时足额归还；有的是商业银行贷款到期催收不力，导致客户随意拖欠，影响贷款偿还；也有的是贷款过于集中，对有问题贷款疏于管理等原因导致贷款质量下降。

资料

某县级茶叶进出口公司贷款风险分类

一、借款人基本情况

某县级茶叶进出口公司成立于1982年，现有职工20人，主要经营茶叶及土产、畜产、工艺、矿产、机械、化工等产品，是一家国有专业外贸企业。该公司成立之初，曾经有过一段辉煌的历史，在计划经济条件下，各项购销业务拓展较快，并形成了定的市场规模。然而随着我国经济体制的转轨，该公司未能适应经济体制改革的要求，购销业务及经济效益直线下降，由于该公司的上级主管部门及公司管理层的放任，各项财务经济指标情况都很差，目前该公司已处于停业状态。

二、贷款基本情况

借款人：某茶叶进出口公司

检查日期：1999年4月10日

贷款余额：234.6万元

贷款期限：1996年9月10日—1997年9月10日

贷款种类：流动资金贷款

贷款用途：商品流转

贷款保证：以价值141.8万元的公司综合楼、招待所、车库、值班门楼、“凯迪拉克”牌轿车等自有资产作为抵押

还款来源：经营销售收入

贷款的偿还情况：逾期 19 个月，应收利息合计 22.62 万元

三、财务分析

客户财务信息表

金额单位：万元

	1996 年	1997 年	1998 年	1999 年
货币资金	12.92	2.09	0.08	0
应收账款	188.37	208.85	191.23	152.00
存货	9.91	10.83	10.83	10.83
流动资产合计	268.10	291.05	269.77	243.22
总资产	421.00	418.00	395.00	380.00
短期借款	376.00	404.00	404.00	404.00
应付账款	42.00	77.00	70.00	70.00
其他应付款	7.29	8.83	8.84	8.84
流动负债合计	268.00	291.00	270.00	250.00
长期借款	0	0	0	0
总负债	449.00	528.00	485.00	490.00
净资产	－28.00	－110.00	－90.00	110.00
销售收入	121.00	119.00	17.00	10.00
销售成本	108.06	1 104.97	17.41	15.00
利润总额	－52.00	－82.00	－8.00	－10.00
净利润	－52.00	－82.00	－8.00	－10.00
或有负债	0	0	0	0
资产负债率(％)	106.5	126.32	122.78	128.95
流动比率(％)	59.69	55.11	556.70	51.02
应收账款周转率(％)	65.00	60.41	3.50	5.39
存货周转率(％)	1 200.00	1 000.00	154.55	95.24
净资产利润率(％)	185.71	74.55	8.89	9.09
销售利润率(％)	－42.98	－68.91	－47.06	－100.00％
净现金流量	11.00	－11.00	2.00	0
经审计部门审计	否	否	否	否

(一)财务因素分析

1.通过对该公司三年财务报表及损益表进行比较分析，销售利润率由 1996 年的－43％，下降至 1997 年的－68.9％，1998 年由于几乎没有经营，销售利润率仍是负的，为－47.1％。其主要原因是企业的销售收入逐年下降，由 1996 年的 121 万元，下降至 1998 年的 17 万元，下降了 86％，而成本费用率非常高，且呈不

断上升的趋势,以至于无法开门营业。因此,可以得出结论,该公司已无盈利可言,照此下去,破产无疑。

2.通过对该企业的资产负债表分析,企业流动比率仅55.7%,速动比例几乎为零。该企业除了实收资本80万元以外,没有任何长期资金来源,而目前该企业的净资产为一90万元,所有固定资产所占用的资金,全部靠短期借款来维持,一方面大量占用流动资金,加剧了资金周转困难,另一方面挤占流动资金,增加了财务费用。该公司是通过短期资金来维持长期资产和整个经营活动的,目前已经陷入严重的债务危机之中,应付账款高达53万元,如果加上应付利息等,应付款项合计超过了100万元,一旦进入清算,债权人的贷款风险是非常高的.

3.对该企业的财务状况进行综合分析,可以得到以下结论:由于企业经营者自身素质差,不能适应市场经济的发展,加上决策失误,管理不善,应收账款高达191万元,其他应收款61.8万元,被其他单位及个人承包经营长期占用,不能及时催收,从而导致该公司的财务状况严重恶化,没有现金流量,第一还款来源已经丧失。

(二)通过查阅信贷档案和与企业有关财务人员会谈所掌握的情况

1.经进一步检查发现该企业产生巨额亏损直至停业的原因,除上述讲到的管理不善和市场环境不好以外,还有一个重要原因就是被其内部一个职工以承包的名义长期占用了很大一部分流动资金高达100万元,时间长达三年,而该公司对其束手无策,既无法催收到欠款,又不愿甚至不敢向司法部门报案,导致企业的经营受到严重打击,难以在短期内恢复正常的营业活动。

2.通过查阅档案,该公司在向中国银行签订贷款的同时,与中国银行签订了财产抵押协议,将其所有的土地、房屋、车辆等财产抵押给了中国银行,虽然当时没有进行登记,但中国银行在1998年通过法律手段进行清收时,法院已经将其土地及综合楼作为抵押物判给了中国银行,目前正在执行之中。如果执行顺利,可望收回近1/3的贷款或者能够维持支付正常的贷款利息。

四、分类结果与典型特征

1.公司资不抵债,亏损严重,财务状况恶化,主营业务停止,贷款丧失第一还款来源。

2.贷款涉及法律诉讼,中国银行已保全价值141.8万元的财产,目前正处于执行阶段,但即使执行到位,也不能足额偿还中国银行贷款本息。

综上所述,该贷款肯定要发生较大损失,故认定为可疑类贷款。

四、贷款风险分类与贷款损失准备计提

(一)贷款损失准备

商业银行应当按照谨慎会计原则,合理估计贷款可能发生的损失,及时计提贷款损失准备。贷款损失准备包括一般准备、专项准备和特种准备。

一般准备是指根据全部贷款余额的一定比例计提的、用于弥补尚未识别的可能性损失的准备。

专项准备是指根据《贷款风险分类指导原则》,对贷款进行风险分类后,按每笔贷款损失的程度计提的用于弥补专项损失的准备。

特种准备是指针对某一国家、地区、行业或某一类贷款风险计提的准备。

贷款损失准备由商业银行总行统一计提。

我国《银行贷款损失准备计提指引》规定如下:

商业银行应按季计提一般准备,一般准备年末余额不得低于年末贷款余额的1%。

商业银行可以参照以下比例按季计提专项准备:

对于关注类贷款,计提比例为2%;

对于次级类贷款,计提比例为25%;

对于可疑类贷款,计提比例为50%;

对于损失类贷款,计提比例为100%。

其中,次级和可疑类贷款的损失准备,计提比例可以上下浮动20%。

特种准备由银行根据不同类别(如国别、行业)贷款的特种风险情况、风险损失概率及历史经验,自行确定按季计提比例。

(二)拨备覆盖率

依据《股份制商业银行风险评级体系(暂行)》规定,拨备覆盖率是衡量商业银行贷款损失准备金计提是否充足的一个重要指标。该项指标从宏观上反映商业银行贷款的风险程度及社会经济环境、诚信等方面的情况。这个指标考察的是银行财务是否稳健,风险是否可控。拨备覆盖率比率审慎的要求为100%。

计算公式为:

$$拨备覆盖率=\frac{一般准备+专项准备+特种准备}{次级类贷款+可疑类贷款+损失类贷款}$$

例如,某银行贷款余额100亿元,其中正常类90亿元,关注类2亿元,次级类5亿元,可疑类2亿元,损失类1亿元,则:

$$不良贷款率=\frac{5+2+1}{100}\times 100\%=8\%$$

假设不计提特种准备，按照现行规定：

首先，应当计提贷款一般准备。

一般准备＝100×1％＝1亿元

然后，按照规定比例计提专项贷款准备。

专项贷款损失准备＝2×2％＋5×25％＋2×50％＋1×100％＝3.29亿元

一般损失准备金加上专项贷款损失准备，这家银行贷款损失准备金总额为4.29亿元。

假设这家银行按规定计提了4.29亿元，则拨备覆盖率为：

$$拨备覆盖率=\frac{4.29}{5+2+1}\times100\%=53.63\%$$

如果计提了8亿，则拨备覆盖率为100％；

反之，如果仅计提了4亿，则拨备覆盖率为50％，且达不到按比例计提的最低要求，拨备严重不足。

【本章小结】

1.商业银行风险是指商业银行在经营中由于各种不确定因素的存在而招致经济损失的可能性。商业银行风险管理是指商业银行通过风险识别、风险估计、风险处理等方法，预防、回避、分散或转移经营中的风险，从而减少或避免经济损失，保证经营资金安全的行为。

2.与一般企业相比，商业银行风险的特征主要表现在以下几个方面：商业银行产生的风险所造成的损失大、涉及面广；商业银行是社会各经济主体风险的集散地；信用中介和信用创造使商业银行面临较大的流动性风险。

3.商业银行风险的产生与其所处的风险环境紧密相关，商业银行在经营中不仅要面对国内国际经济、国家宏观经济金融政策等宏观环境，而且要面对同业竞争、利率、汇率等微观环境。

4.商业银行面临的风险主要有：信用风险、流动性风险、利率风险（市场风险）、汇率风险（市场风险）、投资风险、国家风险、竞争风险、经营风险、资本风险、法律风险、操作风险、声誉风险。

5.商业银行风险的识别的方法有以下几种：财务报表分析法、德尔菲方法、故障树、筛选——监测——诊断方法。

6.商业银行风险估计的方法有：缺口分析方法、久期分析方法、外汇敞口分析方法、敏感性分析方法、情景分析方法、风险价值方法。

7.商业银行风险处理的方法主要有以下几种:规避风险、预防风险、分散风险、转移风险。

8.贷款风险分类是指商业银行的信贷分析人员和管理人员或监管当局的检查人员,综合能获得的全部信息,并运用最佳判断,根据贷款风险程度对贷款质量作出评价。

9.贷款分类标准如下:①正常:借款人能够履行合同,有充分把握按时足额偿还本息;②关注:尽管借款人目前有能力偿还贷款本息,但存在一些可能对偿还产生不利影响的因素;③次级:借款人的还款能力出现了明显的问题,依靠其正常经营收入已无法保证足额偿还本息;④可疑:借款人无法足额偿还本息,即使执行抵押和担保,也肯定要造成一部分损失;⑤损失:在采取所有可能的措施和一切必要的法律程序之后,本息仍然无法收回,或只能收回极小部分。前两类属于正常贷款,后三类合称不良贷款。

10.贷款风险分类的主要方法有借款人财务分析方法、现金流量分析方法、担保分析方法、非财务因素分析方法。

【关键名词】

风险　风险管理　信用风险　流动性风险　利率风险　汇率风险　投资风险　国家风险　竞争风险　经营风险　资本风险　法律风险　操作风险　声誉风险　正常贷款　关注贷款　次级贷款　可疑贷款　损失贷款

【复习与思考】

1.何谓商业银行风险?何为商业银行风险管理?

2.商业银行风险的特征主要表现在哪些方面?

3.何谓信用风险、流动性风险、利率风险(市场风险)、汇率风险(市场风险)、法律风险、操作风险、声誉风险?

4.商业银行风险处理的方法主要有哪些?

5.何谓贷款风险分类?贷款风险分类步骤有哪些?

6.何谓正常贷款、关注贷款、次级贷款、可疑贷款、损失贷款?

7.如何用现金流量分析方法、担保分析方法进行贷款风险分类?

第十二章

商业银行财务管理

学习目的

▲了解商业银行财务管理定义；
▲理解商业银行财务管理的重要性；
▲掌握商业银行财务管理的原则；
▲了解商业银行财务报表项目构成；
▲掌握商业银行财务报表比率分析与杜邦分析方法。

第一节　商业银行财务管理概述

一、商业银行财务管理定义

商业银行财务管理，从狭义上理解，包括成本管理、费用管理、预算管理、财务分析等内容；从广义上理解，是指商业银行根据内外部经营环境和自身业务发展的要求，对经营管理中的资金来源和资金运用进行有效的组织、计划、核算、监控、分析、考核从而实现经营管理目标的一系列管理活动的总称，具体包括预算管理、资产负债管理、资本管理、成本管理、风险管理、财务分析、业绩评价等内容。

二、商业银行加强财务管理的重要性

(一)加强财务管理是实现股东价值最大化的需要

商业银行作为金融中介,在经济和社会发展中的作用和地位是其他企业不能替代的,但商业银行作为企业,股东价值最大化仍然是其唯一的经营目标,从商业银行日常业务经营的角度来说,就是商业银行效益的最大化和商业银行经营管理活动的最优化,也就是我们通常所说的盈利性、安全性和流动性的统一。

(二)加强财务管理是提高商业银行竞争力的需要

现代商业银行的竞争力主要体现在三个方面:一是商业银行的公司治理结构,二是商业银行内部的管理水平和创新能力,三是盈利能力、资产质量、资本充足率、流动性等财务指标。西方发达国家银行业一般具有完善的公司治理结构,有较高的风险控制能力和创新能力,资产收益率平均在1%~1.8%左右,不良贷款率在2%以下,资本充足率在10%以上,具有极强的竞争力。《银行家》杂志评出的世界1 000家大银行也是按资本实力排序的,穆迪对商业银行评级特别重视商业银行的财务状况和内部经营管理水平。商业银行财务管理水平的高低,必然影响其自身财务状况。科学的财务管理体系有利于商业银行资源的优化配置,有利于商业银行效益的提高和风险控制,通过有效的财务管理,不仅使商业银行创造最佳的经济效益,而且为商业银行的发展壮大奠定坚实的基础,从而提高商业银行竞争力。

(三)加强财务管理是适应经济金融环境变化的需要

我国加入WTO后,金融制度和金融环境发生了较大变化。在金融市场方面,随着利率市场化改革的推进和市场竞争的加剧,今后市场利率波幅会更大,商业银行的存贷款利差将会进一步缩小。在金融监管方面,财政部出台《金融企业会计制度》,要求金融企业按国际惯例对贷款、拆借、固定资产等资产足额提取减值准备。人民银行颁布的《商业银行内部控制指引》也对资本充足率管理和信息披露提出了更高要求,由此可见,加强财务管理在现代商业银行经营管理中尤其重要。

三、商业银行财务管理的原则

商业银行财务管理原则是商业银行财务管理工作必须遵循的准则。商业银行财务管理原则是从商业银行财务管理实践中抽象出来的并在实践中证明是正确的行为规范,它反映着财务管理活动的内在要求。商业银行财务管理中要遵循的原则有:

1.平衡原则。商业银行为了优化财务状况,必须保持财务活动的各方面平衡。在商业银行财务管理工作中应遵循的平衡性原则表现在:存款与贷款之间的平衡,收入与支出之间的平衡,现金流入量与现金流出量之间的平衡,收益与风险之间的平衡,责权利之间的平衡,负债规模与所有者权益之间的平衡,各种资产之间的配置平衡等等。

2.弹性原则。商业银行财务管理在追求准确和节约的同时,应留有合理的伸缩余地,这就是财务管理的弹性原则。贯彻这一原则的关键是防止弹性的过大或过小,因为弹性过大会造成浪费,而弹性过小会带来一定的风险。确定合理的弹性必须考虑以下几个问题;一是商业银行适应财务环境的能力;二是不利事件出现可能性的大小;三是商业银行能够承担的风险的能力。在财务管理中,只有允许各系统都保持一定的弹性,才能保证商业银行财务管理系统的整体具有确定性。

3.比例原则。商业银行财务管理除了对绝对量进行规划和控制外,还必须通过各因素之间的比例关系来发现管理中存在的问题,采取相应的措施,使有关比例趋于合理,这便是财务管理的比例原则。商业银行财务管理中大量的指标都表现为一定的比例关系。如存贷款比例,说明的是各项贷款与各项存款之间的比例关系;资产流动性比例,说明的是各项流动性资产与各项流动性负债的比例关系;备付金比例,说明各家商业银行在人民银行备付金存款和库存现金与各项存款之间的比例等等。通过这些比例关系,可以获得更新的资料,揭示出更多的问题。各种比例关系一般都有一个公认的比较合理的标准,但由于商业银行财务活动十分复杂,影响比例关系的因素比较多,因此,正确地贯彻比例原则,就要使不合理的比例关系逐渐减少,使合理的比例关系得到保持,以顺利实现财务管理的目标。

4.优化原则。商业银行的财务管理过程是一个不断地进行分析、比较和选择,以实现最优的过程,这就是财务管理的优化原则。在财务管理中贯彻优化原则,主要包括如下几方面内容:一是多方案的最优选择问题。在商业银行财务管理中,经常会遇到从多个方案中选一个或几个方案的情况,这时要根据优化原则,排除次优方案,选择最优方案。二是最优总量的确定原则。这种情况主要是研究各种因素基本确定的情况下,如何确定最优总量。例如,理想的利润实现总额、存款和贷款总额、费用总额、不良贷款控制额等等。这些总额的确定都要遵循优化的原则。三是最优比例关系的确定。在总量确定后,还要确定各因素之间的比例关系,如资本结构的确定、利润分配比例的确定等都属于此类问题。优化原则是财务管理的重要原则,商业银行财务管理的过程就是优化的过程。

第二节　商业银行财务报表

一、商业银行财务报表

《金融企业会计制度》规定:金融企业应当按照《企业财务会计报告条例》的规定,编制和对外提供真实、完整的财务会计报告。商业银行的财务会计报告分为年度、半年度、季度和月度财务会计报告。月度、季度财务会计报告是指月度和季度终了提供的财务会计报告;半年度财务会计报告是指在每个会计年度的前 6 个月结束后对外提供的财务会计报告;年度财务会计报告是指年度终了对外提供的财务会计报告。半年度、季度和月度财务会计报告统称为中期财务会计报告。

商业银行的财务会计报告由会计报表、会计报表附注和财务情况说明书组成。商业银行向外提供的会计报表包括:资产负债表、利润表、现金流量表、利润分配表、所有者权益变动表、分部报表、信托资产管理会计报表、其他有关附表。

二、商业银行资产负债表

资产负债是总括反映商业银行在一定时期全部资产、负债和所有者权益的财务报表。它是一种存量报表,是商业银行经营活动的静态体现。

商业银行的资产负债表根据"资产＝负债＋所有者权益"这一平衡公式,按设定的分类标准和顺序,将报告日商业银行的资产、负债、所有者权益的各具体项目予以适当排列编制而成。在资产负债表上,资产按其流动性程度的高低顺序排列,先流动资产,后非流动资产,而非流动资产又划分为若干大类;负债按其期限的长短排列,先流动负债,后长期负债;所有者权益按其永久性递减的顺序排列,先实收资本,后资本公积、盈余公积,最后是未分配利润。

资产负债表的格式因国别不同而有所差异。我国商业银行资产负债表采用的是账户式。账户式资产负债表分为左右两边,左边列示资产项目,右边列示负债与所有者权益项目,左右两边的合计数相等。

表 12-1 商业银行资产负债表

编制单位： 年 月 日 单位：万元

资产	期初数	期末数	负债及所有者权益	期初数	期末数
流动资产：			流动负债：		
现金及银行存款			短期存款		
贵金属			短期储蓄存款		
存放中央银行款项			财政性存款		
存放同业款项			向中央银行借款		
存放联行款项			同业存放款项		
拆放同业			联行存放款项		
拆放金融性公司			同业拆入		
短期贷款			金融性公司拆入		
应收进出口押汇			存入短期保证金		
应收账款			应解汇款		
减：坏账准备			汇出汇款		
其他应收款			委托存款		
贴现			应付代理证券款项		
短期投资			卖出回购证券款		
委托贷款及委托投资			应付账款		
自营证券			其他应付款		
代理证券			应付工资		
买入返售证券			应付福利费		
待处理流动资产净损失			应缴税金		
1 年内到期的长期债券投资			应付利润		
流动资产合计			预提费用		
长期资产：			发行短期债券		
中长期贷款			1 年内到期的长期负债		
逾期贷款			其他流动负债		
减：贷款呆账准备			流动负债合计		
应收租赁款			长期负债：		
减：未收租赁收益			长期存款		
应收转租赁款			长期储蓄存款		
租赁资产			存入长期保证金		
减：待转租赁资产			应付转租赁租金		

续表

资产	期初数	期末数	负债及所有者权益	期初数	期末数
经营租赁资产			发行长期债券		
减:经营租赁资产折旧			长期借款		
长期投资			长期应付款		
减:投资风险准备			其他长期负债		
固定资产原值			其中:住房周转金		
减:累计折旧			长期负债合计		
固定资产净值			负债合计		
固定资产清理			所有者权益:		
在建工程			实收资本		
待处理固定资产净损失			资本公积		
长期资产合计			盈余公积		
无形、递延及其他资产:			其中:公益金		
无形资产			未分配利润		
递延资产			所有者权益合计		
其他资产					
其他资产合计					
资产合计			负债及所有者权益总计		
补充资料:代保管证券(面值)______万元;抵押品______万元。					

(一)资产

资产,是指过去的交易、事项所形成的并由企业拥有或者控制的资源,该资源预期会给企业带来经济利益。商业银行的资产按流动性进行分类,主要分为流动资产、长期投资、固定资产、无形资产和其他资产。按发放贷款的期限划分为短期贷款、中期贷款和长期贷款。

(二)负债

负债是指过去的交易、事项形成的现时义务,履行该义务预期会导致经济利益流出企业。

商业银行的负债按其流动性,可分为流动负债、长期负债等。

(三)所有者权益

所有者权益是指所有者在企业资产中享有的经济利益,其金额为资产减去负债后的余额。商业银行的所有者权益,主要包括实收资本(或股本)、资本公积、盈余公积和未分配利润等。

三、商业银行利润表

利润表是总括反映商业银行在一定时期内所获取的一切经营成果及其分配情况的财务报表。

表 12-2　商业银行利润表

年　月　日　　　　单位:人民币亿元

项　目	本年累计数
一、营业收入	
利息收入	
金融企业往来收入	
手续费收入	
债券收入	
汇兑收益	
其他营业收入	
二、营业支出	
利息支出	
金融企业往来支出	
手续费支出	
营业费用	
汇兑损失	
其他营业支出	
三、营业利润	
加:投资收益	
加:营业外收入	
减:营业外支出	
减:营业税金及附加	
减:少数股东本期收益	
四、利润总额	

(一)营业收入

收入是指企业在销售商品、提供劳务及让渡资产使用权等日常活动中所形成的经济利益的总流入。商业银行提供金融商品服务所取得的收入，主要包括利息收入、金融企业往来收入、手续费收入、贴现利息收入等。

(二)营业支出

费用是指企业为销售商品、提供劳务等日常活动所发生的经济利益的流出；成本是指企业为提供劳务和产品而发生的各种耗费。

商业银行的营业成本，是指在业务经营过程中发生的与业务经营有关的支出，包括利息支出、金融企业往来支出、手续费支出、卖出回购证券支出、汇兑损失、赔款支出等。

营业费用，是指商业银行在业务经营及管理工作中发生的各项费用，包括：固定资产折旧、业务宣传费、业务招待费、电子设备运转费、安全防卫费、企业财产保险费、邮电费、印刷费、公杂费、低值易耗品摊销、职工工资、差旅费、水电费等。

(三)利润

利润是指企业在一定会计期间的经营成果，包括营业利润、利润总额和净利润。

1.营业利润，是指营业收入减去营业成本和营业费用加上投资净收益后的净额。

2.利润总额，是指营业利润减去营业税金及附加，加上营业外收入，减去营业外支出后的金额。

营业外收入和营业外支出，是指商业银行发生的与其经营业务活动无直接关系的各项收入和各项支出。营业外收入包括固定资产盘盈、处置固定资产净收益、处置无形资产净收益、处置抵债资产净收益、罚款收入等。营业外支出包括固定资产盘亏、处置固定资产净损失、处置无形资产净损失、抵债资产保管费用、处置抵债资产净损失、债务重组损失、罚款支出、捐赠支出、非常损失等。

资产损失，是指商业银行按规定提取(或转回)的贷款损失和其他各项资产损失。

扣除资产损失后利润总额，是指利润总额减去(或加上)提取(或转回)的资产损失后的金额。

所得税，是指金融企业应计入当期损益的所得税费用。

3.净利润，是指扣除资产损失后利润总额减去所得税后的金额。

四、商业银行现金流量表

现金流量表是综合反映商业银行一定时期内的经营活动、投资活动和筹资活动对其现金流入和流出影响的财务报表。商业银行的现金流量包括经营活动的现金流量、投资活动的现金流量和筹资活动的现金流量。

表 12-3　商业银行现金流量表

年　　月　　日　　　　　　　　单位:人民币亿元

项　　目	金　　额
一、经营活动产生的现金流量	
贷款利息收入	
商业银行往来收支净额	
其他营业收入	
活期存款吸收与支付净额	
定期存款吸收与支付净额	
向中央银行借款	
同业存放增加额	
现金流入小计	
存款利息支出	
其他营业支出	
支付职工工资及工资性费用	
短期贷款发放与收回净额	
中长期贷款发放与收回净额	
拆放同业(减同业拆入)增加额	
支付各种税金	
支付其他与营业活动有关的现金	
现金流出小计	
经营活动产生的现金流量净额	
二、投资及筹资活动产生的现金流量	
债券利息收入	
现金流入小计	
购建固定资产、无形资产和其他长期资产	
权益性投资所支付的现金	
长期债券投资增加净额	
现金流出小计	
投资及筹资活动产生的现金流量净额	
三、非常项目产生的现金流量净额	
四、现金及现金等价物净增加额	
加:期初现金及现金等价物额	
五、期末现金及现金等价物额	
其中:现金及银行存款	
存放中央银行准备金	
存放同业款项	
国库券及其他短期债券投资	

(一)现金

现金流量表中的现金包括现金及现金等价物。

1.现金:是指商业银行库存现金以及存放在中央银行及其他金融企业中随时可用于支付的存款,但不包括向其他金融企业拆放的资金。

2.现金等价物:是指金融企业持有的从编表日起3个月内到期、流动性强、价值变动风险很小、易于转换为已知金额现金的投资。

(二)现金流量

现金流量是指商业银行在某一期间内现金流入和流出的数量,包括现金流入量、现金流出量和现金净流量。

第三节　商业银行财务报表分析

一、财务比率分析

财务比率分析是以同一期财务报表上的若干重要项目间的相关数据,互相比较,用一个数据除以另一个数据求出比率,据以分析和评估企业经营活动,以及企业目前和历史状况的一种财务报表分析方法。它是财务报表分析最基本的工具。如前所述,商业银行业务经营中大量的指标都表现为一定的比例关系。如存贷款比例,说明的是各项贷款与各项存款之间的比例关系;资产流动性比例,说明的是各项流动性资产与各项流动性负债的比例关系;备付金比例,说明商业银行在人民银行备付金存款和库存现金与各项存款之间的比例等等。

商业银行财务比率分析指标主要有:盈利能力、资产流动性、偿债能力及风险分析指标。(具体分析指标参考第十章商业银行资产负债管理)

下面以某上市商业银行(A银行)为例来说明。

(一)A银行盈利能力与运营效率分析

表12-4　A银行盈利能力情况

项　目	2003年中	2002年		2001年		2000年	
	数值	数值	增长(%)	数值	增长(%)	数值	增长(%)
净资产收益率(%)	9.89	19.59	−35.88	30.55	15.94	26.35	84.65
总资产收益率(%)	0.21	0.43	−0.85	0.47	23.68	0.38	46.15
营业收入利润率(%)	10.30	11.33	−0.57	12.01	16.60	10.30	89.34
每股收益(元/股)	0.158	0.282	10.16	0.256	67.32	0.153	150.82

从表 12-4 可以看出，1999 年以来，A 银行在国家多次调低银行存贷款利率，缩小银行存贷款利差的情况下，其主营业务利润率、总资产收益率、每股收益连续几年保持了不同程度的增长，其中：(1)主营业务利润率近三年年平均增长率为 35.12%；(2)总资产收益率近三年年平均增长率为 15.99%，2002 年比 2001 年下降 0.85%，2001 年比 2000 年增长 23.68%；(3)每股收益 2002 年比 2001 年增长 10.16%，2001 年比 2000 年增长 67.32%，近三年年平均增长率为 76.10%，保持了高速增长态势；(4)净资产收益率 2002 年比 2001 年下降 35.88%，2001 年比 2000 年提高 15.94%，但 2002 年度 A 银行接受其股东补充权益 8 亿元使该年度净资产增加幅度较大，如扣除此不可比因素的影响，2002 年净资产收益率为 25.19%，比 2001 年下降17.55%。A 银行之所以取得良好的业绩，主要得益于及时调整业务结构，提高非利息收入比重，调整资产债务结构，积极吸纳短期存款以降低利息支出，适度增加贷款投放量以增加利息收入，严格信贷资产风险控制，提高资产质量，加强内部管理，严格控制无效费用支出。

表 12-5　2002 年 A 银行与已上市银行盈利能力比较表

指　标	A 银行	上市银行平均值	B 银行	C 银行	D 银行	E 银行
净资产收益率(%)	19.59	14.57	10.81	14.85	16.15	11.47
总资产收益率(%)	0.42	0.474	0.54	0.47	0.61	0.33
营业收入利润率(%)	11.33	12.33	13.64	12.59	14.78	9.29
每股收益(元/股)	0.282	0.305	0.30	0.34	0.36	0.22

表 12-5 是 2002 年 A 银行盈利能力指标与上市银行的对比分析，从中可以看出，A 银行净资产收益率位居银行类上市公司之首，高于上市银行平均水平；总资产收益率位居第四位，每股收益位居第四位，主营业收入利润率位居第四位。

总体上看 A 银行盈利水平逐年增长，盈利能力逐年提高，随着募集资金项目投入运营，预期盈利水平将进一步提高，在行业内的竞争能力将会进一步增强。

表 12-6　近 3 年 A 银行资产运营效率变化表

年度指标	2003 年中期	2002 年	2001 年	2000 年
每元资产创造营业收入(元)	0.019	0.035	0.039	0.037
每元股东资产创造营业收入(元)	0.96	1.73	1.84	2.55
每元营业费用创造营业收入(元)	3.72	3.35	3.52	3.35

从表12-6可以看出A银行资产运营效率近几年来比较平稳，其中，每元资产创造营业收入2002年比2001年下降10.25%，每元股东资产创造营业收入同比降低5.98%，每元营业费用创造营业收入同比下降4.83%。

表12-7　2002年A银行与已上市银行运营效率比较表

指标	A银行	上市银行平均值	B银行	C银行	D银行	E银行
每元资产创造营业收入(元)	0.035	0.033	0.030	0.039	0.029	0.33
每元股东资产创造营业收入(元)	1.73	0.93	0.75	0.45	1.02	1.49
每元营业费用创造营业收入(元)	3.35	2.56	2.50	1.54	3.15	3.05

表12-7是A银行与上市银行的对比分析，从中可以看出，A银行每元资产创造营业收入、每元股东资产创造营业收入和每元营业费用创造营业收入三项指标均高于上市银行平均水平。目前A银行处于发展上升期，随着市场份额的扩大并逐渐稳定以及营业收入的不断增长，A银行每元资产创造营业收入、每元股东资产创造营业收入和每元营业费用创造营业收入等指标将会呈现稳定上升的态势。

总体来说A银行资产运营效率逐年提高，与上市银行相比处于领先水平，由此反映出A银行在权衡资产收益性、流动性及安全性三者之间关系时具有丰富的经验。

（二）A银行资产流动性、偿债能力及安全性分析

1.资产流动性及偿债能力分析

表12-8　近四年A银行资产流动性指标和现金流量变化表

年度 指标		行业标准	2003年中	2002年	2001年	2000年	1999年
流动性比例(%)	人民币	≥25	50.91	73.74	55.47	53.50	64.09
	外币	≥60	75.28	68.20	25.21	30.78	74.32
备付金比例(%)	人民币	≥5	12.31	24.85	32.42	28.33	32.73
	外币	≥5	13.53	13.82	16.83	25.36	17.14
中长期贷款比例(%)	人民币	≤120	92.97	77.32	97.92	61.06	108.08
	外币	≤60	28.79	29.51	29.37	19.72	17.33
每元资产经营活动产生的现金净流量(元)		—	0.081	0.12	0.15	—	—
每股经营活动产生的现金净流量(元/股)		—	−6.60	8.80	8.14	—	—

表 12-9 2002 年 A 银行与上市银行资产流动性指标及现金流指标比较表

指标		行业标准值	A 银行	B 银行	C 银行	D 银行	E 银行
流动性比例(%)	人民币	≥25	73.74	57.85	64.46	39.34	37.15
	外币	≥60	68.20	127.42	36.46	90.24	111.1
中长期贷款比例(%)	人民币	≤120	77.32	130.69	84.00	74.11	107.43
	外币	≤60	29.51	36.65	24.90	15.93	2.20
单位资产经营活动产生的现金净流量(元)			0.12	0.092	0.14	0.029	0.051
每股经营活动产生的现金净流量(元/股)			8.80	5.96	13.68	0.358	4.39

从表 12-8 可以看出,A 银行资产流动性比例、中长期贷款比例等反映资产流动状况的财务指标均符合行业标准并优于行业内上市银行;从资产结构上看,2002 年 12 月 31 日 A 银行除持有现金及银行存款 6.21 亿元外,还持有大量流动性较强的债券资产,作为随时支付储备,其中可随时变现的债券投资近104.04 亿元。另外,从 2002 年 A 银行与上市银行资产流动性和现金流量对比表来看,A 银行与上市银行相比:(1)单位资产经营活动产生的现金净流量、每股经营活动产生的现金净流量指标均处于较高水平,说明其在现金流管理方面具有明显的优势;(2)流动性比例指标水平较高,中长期贷款比例指标处于较低水平,说明 A 银行资产流动性较好。总的来看,A 银行资产流动性较好,流动性储备充分,流动性风险相对较低,现金流量充沛,财务支付风险较小,偿债能力较强。

2.资产风险分析

表 12-10 1999—2003 年中期 A 银行资产安全性变化表

年度指标	行业标准值	2003 年中期	2002 年	2001 年	2000 年	1999 年
资本充足率(%)	≥8	8.01	8.50	7.63	9.03	9.19
不良贷款比例(%)	≤15	4.69	5.45	7.03	4.72	8.22
利息回收率(%)	—	—	96.12	96.20	96.36	—
单一最大客户比例(%)	≤10	4.84	5.57	19.62	27.32	39.47
最大十家客户比例(%)	≤50	39.61	43.57	96.71	109.72	179.45
存贷款比例(%)	≤75	64.03	57.73	56.38	57.50	57.83
准备金覆盖率(%)	—	55.91	55.99	55.29	60.82	71.12

表 12-11　2002 年 A 银行与上市银行资产安全性比较表

项　目	行业标准值	A银行	上市银行平均值	B银行	C银行	D银行	E银行
资本充足率(%)	≥8	8.50	9.68	12.57	8.22	8.54	9.49
不良贷款比例(%)	≤15	5.45	5.43	5.99	2.04	3.38	10.29
利息回收率(%)	—	96.12	94.46	97.31	95.44	96.96	88.13
单一最大客户比例(%)	≤10	5.57	6.25	6.44	4.95	7.36	—
最大十家客户比例(%)	≤50	43.57	44.15	39.83	49.37	43.25	—
存贷款比例(%)	≤75	57.73	56.56	56.55	55.24	58.95	55.50
准备金覆盖率(%)	—	55.99	47.46	46.81	61.07	50.30	31.65

从表 12-10、表 12-11 可以看出,A 银行的不良贷款比例由 1999 年的8.22%下降到 2002 年的 5.45%,2003 年中期为 4.69%,连续几年均低于人民银行规定的 15%的标准,在上市银行中处于优良水平。存贷款比例近四年连续保持在55%～60%左右,连续几年均低于人民银行规定的 75%的标准,在上市银行中处于较高水平。

此外,A 银行的单一最大客户比例符合最大单一客户贷款余额不得超过资本净额 10%的监管要求,低于上市银行平均水平;最大十家客户贷款比例也符合最大十家客户贷款余额不得超过资本净额 50%的监管要求,低于上市银行平均水平。从现状看,这些客户的实力较强、经营状况良好,预期会从他们那里获得稳定的收益。但若其中一家或某几家出现偿付问题,则可能会面临较大的集中性风险,A 银行一直在关注此项风险,并已采取了包括对集中度较高的客户实施风险监控、压缩贷款等有效措施。总体上来看 A 银行资产质量较高,资产收益性、流动性、安全性三者之间实现了良好的平衡。

二、杜邦分析

利用比率分析对商业银行财务报表进行分析的结果,使人们对商业银行安全性、流动性、盈利性等方面的情况分别有所了解。但是,要全面地了解商业银行财务状况、经营成果和现金流量的全貌,还必须对商业银行财务活动加以系统的综合分析,弄清财务活动各方面之间的相互关系。这是财务比率分析本身无法达到的,为此,必须借助于杜邦分析这一财务报表综合分析方法。

杜邦分析方法最早由美国杜邦公司创造并采用，它是利用几种主要的会计比率之间的关系来综合分析公司整体财务状况，特别是对盈利能力的深入分析。该方法一般以资本利润率为龙头，以资产利润率为核心，重点揭示商业银行获利能力及前因后果。

(一)资本利润率的分解

$$\text{资本利润率}=\frac{\text{净利润}}{\text{平均资本总额}}$$

$$=\frac{\text{净利润}}{\text{平均资产总额}}\times\frac{\text{平均资产总额}}{\text{平均资本总额}}$$

$$=\text{资产利润率}\times\text{权益乘数}$$

资产利润率表示单位资产所取得的净利润，是商业银行资产利用的综合效果；权益乘数又称财务杠杆率，表明商业银行的负债程度，对资本利润率具有乘数效应。权益乘数越高，表明商业银行负债程度越高，能给商业银行带来较多的杠杆利益，但同时也给商业银行带来较多的风险。

资本利润率是杜邦分析系统的中心，是一个综合性极强、极有代表性的财务比率，它代表的是投资者净资产的盈利能力，也即商业银行经营活动的最终成果。由上面的分解可以看出，资本利润率是商业银行资产利用效果与融资状况的综合体现。

(二)资产利润率的分解

$$\text{资产利润率}=\frac{\text{净利润}}{\text{营业收入}}\times\frac{\text{营业收入}}{\text{平均资产总额}}$$

$$=\text{利润率}\times\text{资产利用率}$$

资产利润率是商业银行利润率与资产利用率的乘积，因此，可以从营业绩效与资产管理两方面来分析。利润率实际上反映了营业收入与其净利润的关系。营业收入增加，净利润也会增加，但要提高利润率，则不仅要增加营业收入，而且要努力降低各项成本开支。这里，提高营业收入具有特殊意义，因为它不仅可使商业银行净利润增加，也会使资产利用率提高，自然会使资产收益率提高。当然，要提高资产利用率，除了增加营业收入，还应降低资金占用。由此可见，资产利润率是商业银行经营成果与资产管理的综合体现。

(三)利润率与资产利用率的进一步分解

1.对利润率的分解

利润率是商业银行通过努力控制支出而增加利润的主要指标。由于，

$$\text{净利润}=\text{营业收入}-\text{成本总额}$$

$$\text{成本总额}=\text{利息支出}+\text{非利息支出}+\text{税金}$$

所以，对于利润率指标的分解，可以通过以下附加指标而展开：

$$税收比率=\frac{纳税总额}{营业收入总额}$$

$$非利息支出率=\frac{非利息支出}{营业收入总额}$$

$$利息支出率=\frac{利息支出}{营业收入总额}$$

在其他因素不变的情况下，上述任何一个指标越低，则表示商业银行盈利能力越大。对以上指标再加以分解，几乎可以涉及商业银行所有支出项目与盈利水平的具体联系，如利息支出可分解为存款利息支出和非存款利息支出，非利息支出可分解为工资福利支出、手续费支出、其他营业支出等，税金可分解为营业税和所得税，通过层层分解来衡量成本是否得到有效控制。

2.对资产利用率的分解

对资产利用率的分解主要是从商业银行营业收入的角度来进行的。如把营业收入划分为利息收入和非利息收入，再与商业银行资产进行比较，就可以说明资产的毛收益主要是来自于高利率的盈利性资产，还是大量的非利息收入。

对资产利用率的分解还可以通过分解商业银行资产来进行。商业银行资产从总体上可划分为盈利性资产和非盈利性资产两个部分，前者能为商业银行带来利息收入或其他收入，后者则不能为商业银行带来收入，两者的结构是否合理将直接影响到商业银行的盈利能力。常用的分析指标是盈利资产比率。

$$盈利资产比率=\frac{盈利资产}{资产总额}$$

该比率反映的是盈利性资产占总资产的比例，也即商业银行总资产中有多大比例能产生实际的收入。很显然，盈利资产比率越高，资产利用率也越高。

根据以上的分解，可将杜邦分析用杜邦图来列示（如图 12-1 所示），该图很直观地展示了商业银行财务状况、经营成果和现金流量的总体面貌。

下面以某商业银行为例说明杜邦分析法。

[资料]假定某银行 20××年的资产负债表、利润表如表 12-12、表 12-13。

表 12-12　资产负债表

××银行　　　　　　　　20××年 12 月 31 日　　　　　　　　单位：百万元

资产	期初数	期末数	负债及股东权益	期初数	期末数
流动资产：			流动负债：		
现金、银行存款	275.92	219.04	短期存款	223.86	218.74
存放中央银行存款	342.35	320.17	短期储蓄存款	422.37	198.45
存放同业款项	68.44	83.83	财政性存款	41	62.92
存放联行款项	85.59	104.79	同业存放款项	209.76	97.1
拆放同业	43.98	55.68	同业拆入	30.3	37.28
拆放金融性公司	53.77	68.07	金融性公司拆入	37.04	45.56
短期贷款	450.57	425.25	应解汇款	66.14	66.81
应收账款	134.06	74.54	汇出汇款	46.15	56.81
减：坏账准备	0.4	0.52	应付账款	98.44	0
其他应收款	91.07	101.82	其他应付款	10	12
贴现	222.79	142.65	应交税金	8	9
短期投资	87.97	87.68	应付利润	11.46	12.21
一年内到期的长期债权投资			预提费用	3.94	4.89
流动资产合计	1 856.1	1 683	一年内到期的长期负债	17.82	19.67
长期资产：			流动负债合计	1 226.28	841.44
中长期贷款	579.65	719.39	长期负债：		
逾期贷款	1.76	2.39	长期存款	264.72	379.5
减：贷款呆账准备	8.67	11.55	长期储蓄存款	800.82	1 008.3
固定资产原价	33.86	38	长期保证金	38.13	39.01
减：累计折旧	4.76	7.54	发行长期债券	10.93	30.93
固定资产净值	29.1	30.46	长期借款	55.95	61.37
固定资产清理			长期应付款	45	15
在建工程	6.93	12.04	长期负债合计	1215.55	1534.1
待处理固定资产损失			负债合计	2 441.83	2 375.5

续表

资产	期初数	期末数	负债及股东权益	期初数	期末数
长期资产合计	608.77	752.73	股东权益：		
无形资产、递延资产及其他资产			股本	108.3	111.11
无形资产			资本公积金	12.37	12.37
递延资产	117.32	87.99	盈余公积金	15	18.45
其他资产			未分配利润	4.7	6.29
其他资产合计	117.32	87.99	股东权益合计	140.37	148.22
资产总计	2 582.2	2 523.7	负债及股东权益总计	2 582.2	2 523.7

表 12-13　利润表

××银行　　20××年 12 月 31 日　　单位：百万元

项　目	上年数	本年数
营业收入		
利息收入	138.14	177.82
金融企业往来收入	2	2.12
手续费收入	6.55	5.99
汇兑收益	5.13	7.32
其他营业收入	44.62	52.67
营业收入合计	196.44	245.92
营业支出		
利息支出	90.33	132.34
营业费用	37.34	38.24
金融企业往来支出	1	1.32
手续费支出	2.25	1.27
汇兑损失	4.3	2.46
其他营业支出	25.04	30.93
营业支出合计	160.26	206.56

续表

项　　目	上年数	本年数
三、营业税金及附加	10.8	13.53
四、营业利润	25.38	25.83
减:营业外支出	2.34	0.08
五、利润总额	23.04	25.75
减:所得税	7.61	8.5
六、净利润	15.43	17.25

根据资产负债表、利润表计算出杜邦分析指标(见表 12-14)。

表 12-14　杜邦分析指标表

单位:百万元;%

指　　标	上年数	本年数
一、资本利润率(%)	10.99	11.64
二、资产利润率(%)	0.59	0.68
三、权益乘数(%)	18.40	17.03
四、利润率(%)	7.85	7.01
五、资产利用率(%)	7.61	9.74
六、利息支出率(%)	45.98	53.82
七、非利息支出率(%)	36.79	30.21
八、税收比率(%)	9.37	8.96
九、成本率(%)	92.15	92.99
十、净利润(百万元)	15.43	17.25
十一、营业收入(百万元)	196.44	245.92
十二、资产总额(百万元)	2 582.2	2 523.72
十三、成本总额(百万元)	181.01	228.67

杜邦分析表中各项指标的联动关系如杜邦分析图所示(图 12-1)。

[分析]该行资本利润率本年较上年上升 0.65 个百分点,有关数据如下:

资本利润率=资产利润率×权益乘数

上年　10.99%=0.5976%×18.40

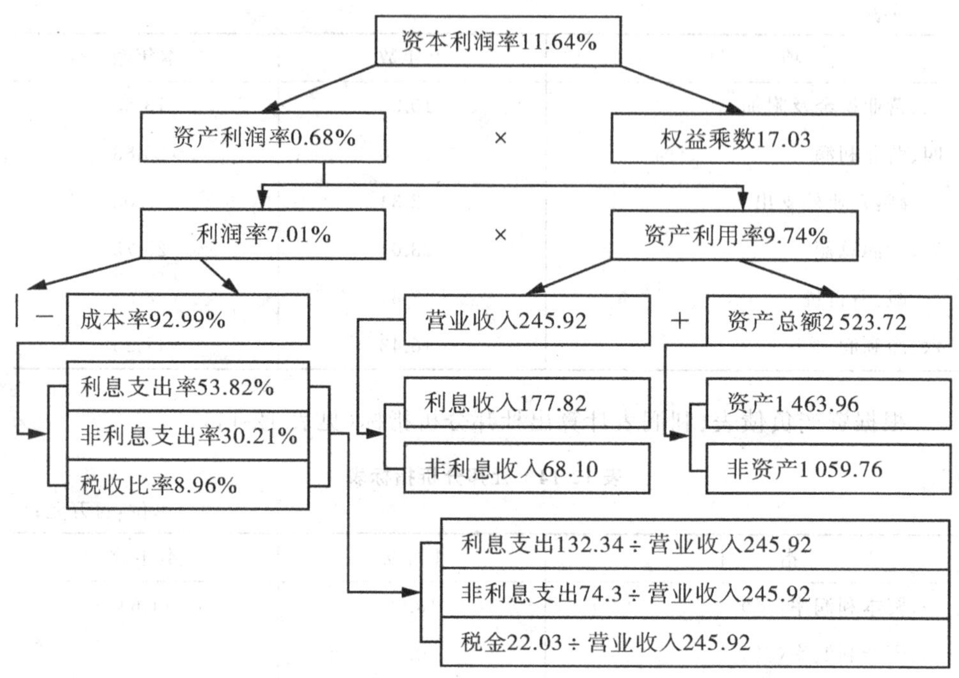

图 12-1 ××银行财务状况杜邦分析图

本年 11.64％＝0.6875％×17.03

通过杜邦分析可见，本年资本结构变化对资本利润率产生了一定的不利影响，负债规模的萎缩减少了杠杆收益，但资产利润率的提高在化解了这种不利影响后，还拉动资本利润率上升了 0.65 个百分点。对资产利润率进一步分解如下：

资产利润率＝利润率×资产利用率

上年 0.5976％＝7.85％×7.61％

本年 0.6835％＝7.01％×9.74％

通过对资产利润率的分解可见，虽然本年的利润率有所下降，但资产利用率的明显提高对资产利润率产生了积极的影响。

对利润率的分解分析：

利润率＝1－利息支出率－非利息支出率－税收比率

上年 7.85％＝1－45.98％－36.79％－9.37％

本年 7.01％＝1－53.82％－30.21％－8.96％

由上可见，利润率下降的主要原因是利息支出相对增幅较大，虽然本年的非利息支出和税负均有小幅下降，但仍无法完全弥补其对利润率的负面影响。

对资产利用率的分解分析：

$$资产利用率=\frac{营业收入}{资产总额}$$

$$上年\quad 7.61\%=\frac{196.44}{2\ 582.20}$$

$$本年\quad 9.74\%=\frac{245.92}{2\ 523.72}$$

本年与上年相比，在资产规模基本保持不变的同时，营业收入增加明显，提高了该行的资产利用率。

通过上例分析可见，杜邦分析方法是一种通过揭示各指标之间的内在关系，综合反映商业银行财务变动及其原因的比率分解分析方法。这种分解可以在任何层次上进行，除了通过例中所示的资产利润率的分解来说明问题外，也可以通过分解利润总额和全部资产的比率来分析问题。为了显示银行正常的盈利能力，还可用非经常项目的净利润与总资产比率的分解来说明问题，或用营业利润和盈利资产的比率的分解来说明。总之，和其他分析方法一样，杜邦分析方法的关键不在于指标的计算而在于对指标的理解和运用。这种分析方法对于报表使用者特别是管理当局全面了解商业银行整体财务情况，及时发现经营中的问题并采取措施特别有用。

【本章小结】

1.商业银行财务管理是指商业银行根据内外部经营环境和自身业务发展的要求，对经营管理中的资金来源和资金运用等进行有效的组织、计划、核算、监控、分析、考核等全部相关工作，从而实现经营管理目标的一系列管理活动的总称，包括预算管理、资产负债管理、资本管理、成本管理、风险管理、业绩评价等商业银行管理的主要内容。

2.商业银行加强财务管理的重要性在于：(1)加强财务管理是实现股东价值最大化的需要；(2)加强财务管理是提高商业银行竞争力的需要；(3)加强财务管理是适应经济金融环境变化的需要。

3.商业银行财务管理的原则是：平衡原则、弹性原则、比例原则、优化原则。

4.商业银行的财务会计报告分为年度、半年度、季度和月度财务会计报告。月度、季度财务会计报告是指月度和季度终了提供的财务会计报告；半年度财务会计报告是指在每个会计年度的前 6 个月结束后对外提供的财务会计报告；年度财务会计报告是指年度终了对外提供的财务会计报告。其中半年度、季度和月度财务会计报告统称为中期财务会计报告。

5.商业银行的财务会计报告由会计报表、会计报表附注和财务情况说明书组成。商业银行向外提供的会计报表包括:资产负债表、利润表、现金流量表、利润分配表、所有者权益变动表、分部报表、信托资产管理会计报表、其他有关附表。

6.财务比率分析法,是以同一期财务报表上的若干重要项目间的相关数据,互相比较,用一个数据除以另一个数据求出比率,据以分析和评估企业经营活动,以及企业目前和历史状况的一种财务报表分析方法。商业银行财务比率分析指标主要有:盈利能力、资产流动性、偿债能力及风险分析指标。

7.杜邦分析法是利用各主要财务比率指标间的内在关系,对商业银行财务状况、经营成果进行综合分析评价的方法。该方法以资本利润率为龙头,以资产利润率为核心,重点揭示商业银行获利能力及其前因后果。

【关键名词】

财务管理　平衡原则　弹性原则　比例原则　优化原则　财务比率分析　杜邦分析法

【复习与思考】

1.何谓商业银行财务管理?

2.商业银行财务管理有何重要性?

3.商业银行财务管理应当遵循哪些原则?

4.商业银行的财务会计报告由哪些部分构成?

5.商业银行向外提供的会计报表有哪些?

6.什么是财务比率分析法?商业银行财务比率分析指标主要有哪些?

7.什么是杜邦分析法?

参考文献

1.戴国强:《商业银行业务与管理基础》,上海人民出版社 2007 年版。
2.王红梅、吴军梅:《商业银行业务经营》,中国金融出版社 2007 年版。
3.王弦洲:《商业银行综合业务实验教程》,中国金融出版社 2007 年版。
4.王淑敏、符宏飞:《商业银行经营管理》,清华大学出版社 2007 年版。
5.潘英丽:《商业银行管理》,清华大学出版社 2006 年出版。
6.陈红玲:《商业银行经营管理》,科学出版社 2006 年出版。
7.龚明华:《现代商业银行业务与经营》,中国人民大学出版社 2006 年版。
8.郭福春:《商业银行经营管理与案例分析》,浙江大学出版社 2005.年版。
9.岳忠宪、胡礼文:《商业银行经营管理》,中国财政经济出版社 2005 年版。
10.甘当善:《商业银行经营管理》,上海财经大学出版社 2004 年版。
11.杨有振:《商业银行业务经营》,中国金融出版社 2004 年版。
12.任远、岳忠宪:《商业银行经营管理》,陕西人民出版社 2004 年版。
13.戴国强:《商业银行经营学》,高等教育出版社 1999 年版。
14.庄毓敏:《商业银行业务与经营》,中国人民大学出版社 1999 年版。
15.戴相龙:《商业银行经营管理》,中国金融出版社 1998 年版。
16.林建南、蔡鸣龙:《商业银行经营管理》,福建教育出版社 1998 年版。
17.中国人民银行,http://www.pbc.gov.cn/
18.中国银行业监督管理委员会,www.cbrc.gov.cn/
19.中国银行业协会,http://www.china－cba.net/
20.中国银联,http://www.chinaunionpay.com/
21.金融时报,http://www.financialnews.com.cn/
22.中国金融网,http://www.zgjrw.com/
23.上海金融报,http://www.shfinancialnews.com/
24.中国工商银行,http://www.icbc.com.cn/
25.中国农业银行,http://www.abchina.com/
26.中国建设银行,http://www.ccb.com/

27.中国银行,http://www.boc.cn/
28.招商银行,http://www.cmbchina.com/
29.中国民生银行,http://www.cmbc.com.cn/